Kommentare

APELIOTES

Studien zur Kulturgeschichte und Theologie

Herausgegeben von Rainer Kampling

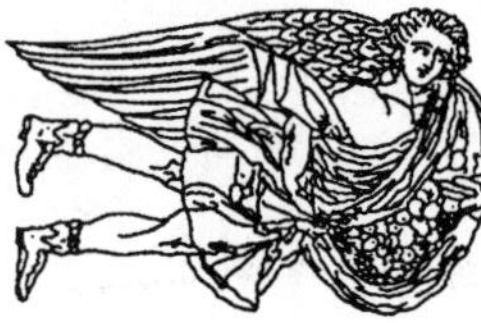

Band 10

PETER LANG

Frankfurt am Main · Berlin · Bern · Bruxelles · New York · Oxford · Wien

Thomas Wabel / Michael Weichenhan
(Hrsg.)

Kommentare

Interdisziplinäre Perspektiven auf eine wissenschaftliche Praxis

PETER LANG
Internationaler Verlag der Wissenschaften

Bibliografische Information der Deutschen Nationalbibliothek
Die Deutsche Nationalbibliothek verzeichnet diese Publikation in der Deutschen Nationalbibliografie; detaillierte bibliografische Daten sind im Internet über http://dnb.d-nb.de abrufbar.

Gedruckt auf alterungsbeständigem,
säurefreiem Papier.

ISSN 1862-801X
ISBN 978-3-631-57294-8

www.peterlang.de

Inhaltsverzeichnis

Thomas Wabel, Michael Weichenhan

Vorwort 7

Michael Weichenhan

Einleitung: Der Kommentar als Transformationsmedium des Textes 9

Johanna Brankaer

Text und Wissen. Die gnostische Beschäftigung mit dem Johannesevangelium 27

Karin Metzler

Patristische Genesiskommentare am Beispiel von Origenes und Prokop von Gaza 47

Florian Wöller

Wahrheit oder Methode. Zum *De anima*-Kommentar des Tommaso de Vio Cajetan 65

Michael Weichenhan

Gassendis Kommentierung von Diogenes' Laertius *Vitae philosophorum X* – ein Beispiel der Verwissenschaftlichung der Antike? 91

Catherina Wenzel

Der Koran – ein Kommentar ohne Text? 127

Helmut Pollähne

Commentare über das Reichsstrafgesetzbuch (RStGB) – zur Entstehung einer Gattung 145

Thomas Wabel

Vom Verschwinden des Textes in seiner Kommentierung – oder: Wie der Text in seinem Verschwinden zur Geltung kommt 163

Autorenverzeichnis 203

Vorwort

Texte, die – wie die Bibel oder das Grundgesetz – zu den geistigen Grundlagen einer Gesellschaft gehören, mögen heute nicht mehr oft gelesen werden, aber sie werden kommentiert. Ein guter Kommentar ermöglicht es, den kommentierten Text so gut zu verstehen, dass kein Kommentar mehr benötigt wird und macht sich so idealerweise selbst überflüssig. Dem widerspricht jedoch die schiere Menge an Kommentarliteratur.

Kommentierung gehört zur Grundlage geisteswissenschaftlichen Arbeitens. Wer geisteswissenschaftlich arbeitet, kommentiert selbst bereits kommentierte Texte, setzt sich mit bestimmten (selbst bereits klassisch gewordenen) Kommentaren auseinander, reflektiert die eigene Art dieser Kommentierung an alternativen Formen. Längst scheint es, als sei der Kommentar an die Stelle des Textes getreten. Der interdisziplinäre Diskurs zwischen exegetischen, historischen, systematischen und religionshermeneutischen Zugängen kann Hinweise auf diejenigen gesellschaftlichen und kulturellen Vollzüge geben, in denen sich Kommentierung als Aktualisierung fundierender Texte ereignet.

Die eigene wissenschaftliche Praxis des Kommentierens zu reflektieren, die im Verfassen und Edieren von bzw. der Auseinandersetzung mit Kommentaren besteht, war das Ziel einer von den beiden Herausgebern initiierten Vortragsreihe an der Theologischen Fakultät der Humboldt-Universität zu Berlin. Von der eigenen wissenschaftlichen Praxis gingen die Autorinnen und Autoren aus, nicht von einer Theorie des Kommentars. Insofern bietet der Band Fallstudien, keine kulturwissenschaftliche Synthese.

Vielen haben die Herausgeber zu danken: Den Autorinnen und Autoren, aber auch all denen, die in Diskussionen deren Perspektiven bereichert haben. PD Dr. Thomas Henne, LL.M. danken wir für vielfache Ermutigung und hilfreiche Erfahrungen aus dem von ihm im Januar 2006 am Max-Planck-Institut für europäische Rechtsgeschichte, Frankfurt/Main durchgeführten interdisziplinären Projekt zum „Kommentar als Medium der Kommunikation über Recht". Annika Hildebrand und Lydia Penzel haben die Typoskripte mit Umsicht, Sorgfalt und Geschick den notwendigen Korrekturen unterzogen, wofür die Herausgeber ihnen herzlich danken. Ein besonderer Dank gilt Prof. Dr. Rainer Kampling (Freie Universität Berlin), dessen freundliches Interesse die Publikation in der Reihe Apeliotes allererst möglich gemacht hat.

Langgöns-Cleeberg / Berlin, im Juni 2011

Thomas Wabel, Michael Weichenhan

Einleitung: Der Kommentar als Transformationsmedium des Textes

MICHAEL WEICHENHAN

Kommentare sind allgegenwärtig. Die Regale insbesondere der geisteswissenschaftlichen Bibliotheken sind angefüllt mit Kommentaren zu Homer, Vergil, Dante und Goethe, zu den Büchern der Bibel, zu den Werken von Aristoteles, Descartes und Kant, zum *Corpus iuris civilis* und zum Strafgesetzbuch. Selbst dann, wenn ein enger Begriff von Kommentar diesen von anderen Formen der Interpretation unterscheidet, machen Kommentare einen beträchtlichen Teil der geisteswissenschaftlichen Produktion aus.

Der Kommentar in einem engeren Sinn, wohl am besten als „philologisch" zu bezeichnen, dient einem Text und beansprucht nicht, ihn in die Gegenwart fortzuschreiben. Seine Aufgabe erfüllt er in der Rekonstruktion dessen, was einem Autor präsent war, aber dem Leser des Textes nicht mehr ohne weiteres präsent ist. Insofern er seine Leser lediglich mit Informationen versorgt, die idealer Weise die einen Sinn ermittelnde Interpretation ermöglichen, also bspw. auf linguistische Probleme aufmerksam macht, Quellen identifiziert, Anspielungen erklärt und über Realien aufklärt, ist er von der Interpretation mindestens der Tendenz nach zu unterscheiden.[1] Laut Schleiermacher ermöglicht er das Verstehen, indem er sich auf die „Hinwegräumung der vorläufigen Schwierigkeiten" beschränkt.[2] Inwieweit nur diese philologische Form *Kommentar* genannt und von anderen Formen der Interpretation auch terminologisch abgegrenzt werden sollte, steht hier ebenso wenig zur Debatte wie

1 Vgl. A. Thomasberger, *Über die Erläuterungen zu Hofmannsthals Lyrik.* In: Kommentierungsverfahren und Kommentarformen, hgg. von G. Martens, Tübingen 1993, 11–16.

2 Vgl. F. D. E. Schleiermacher, *Hermeneutik und Kritik mit besonderer Beziehung auf das Neue Testament (1838)*, hgg. von M. Frank, Frankfurt/ M. 1977, 78f.

die Frage, ob sich diese Abgrenzung tatsächlich streng durchführen lässt.[3]

Bei allen in diesem Band diskutierten Kommentaren handelt es sich nicht um Beispiele derartiger, rein philologischer Erläuterungen, – die von KARIN METZLER diskutierten Passagen des Origenes kommen ihnen allerdings nahe – sondern um eine bestimmte Art von Schriften, die einen anderen, einen älteren, ursprünglichen und insoweit „kanonischen" Text erläutern, aber eben auch interpretieren. Das gilt von Kommentaren zu biblischen Büchern aus den ersten nachchristlichen Jahrhunderten, die in den Beiträgen von KARIN METZLER und JOHANNA BRANKAER behandelt werden, in nicht geringerem Maße von solchen zu Aristoteles oder Dio-

3 Auf die Begriffsgeschichte von ὑπόμνημα und *commentarius* ist hier nicht einzugehen (vgl. F. Bömer: *Der Commentarius: Zur Vorgeschichte und literarischen Form der Schriften Caesars.* In: Hermes 81 (1953), 210–250), da in unserem thematischen Horizont die bei Platon belegbare Bedeutung von ὑπόμνημα als *Aufzeichnung,* die im Zusammenhang des Unterrichts *zur Erinnerung* entsteht, und der *commentarius* (zu *comminisci,* sich erinnern: was zum Erinnern verwendet wird) stets als eine Art von Texten gilt, die etwas *erläutern.* Vgl. exemplarisch Hieronymus, *Commentarius in epistolam ad Galatas* III, prooem., (PL 26, 400C): „Ich schreibe keine Lobrede oder eine Streitschrift, sondern einen Kommentar, d.h. ich habe nicht vor, meine eigenen Worte in den Mittelpunkt zu stellen, sondern dass das, was von andern bereits gut gesagt worden ist, so verstanden wird, wie es gesagt ist. Meine Aufgabe besteht darin, Dunkles zu erklären, Offensichtliches kurz zu streifen, bei Zweifelhaftem zu verweilen. Daher wird von den meisten der Sinn von Kommentaren als Erläuterung bestimmt." („me non panegyricum, aut controversiam scribere, sed commentarium, id est, hoc habere propositum, non ut mea verba laudentur, sed ut quae ab alio bene dicta sunt, *ita intelligantur ut dicta sunt.* Officii mei est *obscura disserere, manifesta perstringere, in dubiis immorari.* Unde et a plerisque commentariorum opus *explanatio* nominatur" (Hervorhebung MW). Weiter geht Simplikios, *In Aristotelis Categorias* (ed. Kalbfleisch CAG 8, S. 3, 5f.): „Mein Ziel war, ein genaueres Verständnis des Gesagten zu befördern, zugleich den tiefen Geist des Autors, der der Menge unzugänglich ist, zu verdeutlichen und fasslicher zu gestalten" (ὁ δὲ σκόπος ἦν μοι [...] ἀκριβεστέραν τῶν εἰρημένων κατανόησιν προσλαβεῖν, ἅμα δὲ τὸν ὑψηλὸν νοῦν τοῦ ἀνδρὸς καὶ τοῖς πολλοῖς ἄβατον ἐπὶ τὸ σαφέστερον τε καὶ συμμετρότερον καταγαγεῖν). Boethius erklärt am Beginn seines großen Kommentars zu *De interpretatione* (ed. C. Meiser, 3), dieser sei geschrieben worden, um den Schwierigkeiten abzuhelfen, die sich aus der außerordentlich knappen Darstellungsweise ergeben und noch über die üblichen Verständnisschwierigkeiten eines Textes des Aristoteles hinausgehen.

genes Laertios, wie FLORIAN WÖLLER und MICHAEL WEICHENHAN an Hand frühneuzeitlicher Beispiele zeigen. Dass diese Form der Kommentierung, die im Gegensatz zum philologischen Kommentar dem Text eine Aktualität sichert, keineswegs ein Phänomen der Vergangenheit ist, zeigt HELLMUT POLLÄHNE auf dem Gebiet der Rechtsprechung. Fasst man den Begriff des Kommentars so weit, dass er sich nahezu auf alle Texte erstreckt, die sich auf andere Texte beziehen, sie fortsetzen, weiterführen, aber auch deren Einfluss zu minimieren und unkenntlich zu machen versuchen, lässt sich mit CATHERINA WENZEL die auf den ersten Blick paradox erscheinende Frage Franz Rosenzweigs wieder aufnehmen, ob es sich beim Koran um einen Kommentar ohne einen Text handelt. Hinter Rosenzweigs Frage steht die Voraussetzung, den Koran von vorn herein als einen auktorialen Text zu verstehen, der von Mohammed verfasst worden sei, um die religiösen Traditionen, von denen er ausging, das Judentum, ein nestorianisch geprägtes Christentum und schließlich auch das arabische „Heidentum" zu verdrängen. Hinsichtlich der heiligen Schriften der Juden und Christen fungiert der Koran dann als ein sekundärer Text, der das, was er vorgeblich kommentiert, in Wahrheit ersetzt.[4] Unabhängig von der Frage, ob eine solche Sichtweise historisch angemessen ist – was Wenzel verneint –, so lenkt sie den Blick auf ein grundsätzliches Problem des Kommentars: sein prekäres Verhältnis zum Text. THOMAS WABEL hat es als den Zusammenhang zwischen dem Verschwinden des Textes und der Sicherung der Aktualität in dessen Kommentaren bezeichnet. Kommentare sind, so könnte man sagen, gerade deshalb interessant, weil sie nicht nur, gleichsam selbstlos, vorläufige Verständnisschwierigkeiten hinwegräumen, sondern auch selbst ein Text sind. Einige wenige Bemerkungen sollen dies verdeutlichen.

Kommentare sind meist stattlichen Umfangs, darüber hinaus zahlreich, und schon deshalb haben sie etwas Einschüchterndes. Weil selbst der „dienende" philologische Kommentar der subtilen Dialektik, die Hegel am Verhältnis von Herr und Knecht aufgedeckt hat, nicht entkommt, indem er den Blick in bestimmter Weise lenkt und die Lektüre insoweit prägt, ist die Beziehung zwischen Text und seinem Kommentar problematisch. George Steiner, der den philologischen und historischen Kom-

---

4 Vgl. dazu jüngst A. Neuwirth, *Der Koran als Text der Spätantike. Ein europäischer Zugang*, Berlin 2010, besonders 37–44.

mentar schätzte, hat die Problematik des sekundären Diskurses, der sich in interpretatorischen Kommentierungen entfaltet, eindrücklich ins Licht gestellt. Seine unverhohlen axiologische Unterscheidung zwischen dem primären Text und der Menge der ihm angelagerten „Kommentare", die getragen wird von einem tiefen Unbehagen an der akademischen Routine, artikuliert die sicher nicht unberechtigte Besorgnis, dass den Text die Fülle seiner Kommentierungen absorbiert. Kommentare sind dann keine Wegweiser oder Pfade zum Text selbst. Vielmehr verstellen sie den Blick, verschlingen ihn und fungieren geradezu als dessen Surrogat. Freilich ist der Nachdruck, mit dem Steiner auf der Unersetzlichkeit des Primären besteht, das Pathos, das aus seiner Verteidigung der „logozentrischen" Auffassung von Sprache, Literatur, ja der gesamten Kunst spricht, nicht nur aus der Verstimmung über die Flut erläuternder, „sekundärer" Texte zu erklären. Die wortreich vorgetragene Empörung hat ihren Grund letztlich in einer Theologie, die sich zusammenfassen lässt in Sätzen des Prologs des Johannesevangeliums: *Im Anfang war das Wort – und Gott war das Wort*. Für Steiner, nicht anders als für Derrida, stellen diese Sätze so etwas wie ein geheimes Zentrum der europäischen Kultur dar, die vom antiken Griechenland bis ans Ende des 19. Jahrhunderts reicht.[5] Einer „logozentrischen" Kultur, in der ein „primärer" Text schließlich Abglanz eines göttlichen Sprechens ist: eine Form von Offenbarung. Offenbarung aber kann nicht verständlich gemacht, sie kann nur akzeptiert werden. Steiners idealer aufmerksamer Leser redet nicht über Texte, erst recht nicht über seine Interpretationen, er *sieht* auf das, was ihm der Text „be-deutet". Er wird eines Mysteriums teilhaftig. Die Wendung zum Text, was hier heißt, zum großen, zum klassischen Text, bedeutet deshalb einen Weg gegen den Strom der Zeit nehmen, sich den Fortschreibungen der Kommentare zu entziehen, also der *différance* seiner Grenzen Einhalt zu gebieten. Der dekonstruktivistischen Verlo-

5 Vgl. J. Derrida, *De la grammatologie*, Paris 1967; deutsche Übersetzung von H.-J. Rheinberger und H. Zischler: *Grammatologie*, Frankfurt/ M. 1974; G. Steiner, *Real Presences*, London 1989; deutsche Übersetzung von J. Trobitius: *Von realer Gegenwart. Hat unser Sprechen Inhalt? Mit einem Nachwort von Botho Strauß*, München 1990.

ckung, diese immer weiter hinauszuschieben (*différer*), stellt Steiner den Ruf nach dem Ende der Kommentierung entgegen.[6]

Freilich ist das nur eine der möglichen Betrachtungsweisen, und eine zweifellos extreme. Was Steiner weniger übersieht als *ausblendet*, ist die *transformatorische Funktion*, die Kommentare gegenüber Texten erfüllen. Dies können sie, weil kein Text selbst Sprache, Anrede – oder gar eine „Offenbarung" – ist, sondern grundlegend ein schriftlich fixiertes Objekt in der zwischen Text und Leser „zerdehnten Situation", wie dies von Jan Assmann und Konrad Ehlich bezeichnet worden ist.[7] Schrift bewahrt das, was nicht mehr präsent ist und somit erinnert werden muss, vor

---

6 Steiner: *Real Presences*, 39f; 44: „Commentary is without end. In the worlds of interpretative and critical discourse, book [...] engenders book, essay breeds essay, article sparns article. The mechanics of the interminability are those of the locust. Monograph feeds on monograph, vision on revision. The primary text is only the remote font of autonomous exegetic proliferation. [...] At present, in fact, the principle energies and animus of the academic-journalistic outpouring in the humanities is of a tertiary order. [...] To achieve finalities of meaning one must punctuate (the very term is that of a 'full stop'). One must arrest the cancerous throng of interpretations and re-interpretations." Den authentischen Text, so gibt Steiner zu verstehen, machen die Interpretationen weniger verständlich als dass ihn das kommentierende *Gerede* profanisiert. Deshalb muss der Text gegen die im Grunde auf Entsakralisierung hinauslaufende Kommentierung geschützt werden. — Über den Text als „wertvollstes Zeugnis [...] von der göttlichen Gegenwärtigkeit in der Schöpfung" vgl. H. White, *Das absurdistische Moment in der Literaturkritik der Gegenwart.* In: ders.: Auch Klio dichtet oder Die Fiktion des Faktischen. Studien zur Tropologie des historischen Diskurses, hg. von R. Koselleck. Stuttgart 1986, 303–328, hier 306. — Dass auch eine zu Steiner konträre Position theologische Argumente ins Feld führen kann, zeigt Harold Bloom (vgl. dessen *A Map of Misreading,* Oxford 1975). Für Bloom ist ein Text gemäß Barthes und Derrida nie primär Sprache, sondern genuin Schrift und damit die Basis eines Spiels diverser Fortschreibungen. Ein Text offenbart deshalb nicht den göttlichen Logos, sondern ist, wie es im Anschluss an die Lurianische Kabbala heißt, Resultat der göttlichen Selbstkontraktion (צמצום), nicht Abglanz von Präsenz, sondern Zeichen der Abwesenheit.

7 K. Ehlich: *Text und sprachliches Handeln. Die Entstehung von Texten aus dem Bedürfnis nach Überlieferung*. In: Schrift und Gedächtnis. Archäologie der literarischen Kommunikation I, hgg. von Aleida Assmann/ Jan Assmann/ Christoph Hardmeier, München 1983, 24–43; J. Assmann: *Text und Kommentar. Einführung.* In: Text und Kommentar. Archäologie der literarischen Kommunikation IV, hgg. von J. Assmann/ B. Gladigow, München 1995, 9–33.

dem Vergessen. Aber die Konservierung ist, bezieht man sie auf die lebendige Rede, unvollständig. Denn schriftlich fixieren lässt sich am besten der lokutionale Bereich einer Äußerung, während dies auf der illokutionalen und perlokutionalen Ebene in nur geringerem Maße gelingt; auch entfallen verdeutlichende Gesten. Gemessen an der Rede erscheint der Text damit nahezu farblos, als eine matte Aufzeichnung und eine Reduktion.[8] Daher wird der Rhapsode Ion, ein erfolgreicher Rezitator, zu Recht dafür bewundert, den Text des Homer „aufzuführen", d.h. ihm die Plastizität der Rede wiederzugeben und so die Hörer zu Tränen zu rühren.[9]

Platon, der im *Ion* den Unterschied markiert hat zwischen einem auf literarischer Überlieferung basierenden Wissen und der Einsicht, die die Philosophie ermöglicht, war sich bewusst, dass Texte nicht einfach partielle Speicherung von Rede sind, sondern etwas anderes. Für den Autor oder auch den Leser fungieren sie als Externalisierungen innerer Einsichten, sie sind Mittel einer rein äußerlichen Erinnerung, aber nur ein Surrogat der maieutischen Rede, die im lebendigen Gegenüber Erkenntnis unmittelbar erzeugt. In ihrer materiellen Objektivität stehen sie dem eigentlichen Erkenntnisprozess insoweit geradezu im Wege, als sie den Erkenntnisvorgang zum äußerlichen, lesenden Nachvollzug eines bereits Erkannten und damit zur Simulation von eigentlicher Einsicht geraten zu lassen drohen.[10] Derrida hat dies als die *Verschleierung der natürlichen und ersten Anwesenheit von Sinn bei der Seele im Logos* bezeichnet.[11]

---

8 Treffend bringt dies die Figur des Robert Walton im 2. Brief an die Schwester zum Ausdruck: „I shall commit my thoughts to paper, it is true; but that is a poor medium for the communication of feeling. I desire the company of a man who could sympathise with me; whose eyes would reply to mine" (M. Shelley: *Frankenstein or The Modern Prometheus*).

9 Vgl. Platon, *Ion* 535b–536d.

10 Platon, *Phaedrus* 275a: „Du hast (in Gestalt der Schrift) kein Heilmittel für die Erinnerung, sondern lediglich für das Gedächtnis gefunden" (οὔκουν μνήμης, ἀλλὰ ὑπομνήσεως φάρμακον εὗρες). Weil der Leser sich auf die äußeren Zeichen konzentriert, vernachlässigt er den Blick nach innen, aus dem allein wahre Einsicht kommen kann, die Platon als Wiedererinnerung bestimmt. Auf diesem Hintergrund leuchtet ein, weshalb ein Teil der platonischen Lehre (oder gar diese insgesamt) laut *epistula* VII, 341a–444d ungeschrieben bleibt: Sie unterscheidet sich von einer Lehre, die man, schriftlich fixiert, ‚getrost nach Hause tragen' kann, gerade dadurch, dass sie unmittelbar Einsicht erzeugt. (Die – frei-

Diese Verschleierung hat Folgen. Anders als beim Verbergen der Einsichten, die einer esoterischen Unterweisung vorbehalten und ungeschrieben bleiben, tritt die verschriftete Erkenntnis nach außen: Sie wird zur *Lehre*, die nicht das Seiende selbst erteilt, sondern der Autor des Textes. Besteht diese Gefahr bereits bei der mündlichen Unterweisung, so wird sie bei deren Verschriftung potenziert.[12] Worte sind kraftlos, hatte Platon im siebten Brief festgestellt. Weil sie schwach sind, διὰ τὸ τῶν

lich nicht unangefochtene – Echtheit des siebten Briefes wird hier angenommen.) Möglicher Weise könnte dies wiederum als Grund angesehen werden, weshalb sich platonische Philosophen mitunter der Publikation ihrer Vorlesungen enthalten, wie Porphyrios bspw. von Ammonios und Plotin berichtet (*vita Plotini* 18–20). Den hohen Stellenwert von Lektüre und Interpretation von Büchern sowie Formen philosophischer Schriftstellerei im 2. und 3. Jahrhundert haben eingehend untersucht G. Snyder: *Teachers and Texts in the Ancient World: Philosophers, Jews, and Christians.* New York 2000; A. Grafton/ M. Williams: *Christianity and the Transformation of the Book. Origin, Eusebius, and the Library of Caesarea.* Cambridge/ Mass. 2006.

11 Derrida, *De la grammatologie*, 55: „L'écriture est la dissimulation de la présence naturelle et première et immédiate du sens à l'âme dans le logos."

12 Das Problem, inwieweit bereits die *Rede* selbst überhaupt etwas lehren kann, ist bspw. von Sextus Empiricus (*Pyrrhoniae institutiones* III, § 267f.) aufgenommen und im Sinne einer grundsätzlichen Skepsis zugespitzt worden, denn bereits bei den Worten, derer sich die Rede (λόγος) bedient, handelt es sich um Gebilde, die nur auf Grund einer Setzung Bedeutung haben (θέσει σημαίνουσιν). Wissen kann deshalb nicht einmal von der Rede bewirkt, sondern im günstigen Fall stimuliert werden. Wer etwas im eminenten Sinne weiß, weiß dies nicht auf Grund einer unterweisenden Rede, die ihn ja mit Unbekanntem konfrontiert, sondern weil er sich an etwas erinnert, was er bereits wusste: οὐκ ἐξ αὐτῶν διδασκόμενοι ἅπερ ἠγνόουν, ἀλλὰ ἀναμιμνησκόμενοι καὶ ἀνανεύμενοι ταῦτα ἅπερ ᾔδεσαν. In noch höherem Maße gilt dies selbstverständlich von der verschrifteten Rede, da der in arbiträren Zeichen und in phonematischer Schrift abgefasste Text auch keine natürliche Verbindung zu den Signifikanten der Rede aufweist. Eine Interpretation der platonischen Schriftkritik in ihrem Zusammenhang mit der Problematisierung gesprochener Rede bietet M. Erler: *To Hear the Right Thing and to Miss the Point: Plato's Implicit Poetics.* In: Plato as Author. The Rhetoric of Philosophy, ed. by A. N. Michelini. Leiden/ Boston 2003, 153–173. Hieroglyphen und die logographische Schrift der Chinesen schienen im 17. Jahrhundert Kircher und Leibniz Auswege aus den Schwierigkeiten zu bieten, die sich aus der doppelten Konventionalität der verschrifteten Sprachen ergeben.

λόγων ἀσθενές (343a), erzeugen auch sie nicht notwendig die Einsicht in das Wahre selbst, sondern können unter Umständen nur den Umgang mit „Worten" lehren, das virtuose Spiel mit Wissensattrappen. Noch größer ist die Gefahr, werden die gesprochenen Worte einem starren (ἀμετακίνητον) Text anvertraut. Was den philosophischen Text in den Augen Platons diskreditiert, ist gerade das, was die schriftliche Speicherung von Erkenntnissen für die Entwicklung des wissenschaftlichen Wissens unverzichtbar macht: Wissensinhalte werden nahezu problemlos verfügbar. Das Wissen vermehrt sich. Ein Unterricht hingegen, der nicht Resultate präsentiert, sondern einen mühevollen und langsamen Prozess durch Wahrheit und Falschheit und deren ständige Korrektur beschreitet (344b), hat seinen Sinn gerade darin, den Vorgang des Lernens zu verlängern, den Umgang mit den Dingen und dem Wissen um sie also gerade zu *erschweren*. Die platonischen Dialoge, deren hoher künstlerischer Rang außer Frage steht, lassen sich, werden sie auf dem Hintergrund der Schriftkritik des siebten Briefes interpretiert, als Gestaltungen dieses erschwerten, des verlängerten Weges zur Erkenntnis verstehen. Sie präsentieren weniger eine Lehre als dass sie die Suche nach Wahrheit vorzeichnen.[13]

Wird der philosophische Lehrer zum Autor, so gibt er in der Regel die Möglichkeit aus der Hand, die Schüler auf den Weg der Wiedererinne-

---

13 Vgl. zu Platon als Autor bspw. J. Dalfen: *Polis und Poesis. Die Auseinandersetzung mit der Dichtung bei Platon und seinen Zeitgenossen.* München 1974; R. Patterson: *The Platonic Art of Tragedy and Comedy.* In: Philosophy and Literature 6, 1982, 76–93; V. Hösle: *Der Dialog. Eine Poetik und Hermeneutik.* München 2006. — In diesen Zusammenhang gehört die Diskussion der ungeschriebenen Lehre, die in der Moderne entscheidend durch die Auffassung Schleiermachers geprägt ist (vgl. dessen *Einleitung zu Platons Werken.* In: Das Platonbild. Zehn Beiträge zum Platonverständnis, hg. von K. Gaiser, Hildesheim 1969, 1–32). Vgl. zu den Interpretationen Schleiermachers, Hegels und Nietzsches die Skizze von T. A. Szlezák: *Six Philosophers on Philosophical Esotericism.* In: Plato as Author. The Rhetoric of Philosophy, ed. by A. N. Michelini. Leiden/ Boston 2003, 202–221, sowie Szlezáks detaillierte Auseinandersetzung mit Schleiermacher in *Schleiermachers „Einleitung" zur Platon-Übersetzung von 1804. Ein Vergleich mit Tiedemann und Tennemann,* in: Antike und Abendland 43, 1997, 46–62. Gyburg Radke hat in ihrem fulminanten Werk *Das Lächeln des Parmenides. Proklos' Interpretationen zur Platonischen Dialogform,* Berlin/ New York 2006, 1–62, die Schriftkritik Platons im Horizont des dekonstruktivistischen Diskurses erörtert.

rung zu zwingen. Er ist lediglich ein solcher, der als Ursprung von bestimmten Lehren (häufig: δογματίζειν) gilt, die tradiert werden. Damit aber wird nicht die Wahrheit des Seins, sondern prinzipiell die Vielheit von Ansichten und Meinungen im doppelten Sinne des Wortes „sujet" der Philosophie.[14] Diese existiert in Form von verschiedenen Texten, die von Personen unter bestimmten historischen Bedingungen mit gewissen Absichten verfasst wurden. Auf Grund der Unbeweglichkeit der Schrift lassen sich die Unterschiede zwischen den Positionen einzelner Denker und Schulen, die stilistischen Besonderheiten von Autoren, Einflüsse, Abhängigkeiten und individuelle Originalität erkennen. Ob und inwieweit sich die jeweils erhobenen Geltungsansprüche mit der Historizität philosophischer Bücher vereinbaren lassen oder diese vielmehr jene Ansprüche letztlich untergräbt, ist ein namentlich seit der frühen Neuzeit intensiv diskutiertes Folgeproblem. Zuvor allerdings werden sie einem fortwährenden Prozess der Kommentierung unterzogen, von der die Dialoge Platons selbstverständlich nicht ausgenommen sind.[15]

---

14 Es erscheint merkwürdig, dass selbst Emanuele Severino in seiner kritischen Revision der Philosophiegeschichte (*Essenza del nichilismo* (1972), dt.: *Vom Wesen des Nihilismus.* Übersetzung M. Oschwald-Di Felice, Stuttgart 1983), der seit Parmenides ein mehr oder minder offener Nihilismus unterstellt wird, auf den Aspekt der Textwerdung des Philosophierens nicht eingeht. Dabei würde gerade dieser – historisch freilich kaum greifbare – Übergang von einer ungeschriebenen Philosophie zur geschriebenen Lehre die von ihm diagnostizierte Wendung zur Verzeitlichung des Seienden und zur τέχνη, die sich ja grundlegend in der Produktion philosophischer Texte äußert, gut illustrieren und darüber hinaus ein in der abendländischen Philosophiegeschichte immer wieder aufgegriffenes Problem sichtbar machen.

15 Eine eingehendere Darstellung der Behandlung der platonischen Dialoge und gar der philosophisch-philologischen Arbeit an philosophischen Texten der Antike kann an dieser Stelle nicht gegeben werden. Zur Verdeutlichung sei nur auf Diogenes Laertios hingewiesen, der in *Vitae philosophorum* III 65 drei Schritte der Platonexegese nennt: 1. Feststellung, was überhaupt gesagt wird, 2. weshalb und in welcher Hinsicht es gesagt ist, d.h. ob es Darstellung der eigenen Lehre oder um andere zu widerlegen gesagt ist, 3. Feststellung, ob es richtig ist, was gesagt ist. Das folgende Kapitel führt die verschiedenen Zeichen an, mit denen anspruchsvolle Platonausgaben versehen waren und neben wichtigen Lehrsätzen (τὰ δόγματα καὶ τὰ ἀρέσκοντα) auf sprachliche Schönheiten, Varianten, Interpolationen aufmerksam machten. Ein weitaus differenzierteres Interpretationssystem bietet die Einführung in die Platonische Philosophie aus der 2.

Die knappen Bemerkungen zu Platons Kritik an der Schrift verdeutlichen, dass der verschriftete, unveränderliche Text Steiners Postulaten nicht genügen *kann*. Ein Text ist in gewisser Weise stets defizitär, er taugt deshalb nicht zur Vermittlung von „realer Gegenwart", der sich die Kommentare lediglich widersetzten bzw. zum Verschwinden bringen. Er kann sie bestenfalls bezeichnen. Selbst dort, wo der Anspruch geradezu exemplarisch erhoben wird, die göttliche Präsenz in der Welt wahrheitsgemäß zu bezeugen, markiert der Text den Abstand zu dem, worauf er verweist: Das Johannesevangelium schließt mit dem Hinweis auf die Grenze, an die der Text gegenüber dem gelangt, wovon hätte gesprochen werden können. Würde aufgezeichnet werden, was Jesus getan habe, so der Autor jenes Evangeliums, böte selbst der gesamte Kosmos nicht genügend Raum für die dann erforderlichen Bücher.[16]

Eine Stelle wie diese verdeutlicht den Unterschied zwischen dem gemeinten Defizit und den Spielräumen, die ein Text als ein *invariantes System von Relationen*, wie Jurij Lotman gesagt hat, also als das „Werk", seinen Lesern eröffnet.[17] Wenn Wolfgang Iser in einer seiner Studien zum *Ulysses* als charakteristisch für diesen Roman hervorhebt, dass der Leser die vom Text „bereitgehaltenen Anschauungsmöglichkeiten selbst zu komponieren" habe, so betrifft dies eine Eigenschaft des Textes selbst, die ihm vom Autor verliehen worden ist.[18] Interpretatorische Sinnermittlung geht in diesem Falle mit dem Bewusstsein einher, dass jede einzelne von einer unabsehbaren Fülle weiter bestehender Möglichkeiten der Perspektivierung begleitet ist. Darin zeigt sich nichts Defizitäres – freilich ein tiefgehender Unterschied zur Rede –, sondern vielmehr der Reichtum dieses Kunstwerks. Nach Auskunft seines Autors ist es gerade

---

Hälfte des 6. Jahrhunderts, die von L. G. Westerink publiziert worden ist (*Anonymous Prolegomena to Platonic Philosophy. Introduction, Text, Translation and Indices.* Amsterdam 1962).

16 Vgl. Joh. 21,25.

17 Vgl. J. M. Lotman, *Die Struktur literarischer Texte. Übersetzt von R.-D. Keil*, München ^{4}1993, 87.

18 W. Iser, *Der implizite Leser. Kommunikationsformen des Romans von Bunyan bis Beckett*, München ^{3}1994, 355. Dies nimmt die in *Der Akt des Lesens. Theorie ästhetischer Wirkung*, München 1976, 14–18, entwickelten Einsprüche gegen die Vorstellung der vom literarischen Werk ablösbaren Bedeutungen und deren „Konsumierbarkeit" auf.

so eingerichtet, dass es Gelehrte auf Jahrhunderte beschäftigen und so seine Unsterblichkeit sicherstellen wird.[19] Die Rätsel aber, die Joyce der Nachwelt aufgibt, sind nicht zum Lösen aufgegeben, sondern zu ihrer Betrachtung. Sie resultieren nicht aus dem Mangel an Informationen, aus dem Fragmentarischen, das dem Text als Dokument einer vergangenen Realität eigen ist.

Allerdings wird in wenigen Jahrhunderten auch der Ulysses ein „alter" Text sein wie die Epen Homers, die Bücher der Bibel, das corpus Aristotelicum oder Dantes Comedìa. Dessen Verständnisschwierigkeiten werden deshalb zum Teil ganz anderer Natur sein als jene „enigmas and puzzles", die Joyce in seinem Werk unterbrachte. Möglicherweise wird sich die Aufmerksamkeit der Professoren dann auf das einst Selbstverständliche richten; Glossen[20] und Scholien, die auch bei der Kommentierung Homers am Anfang standen, werden ungebräuchliche Worte und weithin unbekannte Realien erklären.[21] Nicht allein die textimmanenten Leerstellen des Werkes, sondern auch dessen Grenzen gegenüber den veränderten Welten, in denen der Text jeweils gelesen wird, werden solche Kommentare thematisieren.

---

19 „I've put in so many enigmas and puzzles that it will keep the professors busy for centuries arguing over what I meant, and that's the only way of ensuring one's immortality." Die bekannte Äußerung zitiert bei Iser, *Der implizite Leser*, 302.

20 Die γλῶτται sind zunächst die ungebräuchlichen, unverständlichen und unbekannten „Ausdrücke" selbst, die einer Erläuterung in Form der Angabe eines gebräuchlichen (κύριον) Wortes bedürfen, vgl. Aristoteles *Rhetorica* 1410b11f: αἱ μὲν οὖν γλῶτται ἀγνῶτες, τὰ δὲ κύρια ἴσμεν. So auch bei Isidor von Sevilla, *Etymologiae* I 30, 1 (PL 82, 106A): „Glossa graeca interpretatione linguae sortitur nomen. Hanc philosophi ad verbum dicunt, quia vocem illam de cuius requiritur uno et singulari verbo designat. Quid enim illud sit in uno verbo positum declarat". Vgl. E. Jeauneau: *Gloses et commentaires de textes philosophiques (IXe–XIIe s.).* In: Les genres littéraires dans les sources théologiques et philosophiques médiévales. Définition, critique et exploitation. Louvain-la-neuve 1982, 117–131, hier 117f.

21 In diese Richtung gehen bereits gegenwärtige Ausgaben. Die kommentierte Ausgabe des Suhrkamp Verlages (*James Joyce Ulysses, übersetzt von Hans Wollschläger, herausgegeben und kommentiert von Dirk Vanderbeke, Dirk Schultze* [...], Frankfurt/ M. 2004), deren Kommentare wohl als Scholien zu bezeichnen sind, bietet diese in Form von Marginalien, schließt also an eine mittelalterliche und frühneuzeitliche Gestaltung an.

Unter diesem Blickwinkel betrachtet haben Kommentare eine transformatorische Funktion. Das heißt, dass sie das, was auf Grund des Alters des Textes unverständlich und wegen neu gewonnener Einsichten unmittelbar unakzeptabel geworden ist, an die neuen Situationen anpassen, in denen er gelesen wird. Der unveränderliche Text, der existiert, während die Sprache sich gewandelt haben mag, wird deshalb glossiert und mit Sacherklärungen versehen. Aber Kommentare leisten mehr. Bereits der Umgang mit einem alten Text lehrt, ihn mit neuen Erfahrungen und andersartigen Fragestellungen in Verbindung zu bringen und diesen anzupassen. Passagen eines kanonischen Textes stehen zur Verfügung, um mit ihnen neue und jenseits seiner Vorstellungswelten liegende Gedanken zu artikulieren. Wenn Aristoteles bspw. extreme Verhaltensweisen zu meiden empfiehlt, so verbalisiert er nicht nur (wie wir noch heute) eine verzweifelt ausweglose Lage als Wahl zwischen Skylla und Charybdis, sondern erinnert sich auch daran, mit welchen Worten ausgedrückt wird, wie dieser Gefahr zu entkommen sei: „Wer nach der Mitte trachtet, muss vor allem von dem Abstand nehmen, was ihr stärker entgegengesetzt ist, dem Rat der Kalypso entsprechend, «Lenke das Schiff mit aller Gewalt aus dem Dampf und der Brandung».“[22] Die Anpassung an veränderte Fragestellung kann allerdings stärker und bewusster erfolgen als das Aufgreifen einiger Verse zur Verdeutlichung eines Gedankens. Die homerischen Kämpfe der Götter bspw. erscheinen buchstäblich genommen frivol, aber es werden „Lesarten“ entwickelt, die dem Text einen Sinn zuschreiben, der etwas anderes als das skandalöse

22 Aristoteles, *Ethica Nicomachea* II 9, 1109a28–b1; der Vers der Odyssee in der Übersetzung von Johann Heinrich Voß. Diese Stelle ist insofern ein bemerkenswertes Zeugnis der Homerkenntnis, als aus dem Gedächtnis zitiert wird, wie aus der Zuschreibung des Zitats aus der Odyssee (XII 219f.) an Kalypso zu ersehen ist: διὸ δεῖ τὸν στοχαζόμενον τοῦ μέσου πρῶτον μὲν ἀποχορεῖν τοῦ μᾶλλον ἐναντίου, καθάπερ καὶ ἡ Καλυψὼ παραινεῖ «τούτου μὲν καπνοῦ καὶ κύματος ἐκτὸς ἔεργε νῆα». Tatsächlich aber ermahnt Odysseus seine Gefährten und die Gefahr wurde ihm von Kirke genannt (XII 73–126). Kalypso hatte ihm hingegen die Fahrt in Richtung Osten gewiesen, so dass das Sternbild des Bären zur Linken liegt (V 276f.). Aristoteles hat außerdem vorausgesetzt, dass die Hörer bzw. Leser die Fortsetzung kennen, die das Zitat allererst zur Illustration des von ihm Gesagten machen: „Und arbeite gerad' auf den Fels zu, daß es nicht dorthin / Unversehens sich wend' und du ins Verderben uns stürzt.“

Äußere zu verstehen gibt – ein Vorgang, der keinesfalls auf Homer beschränkt ist.[23]

An einem Beispiel soll dies wenigstens skizziert werden. Von Porphyrios, dem außerordentlich gelehrten Neuplatoniker des 3. Jahrhunderts, stammt eine Abhandlung über die Nymphengrotte aus Od. XIII, 102–112.[24] Behandelt wird eine Passage, in der, so Porphyrios, der Dichter sich einer rätselvollen Ausdrucksweise bedient (αἰνίττεσθαι) und nicht einfach von der Lizenz zum Fingieren Gebrauch macht. Mag auch die Höhle selbst auf Ithaka nicht existieren, sie also erfunden sein, so gilt der beschriebene Sachverhalt dem Philosophen als Dokument alter Weisheit, die er ausfindig macht und in seiner Interpretation darlegt. Die Grotte gibt Hinweise auf den Aufbau des Kosmos, denn die Höhle gilt als Ver-

---

23 Vgl. Platon, *Respublica* II 378c-d; vgl. auch die Deutung von Göttern als Verhaltensweisen im Scholion zu Il. XX 69 (*Scholia graeca in Homeri Iliadem* ed. Erbse Bd. 5, 15f.). Den Götterkampf aus Il. XX 54–75 interpretierte bereits Theagenes von Rhegion (6. Jh. v. Chr.) bei seiner Verteidigung (ἀπολόγια) Homers als Einkleidung der Verhältnisse der Elemente zueinander: DK 8 A 2, Bd. 1, 51f. Diese Einstellung hat im 12. Jahrhundert noch einmal Eustathios an den Anfang seiner Summe der Iliaskommentare gestellt. Eustathios, der Homer mit dem Okeanos vergleicht, dem alle Quellen und Flüsse entstammen und meint, dass vielleicht nicht alles, wohl aber ein Großteil des menschlichen Wissens sich aus ihm speise (ἐξ Ὁμήρου δὲ, εἰ καὶ μὴ πᾶσα, πολλὴ γοῦν παρεισέρρευσε τοῖς σοφοῖς λόγου ἐπιρροή – *Commentarii in Iliadem* ed. Stallbaum I, 1), postuliert deshalb, dass bei der Interpretation grundsätzlich von Einkleidung und Verhüllung von Gedanken in Geschichten auszugehen sei, die nicht zur bloßen Unterhaltung erzählt werden: πρῶτον μὲν οὐ πρὸς γέλωτα οἱ Ὁμηρικοὶ μῦθοι, ἀλλὰ ἐννοιῶν εὐγενῶν σκιαί εἰσιν ἢ περιπετάσματα, a.a.O., 2. — Aus neuerer Zeit könnte auf Interpretationen des Shylock im *Merchant of Venice* oder des Caliban in *The Tempest* hingewiesen werden, an denen sich mit besonderer Deutlichkeit zeigt, dass und wie historische Erfahrungen der Leser in die Lektüre des Textes eingehen und damit Anstößiges entstehen lassen, dem wiederum durch Sanktionen oder durch radikale Neuinterpretation begegnet wird. Vgl. R. Freifrau v. Ledebur: *„The Merchant of Venice": Drama – Bühnengeschichte – Theaterrezension.* In: William Shakespeare. Didaktisches Handbuch Bd. 3, hgg. von R. Ahrens. München 1982, 851–883; P. Rohrsen: *Ein antikolonialistischer Sturm. Zu Aimé Césaires „Bearbeitung von Shakespeares «Sturm» für ein Negertheater".* In: Deutsche Shakespeare Gesellschaft West. Jahrbuch 1972, 150–169.

24 Porphyrius, *De antro nympharum.* In: Porphyrii philosophi Platonici opuscula selecta, ed. A. Nauck. Leipzig 1886, ND Hildesheim 1977, 55–81.

anschaulichung (εἰκών, σύμβολον) dieser Welt.[25] Durch einen ihrer Eingänge betreten die unsterblichen Seelen die sichtbare Welt, durch die andere verlassen sie sie wieder.[26] Porphyrios war nicht nur ein Platoniker von Rang, sondern hatte auch als Philologe einen glänzenden Namen.[27] Der Experte der Homerinterpretation verwahrte sich ausdrücklich gegen den Einwand, an diese Stelle lediglich allegorische Assoziationen zu knüpfen, die sich mit alten Überlieferungen der Perser und Ägypter, ja auch mit dem Anfang der biblischen Genesis in Einklang bringen lassen. Es sei, so versicherte er am Ende der Abhandlung, keineswegs der Fall, dass seine Interpretation (ἐξήγησις) gewaltsam und erklügelt sei, da Homer selbst in der Einkleidung des Mythos die bildhafte Darstellung göttlicher Geheimnisse geschaffen habe.[28] Die philosophische Interpretation macht demzufolge lediglich den verborgenen philosophischen Sinn sichtbar.

Porphyrios versicherte sich Homers somit zur Bestätigung gewisser Einsichten über die Herkunft der Seelen, die als charakteristisch für die platonische Philosophie galten. Dabei handelte es sich aber keineswegs um Meinungen einer bestimmten Schule, sondern diese waren bereits am

---

25 Porphyrius, *De antro*, cap. 9, S. 62; cap. 21, S. 70f.; cap. 32, S. 78. Dafür beruft sich Porphyrios bereits auf Kronios und Numenios. Vgl. auch *Scholia graeca in Homeri Odysseam* (ed. Dindorf), 562 (zu XIII, 103).

26 Porphyrius, *De antro*, cap. 22f., S. 71f. Die Deutung der Pforte, durch die „die Menschen" hineingehen, als Zodion des Krebses, die andere, „Eingang der Unsterblichen", als Zodion des Steinbocks, ist durch Macrobius' *Commentarius in somnium Scipionis* (ed. Willis, Leipzig 1970) auch dem lateinischen Mittelalter bekannt geworden (I 12, 1-3; S. 47f.).

27 Hier seien nur die früh entstandenen Ὁμηρικὰ ζητήματα sowie seine von Hieronymus erwähnte Datierung des Buches Daniel in die Zeit des Antiochos Epiphanes genannt. (Hieronymus, *Commentarii in Danielem*, prol., PL 25, 491A). Das von Hieronymus erwähnte Buch gehört zu *Contra Christianos* (Adolf v. Harnack, *Porphyrius „Gegen die Christen". Zeugnisse, Fragmente und Referate.* APAW. Phil.-hist. 1, Berlin 1916, S. 68). Zu Porphyrios als Philologen vgl. auch R. Pfeiffer, *Geschichte der Klassischen Philologie. Von den Anfängen bis zum Ende des Hellenismus*, München 1978, 276–278.

28 Porphyrios, a.a.O., cap. 36; S. 81: οὐ δεῖ δὲ τὰς τοιαύτας ἐξηγήσεις βεβιασμένας ἡγεῖσθαι καὶ εὑρεσιλογούντων πιθανότητας, λογιζόμενον δὲ τὴν παλαιὰν σοφίαν καὶ τὴν Ὁμήρου ὅση ἀπογινώσκειν, ὡς ἐν μύθου πλάσματι εἰκόνας τῶν θειοτέρων ᾐνίσσετο.

Anfang der griechischen Literatur präsent und nur unter einer etwas rätselhaft erscheinenden Schilderung verborgen worden. An geheimnisvollen Andeutungen dessen, was einst geahnt worden war, was gewusst und zugleich auch verborgen wurde, stand der Grieche Homer den orientalischen Weisheitsquellen, die seinerzeit reichlich ins Imperium strömten, folglich nicht nach. Das Christentum, das Porphyrios verachtete, und die sogenannte Gnosis, auf deren interpretatorische Praxis METZLER und BRANKAER eingehen, stellen nur zwei dieser Strömungen dar. Zeichnet sich die gnostische Kommentierung dadurch aus, dass sie die jüdische Überlieferung negierte, dämonisierte bzw. einer inversiven Transformation unterwarf, so ähneln die Interpretationsverfahren Origenes' und Porphyrios' einander insoweit, als in beiden Fällen alte Textcorpora assimiliert wurden. Mit dem Altersnachweis ließ sich für Porphyrios nicht nur der Wahrheitsanspruch platonischen Denkens untermauern, sondern auch die Würde des hellenischen Dichters als eines Philosophen unterstreichen, Analoges gilt für den nicht minder brillanten Philologen Origenes im Blick auf das Alte Testament. Fremde und zuweilen befremdliche Texte wurden durch Kommentare zum Bestandteil der polemischen Diskurse, die im 3. Jahrhundert zwischen Anhängern unterschiedlicher philosophischer und religiöser Richtungen um Alter und Authentizität derjenigen Textcorpora geführt wurden, auf die sie sich jeweils stützten.

In gewisser Weise erinnert deshalb das Verfahren, das Porphyrios einsetzte, demjenigen, mit dem christliche Kommentatoren des ersten Kapitels der Genesis bis in die erste Hälfte des 17. Jahrhunderts hinein den Wortlaut des Textes und kosmologische Erkenntnisse in Einklang brachten. Das Eingangskapitel der Bibel bot eine Kurzfassung einer Kosmologie, die zwar material unvollständig, allerdings nicht allein Spiegel archaischer Auffassungen war, so dass die Kommentierung die – dann ja nur scheinbar bestehenden – Differenzen zwischen wissenschaftlichen und philosophischen Einsichten der jeweiligen Gegenwart und dem Text überbrückte.[29] Dabei erweist sich freilich nicht nur die „Lesart" des Textes an wissenschaftliche Resultate angepasst, sondern auch als Stimulans

29 Zu den beeindruckendsten und letzten Leistungen auf diesem Gebiet wird man zählen dürfen die *Quaestiones celeberrimae in Genesin* von Marin Mersenne, 1623 in Paris erschienen, und die *Sacred Theory of the Earth* von Thomas Burnet, 1681 erstmals in London publiziert und bis ins 19. Jahrhundert aufgelegt.

neuer Überlegungen. Der mittels der Kommentare in die Gegenwart transformierte Text der Bibel veränderte nicht nur selbst seinen Sinn, sondern konstituierte auch die Problemstellungen innerhalb der Aufnahmekultur. Diese aber war auf dem Gebiet der Kosmologie bis in die Neuzeit hinein von den Texten antiker Autoren geprägt, allen voran des Aristoteles, die selbst wiederum durch Kommentare präsent waren. Diskussionen wie die um die Unveränderlichkeit des Himmels, die Ewigkeit der Welt, die Flüssigkeit der Himmelsmaterie, ja auch die Ordnung der Himmelssphären, lassen sich auch als Resultate beständiger Transformationsprozesse von antiken Texten verstehen, zu denen auch die Bibel zählt – von Prozessen also, die im Medium des Kommentars stattfinden. Dass der Humanismus der Renaissance, die protestantische Reformation, die Physik Galileis, Descartes' Philosophie jeweils tiefgehende Einschnitte in die Kommentartraditionen bedeuten, ist hinlänglich bekannt. Kommentare haben dann, so ließe sich zugespitzt sagen, nicht mehr selbstverständlich und zuerst die Funktion, die Bedeutungsgrenzen des schriftlich fixierten Textes auszuweiten und hinauszuschieben, sondern den Text von den zuvor vorgenommenen Überschreibungen zu befreien. Sie werden von einem Medium, das Kontinuität erzeugt, zur Markierung von Diskontinuität. Kommentare wenden sich gegen ältere Kommentare, sie ergänzen sie nicht, sondern bekämpfen und verschweigen sie. Die Schelte über die Nachlässigkeit, Dummheit und Inkompetenz der Kommentatoren, die in den Beiträgen von WÖLLER, WABEL und WEICHENHAN in verschiedenen Zusammenhängen eine Rolle spielt, ist nicht zuletzt ein Symptom der veränderten Perspektive auf die Geschichte. Es ist der *ferne* und *alte* Text, der als Bezugspunkt der Aufmerksamkeit gilt, der Text in Originalsprache, der von den Kommentaren bislang verstellt und entstellt worden ist. Die Gegenwart erscheint nicht nur als die Fortsetzung dessen, was vergangen ist, sondern sie setzt sich von ihr ab und gewinnt damit auch ein neues Verhältnis zu jenen Texten selbst, die nun insoweit für die Kommentatoren interessant werden, *als* sie fremd und unverständlich sind. Es entsteht die Frage, ob der Text gerade dann zur Geltung kommt, wenn der Kommentar sich gegen seine Vorgeschichte wendet – dass die Antwort mindestens nicht leichtfällt, zeigen die Überlegungen von POLLÄHNE und WABEL zu solchen Texten, die Geltung unmittelbar beanspruchen: dem Strafgesetzbuch und der Verfassung.

Der hier vorgelegte Band beansprucht selbstverständlich nicht, die vielfältigen Probleme des Kommentars auch nur annähernd in den Blick zu nehmen. Dies schon deshalb nicht, weil er sich von vorn herein auf die Diskussion einzelner Fälle konzentrierte. Entstanden aus einem von den beiden Herausgebern entwickelten Projekt, in einer Vortragsreihe an der Theologischen Fakultät der Humboldt-Universität zu Berlin die eigene wissenschaftliche Praxis zu reflektieren, die im Verfassen und Edieren von bzw. der Auseinandersetzung mit Kommentaren besteht, gingen die Autorinnen und Autoren von Kommentierungen aus, nicht von einer Theorie des Kommentars. Der Band bietet Fallstudien, keine kulturwissenschaftliche Synthese.

Text und Wissen. Die gnostische Beschäftigung mit dem Johannesevangelium

JOHANNA BRANKAER

1. Einleitung: Johannes und die Gnosis[1]

Die Frage nach eventuellen gnostischen Einflüssen im Johannesevangelium geht auf die Antike zurück, wo Irenäus (*Adv. Haer.* I,26,1; III,11,1f.) gegen die Beschuldigungen, es gehe hier um einen Text des Gnostikers Kerinth, behauptete, dass der Evangelist vielmehr ein Gegner dieses gnostischen Meisters und seiner Theologie war. Das vierte Evangelium wurde schon im 2. Jahrhundert im Hinblick auf die Gnosis interpretiert, und zwar sowohl in positiver wie negativer Weise.

Diese Frage nach den gnostischen Einflüssen beschäftigt die neutestamentlichen Exegeten bis heute. Mit erneuter Begeisterung wurde sie aber in der ersten Hälfte des vorigen Jahrhunderts diskutiert, als sich die Religionsgeschichtliche Schule für diese Problematik interessierte, und zwar unter dem Stichwort des „antiken Synkretismus".

Behauptet wurde, dass nicht nur die johanneische Sprache und Begrifflichkeit, sondern auch das Denken des vierten Evangelisten von gnostischen Einflüssen geprägt gewesen sei. Diese Hypothese hat entsprechend heftige Gegenreaktionen hervorgerufen.

Rudolf Bultmann vertrat die Position, dass „Johannes" sich in seinem Evangelium mit der Gnosis auseinandergesetzt hat. Er hat unter anderem in seiner *Theologie des NT* die Hypothese vertreten, dass die vom Evangelisten benutzte „Offenbarungsquelle" durch den gnostischen Mythus des Soters (Erlösers) und des ‚präexistenten' Menschen stark beeinflusst war. Der Evangelist hätte demnach das Material nur verwendet,

---

1 Dieser Abschnitt basiert auf J.-M. Sevrin, Le quatrième évangile et le gnosticisme: questions de méthode, in: La Communauté johannique et son histoire. La trajectoire de l'évangile de Jean aux deux premiers siècles, hgg. von J.-D. Kaestli, J.-M. Poffet, J. Zumstein, Genève 1990, 251–268, und auf W. Schmithals, Neues Testament und Gnosis (Erträge der Forschung 208), Darmstadt 1984.

um sich desto besser von der Gnosis zu unterscheiden. Eine demgegenüber konträre Meinung wurde von seinem Schüler Ernst Käsemann vertreten, der im Johannesevangelium eine Art von naivem Doketismus sah, der aus seinem Verfasser einen unfreiwilligen oder unbedachten Gnostiker macht. Diese These wurde von Luise Schrottroff weiter entwickelt. Sie schrieb 1970:

> „Johannes ist das erste uns ausführlicher bekannte System einer Gnosis, die sich christliche Traditionen adaptiert. Mit dem Johannesevangelium ist die gnostische Heilslehre in den Kanon gelangt."[2]

Der ‚Entscheidungsdualismus', der durch Bultmann dem ontologischen oder kosmologischen Dualismus der Gnostiker gegenübergestellt wurde, wird durch Luise Schrottroff und andere Spezialisten als Ausdruck oder Weiterentwicklung eines ‚onto-kosmologischen' Dualismus angesehen.

In der heutigen Exegese wird die Frage nach den gnostisierenden oder anti-gnostischen Tendenzen des vierten Evangeliums kaum noch ernst genommen. Die Gnosis ist nachweislich erst ab dem 2. Jahrhundert wirklich gut belegt. Eine Konstruktion, die auf der Basis neutestamentlicher Textstellen für eine ‚Protognosis' im 1.Jahrhundert argumentiert, wird schnell zu einem hermeneutischen Zirkel.

Man muss erst die Hypothese einer Gnosis im 1. Jahrhundert annehmen, um bestimmte Schriftstellen dann als gnostisch bzw. antignostisch zu deuten. Oft ist es ‚ökonomischer', eine andere Lösung vorzuschlagen: man braucht z.B. keine Zuflucht zu einer gnostischen Auslegung von der Präexistenz des Logos zu nehmen, wenn es dafür in den jüdischen Weisheitstraditionen schon Modelle gibt.

Es bedarf nicht des hypothetischen gnostischen Hintergrundes, um „mögliche gnostische" Einzelmotive des vierten Evangeliums auszulegen.

Dass die Johannesexegese sich von Anfang an, zu Recht oder nicht, mit der Frage nach der Gnosis in dieser Schrift beschäftigt hat, zeigt uns vor allem, dass eine Annäherung zwischen bestimmten johanneischen Motiven und der Gnosis möglich war bzw. dass das Johannesevangelium, zu Recht oder nicht, an gewissen Stellen seiner Rezeptionsgeschichte gnos-

---

2 L. Schrottroff, *Der Glaubende und die feindliche Welt. Beobachtungen zum gnostischen Dualismus und seiner Bedeutung für Paulus und das Johannesevangelium* (Wissenschaftliche Monografien zum Alten und Neuen Testament 37), Neukirchen 1970, 295.

tisch interpretiert worden ist. Die Frage, ob es schon „Gnostiker" gab, als der Evangelist sein Buch verfasst hat, muss und soll unbeantwortet bleiben. Was aber klar ist, das ist die Tatsache, dass sich die Gnostiker später mit diesem Evangelium beschäftigten, es vielleicht sogar den anderen Evangelien vorgezogen haben.

2. Herakleon: der erste Kommentator des Johannesevangeliums?

In seinem Johanneskommentar argumentiert Origenes gelegentlich gegen einen gnostischen Vorgänger namens Herakleon. Diese Figur wird auch bei Irenäus und Tertullian erwähnt, und zwar zusammen mit dem Valentinschüler Ptolemäus. Die „Werke" Herakleons sind uns jedoch nur durch die alexandrinischen Schriftsteller Klemens und Origenes bekannt. Klemens zitiert Anmerkungen zu Mt 3,11 und Lk 12,8. Origenes zitiert nur Stellen aus einem *Johanneskommentar* des Herakleon.

Bei diesen Zitaten geht es immer um die Interpretation von Einzelstellen, was zu der Überzeugung geführt hat, Herakleons Johanneskommentar sei der älteste bekannte fortlaufende Kommentar einer Schrift des NT[3]. Da nur die von Origenes erwähnten (und bekämpften) Fragmente übrig geblieben sind, ist es schwierig festzustellen, wie die präzise literarische Form dieses Werkes aussah. Es hat wahrscheinlich einen fortlaufenden Kommentar zum Johannesprolog gegeben, im Hinblick auf den Rest des Evangeliums (und bezüglich der anderen Evangelien) wurden aber möglicherweise nur ausgewählte Motive behandelt.

Auch wenn wir an anderen Stellen wenig über Herakleon erfahren, wird bereits durch das Bedürfnis des Origenes Herakleons Standpunkte zu widerlegen erkennbar, dass Herakleon zumindest in Alexandrien in der ersten Hälfte des 3. Jahrhunderts noch gelesen wurde.

Für unser Vorhaben ist es wichtig, dass sich – möglicherweise erstmalig – ein Gnostiker des 2. Jahrhunderts mit der systematischen Exegese des vierten Evangeliums beschäftigt hat und diesen Text offensichtlich ‚gnostisch' auslegen könnte. Leider ist die Exegese des Herakleon nur durch

---

3 Vgl. z.B. I. Dunderberg, *The School of Valentinus*, in: *A Companion to Second-Century Christian 'Heretics'*, hg. von A. Marjanen – P. Luomanen (Supplements to Vigiliae Christianae 76), Leiden/ Boston 2005, 79; E. Thomassen,*The Spiritual Seed. The Church of the 'Valentinians'* (Nag Hammadi and Manichaean Studies 60). Leiden/ Boston 2006, 104.

den oft reduzierenden Blick seines Gegners Origenes geprägt. Die exegetischen Auslegungen des Gnostikers werden dabei oft nur kurz erwähnt; ein Blick in ihren größeren Zusammenhang ist uns leider nicht vergönnt[4]. Aus den kurzen Zitaten wird jedoch deutlich, dass die Auslegung des Johannesevangeliums von einer Variante der ‚valentinianischen' Gnosis geprägt war.[5] Wie im 2. Jahrhundert üblich, widmete sich Herakleon der typologischen oder allegorischen Exegese. Das Evangelium wird in gewissem Sinne als ‚Mythos' betrachtet und unter Berücksichtigung philosophischer Konzepte, die auf ein platonisch-stoisches Gedankengut zurückzuführen sind.[6] Dieses Verfahren ermöglicht es ihm, den präexistenten ‚Logos' vom ‚niedrigeren Demiurgen' oder ‚Schöpfergott' zu unterscheiden.[7]

Jesus, der Erlöser, stieg in die Materie hinab. Das AT wird verworfen, und Johannes der Täufer wird als einziger Prophet anerkannt: die Heilsgeschichte, die Johannes als letzten Propheten einer langen Reihe ansieht bzw. ihn als neue Elias betrachtet, wird durch Herakleon offensichtlich verneint – übrigens zur großen Belustigung des Origenes, der sich so als ‚wahrer' Schriftkenner profilieren kann. Jesus ist nur zur Erlösung der spirituellen Menschen gesandt. Der Typus für diese Menschenklasse ist die ‚samaritanische Frau' in Kap. 4.

Er ist aber auch zur Erlösung des psychischen Menschen, der sich von der höheren Wirklichkeit prägen lässt, gekommen. Die Psychiker – d.h. die mittlere Klasse zwischen (schon erlösten) Pneumatikern und (schon verlorenen) Hylikern – sind, Herakleon zufolge, erlösungsfähig, und zwar durch den Glauben an den Erlöser.

---

4 Mehr über diese reduktionistische Sichtweise in A. Le Boulluec, *La Notion d'hérésie dans la Littérature grecque IIe et IIIe siècles. Tome II Clément d'Alexandrie et Origène*, Paris 1985, 514–518.

5 Vgl. zu dieser Frage z.B. E. Pagels, *The Johannine Gospel in Gnostic Exegesis* (Society of Biblical Literature Monograph Series 17), Atlanta 1989, 17–19; E. Thomassen, *The Spiritual Seed*, 115–118.

6 Vgl. A. Wucherpfennig, *Heracleon Philologus* (Wissenschaftliche Untersuchungen zum Neuen Testament 142), Tübingen 2002, 395–401.

7 Dabei ist der Dualismus weniger ausgesprochen als bei Markion. So spielen sowohl der ‚Demiurg' als auch der ‚göttliche Logos' eine Rolle bei der Schöpfung. Vgl. A. Wucherpfennig, *Heracleon Philologus*, 158–160.

Die enthaltenen Fragmente des Herakleon weisen also einige wichtige ‚Züge' des gnostischen kosmologischen und anthropologischen Verständnisses auf: die Ablehnung des AT und dessen Schöpfergottes, eine dreischichtige Anthropologie (wobei zwischen Pneumatikern, Psychikern und Hylikern unterschieden wird), den Erlösermythus, der uns erzählt, wie die Entität des Pleromas, der höheren, außerkosmischen Wirklichkeit, in den Kosmos herabsteigt, um die ‚Seinigen' zu erlösen, d.h. die Gnostiker aus dem Griff des Kosmos zu erretten und wieder mit dem göttlichen Pleroma, ihrem wahren Ursprung, zu vereinigen vermag.
Hierzu einige Beispiele:

<u>Origenes, *In Jo* VI, 39,198–200[8]:</u>
(198) Viel zu wörtlich aber hat er das: „Ich bin nicht würdig, dass ich die Riemen seiner Sandale löse" (Joh 1,27) erklärt: „der Täufer bekennt mit diesen Worten, dass er auch nicht des wertlosesten Dienstes an Christus würdig sei." Jedoch hat er nach dieser Auffassung glaubwürdig vorgebracht:

> „Ich bin nicht geeignet, dass er meinetwegen von (seiner) Majestät herabkommt und Fleisch annimmt, wie eine Sandale, wofür ich keinen Sinn angeben kann und auch die planvolle Anordnung nicht erklären oder auflösen kann."

(199) Nachdem er so erhaben und ausgereift die „Sandale als die Welt" erklärt hat, geht derselbe Herakleon zur Respektlosigkeit über und gibt vor, dies alles müsse auch verstanden werden über die Person, die mit „Johannes" gemeint sei.
(200) Er glaubt nämlich, dass „der Demiurg des Kosmos, der geringer ist als Christus, dies mit diesen Worten bekannt habe", was als vollkommen respektlos anzusehen ist.

<u>Origenes, *In Jo* X,11, 48–49[9]</u>
(48) Herakleon hingegen, indem er das „Danach stieg er nach Kapharnaum hinab" erklärt, sagt: „es lasse wieder einen Anfang einer neuen Anordnung erkennen", denn „dass ‚er stieg hinab'" sei nicht grundlos gesagt worden. Und er konstatiert zu ‚Kapharnaum', es bezeichne das „Grenzgebiet des Kosmos, dies sei das Stoffliche, zu dem er hinabgestie-

8 Vgl. A. Wucherpfennig, *Herakleon Philologus*, 191f.

9 Vgl. A. Wucherpfennig, *Herakleon Philologus*, 51; 60–67.

gen ist;" und, „weil der Ort ungeeignet sei", sagt er, „habe er nichts getan oder gesprochen, was in dieser (Stadt) gesagt werde".
(49) Wenn nun in den übrigen Evangelien auch nicht geschrieben stand, dass unser Herr nichts in Kapharnaum gemacht oder gesagt hätte, dann würden wir vielleicht zweifeln, seine Auslegung anzunehmen.

Origenes verspottet hier seinen gnostischen Gegner, weil sich dieser hier nur auf den Text des vierten Evangeliums bezieht, ohne die anderen Evangelien zu betrachten. Die Methode des Origenes besteht demgegenüber darin, dass er die Schrift durch die – ganze – Schrift auslegt. Er verwendet dazu sowohl alttestamentliche als auch neutestamentliche Textstellen. Dass Herakleon Johannes hier ohne Referenz auf die anderen Bibeltexte liest, kommt dem alexandrinischen Exegeten als lächerlich und unseriös vor. Von den Fragmenten, die wir bei Klemens finden, wissen wir, dass Herakleon auch etwas zu den anderen Evangelien geschrieben hat, wir wissen aber nicht in welchem Zusammenhang. Er kannte also diese anderen Texte, hat aber freilich das Johannesevangelium bevorzugt. Fand er vielleicht, dass die (gnostische) Wahrheit dort am besten ausgedrückt worden ist? Diese Frage muss leider wegen der fragmentarischen Überlieferungsform der Schriften des Herakleon unbeantwortet bleiben.
Obwohl wir nicht viel über ihn wissen und dieses Wissen zudem auch noch auf tendenziösem Material basiert, dürfte es klar sein, dass sich das Johannesevangelium für eine gnostische Exegese besonders geeignet zeigte. Der Exeget Herakleon beschränkt sich nicht auf eine rein sachliche Erläuterung des Vierten Evangeliums. Er sucht in dieser Schrift Antworten auf Fragen, die nicht unbedingt von ihrem Verfasser gestellt wurden. Das Johannesevangelium wird gelesen als Illustration eines gewissen Heilsverständnisses.

3. Nag Hammadi: Midrasch als Kommentar?

Während uns der Johanneskommentar des Herakleon nur indirekt bekannt ist, nämlich *wo* er sich bei der Polemik des Origenes greifen lässt, besitzen wir mit den koptisch-gnostischen Manuskripten aus Nag Hammadi und anderen Orten in Mittel-Ägypten direkte Zeugnisse des gnostischen Denkens. Das Textkorpus ist aber sehr heterogen und komplex. In diesen Texten von höchst verschiedenem Charakter beschäftigen sich viele mit biblischen Gegenständen, die gnostisch ausgelegt werden.

Bekannt ist vor allem der „Genesismidrasch", wo die alttestamentliche Erzählung der Erschaffung der Welt und der ersten Menschen (Gen 1–3) unter zum Teil völliger Umwertung ausgelegt wird: der Schöpfergott ist der Böse, ein minderwertiger Gott, der die wahre Göttlichkeit nicht erkennt, der versucht, den Menschen, der einen höheren Ursprung hat, in seiner Schöpfung zu verhaften. Wenn der Mensch aber, auf Grund der Versuchung durch die spirituelle Frau oder der Schlange, vom Baum der Erkenntnis isst, erwacht er aus der Unwissenheit, in der ihn der Schöpfer oder Demiurg gefesselt hielt, und er entdeckt seinen göttlichen Ursprung.

Es geht hier natürlich nicht um einen klassischen rabbinischen Midrasch, weil die ‚ursprünglichen' Werte des Textes hier völlig umgewertet werden. Man spricht in diesem Zusammenhang oft von ‚Protestexegese'. Der ‚kanonische' Text wird nicht mehr als normativ verstanden, sondern als Zeuge der Existenz einer niedrigen Wirklichkeit bzw. eines minderwertigen Gottesdienstes. Textstellen des AT werden als belastendes Material gegen die Menschen benutzt, die an diesen Gott glauben. Steht nicht in der Schrift, dass der alttestamentliche Gott eifersüchtig ist, dass sein Wissen beschränkt ist, usw.?

Die Gnostiker meinen, dass nur ihre Auslegung des Genesisgeschehens die richtige ist, weil nur sie über die Erkenntnis verfügen, die man benötige, um weiter zu schauen, als es das beschränkte Weltbild des Schöpfergottes ermöglicht, und wie dieses von Moses, der diesem Gott diente, wiedergegeben ist[10]. Ähnlich den jüdischen Midraschim sind die gnostischen ‚Auslegungen' des AT Beispiele einer ‚semantischen Verschiebung'. Im rabbinischen Kontext ist diese Verschiebung zwar notwendig, um die Normativität des Textes unter neuen Umständen zu bewahren. Das kann man aber von den ‚gnostischen Midraschim' nicht sagen: die Normativität der Schrift (und des Gesetzes) wird manchmal durch Verspottung sogar abgelehnt.

Die Haltung der gnostischen Schriften dem NT gegenüber kann dagegen nicht in derselben Weise beschrieben werden. Sie ist sehr vielfältig. Der

10 In einigen Schriften, wie der *Ersten Apokalypse des Jakobus* und dem *Apokryphon des Johannes* gibt es eine explizite Kritik an den Verfasser der Tora. Vgl. hierzu z.B. G. P. Luttikhuizen, *Gnostic Revisions of Genesis Stories and Early Jesus Traditions* (Nag Hammadi and Manichaean Studies 58), Leiden/ Boston 2006, 17–28.

Gott des NT ist der ‚wahre Gott', ‚Jesus' wird oft mit dem ‚Erlöser' identifiziert. Wenn richtig gedeutet, ist das NT zuweilen sogar ein Zeugnis der gnostischen Lehre – so hat Herakleon wahrscheinlich das Johannesevangelium betrachtet. Es ist aber nicht klar, in welchem Maße die neutestamentlichen Schriften als ‚kanonisch' verstanden wurden, die ein für alle Mal festgelegt waren, deren Form endgültig war, die man nicht mehr fortschreiben, also nur noch kommentieren konnte. Wir werden hier einige koptisch-gnostische Schriften betrachten, worin man eine Auslegung von neutestamentlichen bzw. johanneischen Textstellen findet.

Geht es hier um Kommentare? Offensichtlich nicht in dem Sinne, dass jedes Wort oder jeder Satz gedeutet wird, nicht im Sinne eines fortlaufenden Kommentars, auch nicht so wie der, den Herakleon verfasst hatte, auch nicht so, wie wir ihn aus der Tradition der Kirchväter kennen. In der gnostischen Auslegung in einigen Nag-Hammadi-Texten fehlt die ‚Quasi-Objektivität' solcher Kommentare. Man beschreibt die Beziehung zwischen der gnostischen Auslegung und der zugrunde liegenden Bibelstelle eher als Intertextualität, d.h. als eine ‚Beziehung zwischen Text und Metatext', und nicht als eine Beziehung zwischen einem ‚kanonischen' Text und seinem ‚objektiven' Kommentar.

4. Das Johannesevangelium im „Zeugnis der Wahrheit" (NHC IX,3)

Der Traktat „Das Zeugnis der Wahrheit" oder „Testimonium Veritatis" ist uns, als dritter Text des neunten Codex von Nag Hammadi, leider nur fragmentarisch überliefert. Der Titel, der sich wahrscheinlich am Ende des Textes als *Subscriptio* befand, fehlt: es sind die modernen Herausgeber des Traktats, die ihn „Testimonium Veritatis" oder „Zeugnis der Wahrheit" genannt haben (im Folgenden *TestVer*).[11] Daraus ergibt sich jedoch die Frage, ob dieser Text sich selbst als „Zeugnis" verstanden hat, auch wenn das sein wichtigster *Gegenstand* ist. Es handelt sich um eine hoch polemische Schrift gegen die „mehrheitskirchliche" Taufe und das Martyrium. Verschiedene Herausgeber des Textes haben diesen als eine

11 Vgl. B. A. Pearson, *NHC IX,3 : The Testimony of Truth*, in : *Nag Hammadi Codices IX and X*, hg. von B. A. Pearson (Nag Hammadi Studies 15), Leiden 1981, 101.

Predigt bezeichnet[12]. Dabei ist nicht klar, ob es hier um eine wirklich gesprochene oder nur um eine literarische Predigt geht. Des Weiteren ist es wichtig zu berücksichtigen, dass die Predigt oft, in der Antike sowie auch in der Moderne, eine exegetische Gattung ist. Unser Text behandelt nicht einen gewissen Textabschnitt der Schrift, er ist nun aber aller Wahrscheinlichkeit nach insgesamt durch die johanneische Idee der „Wahrheit" und des „wahren Zeugnisses" geprägt. In einem polemischen Kontext wird das Wahrheitsverständnis des Gegners, und mehr noch dessen Verständnis des „Zeuge-Seins", als inadäquat und falsch vorgestellt. Diesem massiven Unverständnis stellt der Verfasser seine eigene Erkenntnis der Wahrheit gegenüber. Hierbei interpretiert er gewisse Textstellen (aus dem Vierten Evangelium, aber auch aus anderen neutestamentlichen, apokryphen und alttestamentlichen Quellen) auf eine einzigartige Weise. Der polemische Aspekt bewirkt, dass es hier nicht nur um die Verwendung von Schriftstellen geht, um dem Diskurs eine gewisse Autorität zu verleihen. In der Exegese von gewissen Stellen kann man andere Verständnisse des Textes kritisieren oder verwerfen. Die Leser bzw. Hörer dieses Textes sind schon in ihrem Schriftverständnis fortgeschritten; sie hören „nicht (nur) mit den körperlichen Ohren, sondern auch mit den Ohren des Herzens bzw. des Verstandes". Diese Schrift ist für eine Elite bestimmt, die weiß, dass die Schrift durch Mysterien zu uns spricht.

Am Anfang des *TestVer* lesen wir[13]:

> NHC IX,3 p. 29,6–15:
>
> Ich aber werde zu denen reden, die zu hören verstehen – nicht mit den Ohren des Leibes, sondern mit den Ohren des Verstandes (oder: des Herzens). Denn viele haben nach der Wahrheit gesucht und sie (doch) nicht finden können, weil [der] alte Sauerteig der Pharisäer und Gesetzesgelehrten über sie Macht gewonnen hatte.

---

12 Vgl. z.B. A. & J.-P. Mahé, *Le témoignage véritable (NH IX,3), Gnose et Martyre* (Bibliothèque Copte de Nag Hammadi, section « Textes » 23). Québec/ Louvain/ Paris 1996, 5–21.

13 Die deutsche Übersetzung ist – mit einigen Veränderungen – entnommen: U.-K. Plisch, *„Das Zeugnis der Wahrheit" (NHC IX,3) („Testimonium Veritatis"*, in *Nag Hammadi Deutsch*, Bd. II, hg. von H.-M. Schenke, H.-G. Bethge, U. U. Kaiser (Die griechischen christlichen Schriftsteller der ersten Jahrhunderte, neue Folge 12, Koptisch-Gnostische Schriften 3), Berlin/ New York 2003, 697–712.

NHC IX,3 p. 45,19–22:

Warum nur [irrt] ihr (und) sucht nicht nach diesen Geheimnissen, die um unsretwillen vorgebildet wurden?

Der Text spricht zu denen, die die Wahrheit nicht umsonst in der buchstäblichen Interpretation oder in der Gesetzlichkeit suchen. Dazu sei hier ein Blick auf einige spezifisch johanneische Themen geworfen, die in diesem Text behandelt werden.

Die erste Stelle, die hier betrachten werden soll, behandelt das Zeugnis des Johannes des Täufers.

NHC IX,3 p. 30,18–31,10

Der Menschensohn [kam] aus der Unvergänglichkeit (heraus) [als einer, der] der Befleckung fremd ist. Er kam [in die] Welt auf [den Fluss] Jordan, und sogleich [wich] der Jordan zurück. Johannes legte Zeugnis ab von dem [Abstieg] Jesu. Denn er [allein] ist es, der die [Kraft] gesehen hat, die auf den Fluss Jordan hinab kam. Denn er erkannte, dass die Herrschaft der fleischlichen Zeugung zu Ende ging. Der Fluss Jordan, er ist die Kraft des Leibes, d.h. die Empfindungen ***(p.31)*** der Lüste. Das Wasser des Jordans ist die Begierde des Geschlechtsverkehrs. Johannes ist der Archont der Gebärmutter. Dies aber ist es, was uns der Menschensohn offenbart: Es ziemt sich für euch, das Wort der Wahrheit aufzunehmen, wenn einer es in Vollkommenheit aufnehmen kann.

Obwohl der gnostische Verfasser des Textes hier auf Material verschiedener biblischer Schriften anspielt, steht der johanneische Prolog deutlich im Hintergrund dieses Fragments. Wie das Wort im Johannesprolog, so steigt der „Menschensohn" hier aus der Unbeflecktheit in den Kosmos hinab. Die Gegenüberstellung des Lichtes (Ursprung des Soters) und der Dunkelheit (Finsternis der Welt) wird in den vorangehenden Zeilen in einem gnostischen Kontext ausgearbeitet. Dies gehört auch zum johanneischen Hintergrund der Gesamtvorstellung der Inkarnation. Die Erwähnung des Jordans ist nicht ‚johanneisch', sondern sie zeigt, wie der Autor bei der Johannesauslegung anderes Schriftmaterial verwendet (wie es z.B. auch Origenes getan hat): man füllt die Lücke eines Textes mit den Elementen, die man in einem anderen findet.

Zentral und typisch ‚johanneisch' ist dagegen die Darstellung des Täufers als Zeuge (Joh 1,7–8.15.32ff.). Alle Elemente der Taufszene werden hier allegorisch gedeutet. Die Allegorie dient freilich dem epistemologischen und ethischen Programm des Autors. Das richtige Verständnis des Täufers ist das des schon genannten Archonten der Gebärmutter, der

Zeuge ist vom Eindringen des Lichtes in die Finsternis, also des Anfangs der Erlösung, die das Ende seiner Macht einläutet. Die Vision des ‚Herabsteigens des Geistes' wird dargestellt als ‚Herabsteigen des Soters' selbst. Mit Hinblick auf Joh 1,7–8 verstehen wir, dass Johannes nicht nur nicht das Licht ist, sondern dass er, gerade weil er nicht das Licht ist, sogar zur Finsternis gehört, zur Welt des Werdens, der Fortpflanzung, die im Zeichen des Archonten steht. Joh 1,15 zeigt, dass der Soter ‚präexistent' ist, dass die Welt zeitlich (und ontologisch) nach ihm gekommen ist und eine sekundäre Natur hat. Joh 1,32ff. stellt den Täufer dar wie einen, der nicht(s) weiß, der in Unwissenheit lebt. Diese originelle Auslegung der Täuferpassage im Johannesevangelium ist umso interessanter, weil sie von einer Polemik gegen die Johannes-Taufe – also die Wassertaufe der ‚Mehrheitskirche' – geprägt ist. Der Leser bzw. Zuhörer findet in dieser Passage eine immer tiefer gehende Betrachtung des biblischen Motivs. Der Gnostiker ist davon überzeugt, den wahren Sinn des biblischen Bildes zu sehen, weil er die religiöse Erkenntnis hat, die ein richtiges Verständnis ermöglicht. Die Mehrheit der Christen sieht nur, was die Kirche, die eigentlich noch im Griff der Archonten ist, in diesen Texten liest. Ein falscher Gottesbegriff hält sie davon ab, die wirkliche Bedeutung, die Wahrheit des Textes und der ‚Heilsgeschichte', die in ihm erfasst ist, zu verstehen.

In einer anderen polemischen Stelle geht es um den Wert des Zeugnisses. Auch hier wird ein johanneischer Gedanke – der der „juridischen" Echtheit des Zeugnisses – auf eine Bibelszene hin angepasst, um diese Szene auf originelle Weise zu deuten.

> NHC IX,3 p. 33,20–27
>
> Blinde [Führer sind sie wie die Jünger]. Sie stiegen [ins Boot. Nach etwa dreißig] Stadien (Fahrt) [sahen] sie [Jesus auf dem Meer wandeln. Diese] sind die [eitlen] Zeugen, da sie nur über sich selbst Zeugnis ablegen (Vgl. Joh 6,16f.).

Wegen des polemischen Kontextes ist es nicht unwahrscheinlich, dass die Jünger hier die sog. ‚Mehrheitskirche' vertreten. Wenn man diese Szene im Kontext von Kap. 21 sieht, ist diese Anspielung sogar sehr offensichtlich. Das ‚Zeuge-Sein' ist hier nicht ausdrückliches Thema des Bibeltextes, aber für unseren gnostischen Exegeten bezeugt diese Stelle die Unwissenheit der Jünger und also auch ihre Unfähigkeit, selbst ‚Zeugen' zu sein. Weil sie Christus nicht erkennen, kann ihr Zeugnis nur auf sich selbst bezogen sein. Diese Art von ‚Zeugnis' wird auch im vierten Evangelium verschiedene Male als ungültig dargestellt (Joh 5,31f.36–40). Das Zeugnis gründet immer auf einem Fundamentalzeugnis, nämlich dem Zeugnis des Menschensohnes, der als einziger Gott gesehen hat, eine Thematik, der wir auch im *TestVer* begegnen, allerdings dort in einer gnostischen Deutung (TestVer p. 41,4–10; p. 67,3–9/Joh 5,31f.36.40). Für den Autor des *TestVer*, wird der Erlöste dem Erlöser gleich. Er kann sich also selbst aufgrund seiner ‚richtigen Erkenntnis' an der Stelle Jesu sehen. Daher ist die Position des Exegeten der des Verfassers des Bibeltextes fast überlegen. Er beantwortet Fragen, die im Evangelium offen geblieben sind. Der Kommentar entspricht der Wahrheit, die nicht durch die Lektüre, sondern durch eine Art von Vorverständnis erschlossen werden kann.

> NHC IX,3 p. 41,4–10
> Keiner aber kennt den Gott der Wahrheit außer dem Menschen allein, der alle Werke der Welt hinter sich lassen wird, nachdem er allem entsagt und den Saum seines Gewandes ergriffen hat.

> NHC IX,3 p. 67,3–9
> Es ist [aber] nötig, dass sie Unbefleckte sind, damit [einem] jeden [offenbar] wird, dass [sie aus] dem [Geschlecht des] Menschensohnes [stammen]. Über [sie] hat der Erlöser Zeugnis abgelegt.

5. Das Johannesevangelium im „2. Logos des Großen Seth" (NH VII,2)

Wie das *TestVer*, ist auch *2LogSeth* eine polemische Schrift. Die Polemik konzentriert sich hier auf die hierarchische Ekklesiologie der ‚Mehrheitskirche', die, unserem Autor nach, unter dem Einfluss der Archonten – das heißt der Götter der Schöpfung und des Gesetzes – steht. Sie ist Symbol der Unfreiheit und bildet sogar das Gegenteil der ‚wirklichen' Kirche, – eine Sammlung der freien Geister, die ihren göttlichen Ursprung im Pleroma haben.

In dieser Schrift wird viel biblisches Material, vor allem aus dem Neuen Testament verwendet, um die alternative Ekklesiologie des Verfassers zu illustrieren und damit zu argumentieren, um den eigenen Standpunkt zu verdeutlichen. Umgekehrt werden diese Stellen in diesem gnostischen Kontext dann auch neu gedeutet. Die allgemeine Gedankenwelt dieser Schrift ist stark von bestimmten johanneischen Themen geprägt. So findet man darin z.B. eine Dreiteilung in der Jesusrezeption (Juden, Jünger,

‚wahre Jünger'), die mit der valentinianischen dreischichtigen Anthropologie übereinstimmt. Die Einheit des Sohnes und des Vaters kann auch als ein typisch ‚johanneisches' Theologumenon betrachtet werden. Die Übertragbarkeit dieser Relation in Bezug auf die Jünger finden wir auch im vierten Evangelium. Weil diese Übertragbarkeit den Erlösten auf dieselbe Ebene wie den Erlöser stellt, ist sie natürlich für einen gnostischen Autor sehr interessant.

Am Anfang des Diskurses finden wir eine deutliche Anspielung auf das Vierte Evangelium; die Polemik ist aber nicht abwesend und der Autor interpretiert den Johannestext hier exklusiv: nicht alle haben Teil an der Einheit des Vaters und des Sohnes[14].

> NHC VII,2 p. 49,20–50,1
>
> Ich habe ein Wort zur Ehre unseres Vaters, wegen seiner Güte, und eines unvergänglichen Denkens hervorgebracht, nämlich das Wort, das in ihm ist. Es ist eine Knechtschaft (zu sagen): „Wir werden mit Christus sterben, (ausgestattet) mit einem unvergänglichen und unbefleckten Denken". Ein unbegreifliches Wunder (ist aber) die Schrift über das unaussprechliche Wasser, wovon wir reden: „Ich bin es, der in euch ist, und ihr seid in mir, wie der Vater in mir <und in> euch ist – ohne Bosheit". (Vgl. Joh 14,10f.; 17,21ff.)

Es geht hier um die Menschen, die denselben Vater wie Jesus haben. Andere aber verehren einen anderen Gott. Ihr Vater ist nicht der, der Jesus geschickt hat, sondern der Gott des AT.

Auch im Johannesevangelium finden wir diesen Unterschied: die Juden behaupten, dass ihr Vater nicht ‚der Vater Jesu', sondern Abraham sei (Joh 8,31–47, besonders V. 44). Die Polemik richtet sich nicht nur gegen eine bestimmte Gruppe, sondern auch gegen eine bestimmte Theologie. Der Verfasser greift auf Johannes zurück, um Paulus (Röm 6) und dessen Taufverständnis zu kritisieren. Die Anspielungen auf das Johannesevangelium bekräftigen die Taufauffassung des Verfassers, auch wenn diese Worte sich in ihrem ursprünglichen Kontext nicht auf die Taufe beziehen.

Im vierten Evangelium steht die Einheit des Vaters und des Sohnes paradigmatisch für die Einheit der Jünger als Gruppe und ihre Einheit mit

---

14 Die deutsche Übersetzung stimmt, mit einigen Ausnahmen, überein mit der von S. Pelegrini, *Der zweite Logos des großen Seth (NHC VII,2)*, in : *Nag Hammadi Deutsch*, Bd. II, 569–590.

Jesus. In *2StelSeth* wird dieser Text umgeschrieben, damit er sowohl die Einheit des Vaters und des Sohnes als auch des Vaters und der Gnostiker als Vorbild für die Einheit des Erlösers mit den Gnostikern darstellt. Dabei werden die Gnostiker explizit auf dieselbe Ebene wie der Erlöser gestellt.
Dieselbe Exklusivität, die eigentlich auch im Johannesevangelium (14,22) belegt ist, finden wir auch im Text des *2LogSeth*, wo es um die Mission des Sohnes geht.

NHC VII,2 p. 50,20–24

> Sie bestimmten mich, weil ich (es) wollte. Ich zog aus, um meinen Artgenossen und meinen geistlichen Gefährten die Herrlichkeit zu offenbaren. (Vgl. Joh 17,3f.21–24)

In diesem Text wird deutlich, dass das Geschick Jesu, als das des Erlösers, mit dem der zu Erlösenden übereinstimmt. Der Soter kann deswegen auch im 1. Pers. Plural sagen:

NHC VII p. 59,17–30

> Und dementsprechend führte ich den Willen des Vaters aus. Nachdem wir unser Haus verlassen hatten und wir zu dieser Welt herabgekommen waren, waren wir in dieser Welt, in den Körpern. Wir wurden gehasst und verfolgt, nicht nur <von> denen, die unwissend sind, sondern auch von denen, die denken, dass sie reich durch den Namen Christi sind, obgleich sie (doch) leer sind in (ihrer) Unwissenheit, weil sie – wie stumme Tiere – nicht wissen, wer sie sind.

Wir finden hier deutliche Anspielungen auf den johanneischen Prolog. Der Abstieg in die Welt wird jedoch nicht nur als einmaliges Geschehen in der Heilsgeschichte, sondern auch als das Geschick jeder individuellen (gnostischen) Seele dargestellt. Ein polemisches Element ist hinzugefügt worden: auch die Feinde berufen sich auf den Namen Christi.
Nicht nur die Unwissenden, sondern auch die, die die Möglichkeit hatten, Christus anzuerkennen, aber darauf verzichtet haben, werden abgelehnt. Auch im Johannesevangelium sind sie der Krisis bzw. dem Urteil unterworfen: ihre Unwissenheit ist eine Wahl und also schuldhaft (z.B. Joh 10,25ff.). Die, die den wahren Gott erkennen, werden von denen, die sich unter die Herrschaft der Archonten (und der hierarchischen Kirche) gestellt haben, verfolgt. Auch hier wird eine Johannesstelle gnostisch gedeutet:

NHC VII,2 p. 64,7–15

Denn eine große Täuschung liegt auf ihrer Seele, so dass sie niemals in der Lage sind, einen Gedanken der Freiheit zu finden und sie zu erkennen, bis sie den Menschensohn erkennen. Wegen meines Vaters aber bin ich jener, den die Welt nicht erkannte; und deswegen erhob sie sich gegen mich und meine Brüder (Vgl. Joh 8,26–33).

6. Das Johannesevangelium in der „Dreigestaltige Protennoia" (NHC XIII,1)

Als dritten Text soll die im 13. Codex von Nag Hammadi enthaltene Schrift „Die Dreigestaltige Protennoia" betrachtet werden. Diese Schrift wird durch den am Ende erwähnten Titel identifiziert als: „Protennoia, dreigestaltig. Heilige Schrift, vom Vater geschrieben in vollkommener Erkenntnis" (p. 50, 22ff.).

Mehr Autorität kann man einer Schrift kaum verleihen. Die Protennoia, der „Gedanke, der im Vater wohnt", manifestiert sich nach einer langen Einleitung in drei „Gestalten": als Protennoia, als Heimarmenē und schließlich als Epiphanie. Die Protennoia (oder ‚der erste Gedanke') erscheint als Sammelname für alles, was den obersten Gott (den Vater) mit den Seinigen (den ‚gnostischen Menschen') verbindet. Sie wird als bewegliches Prinzip dargestellt, das zwischen den verschiedenen Wirklichkeitsebenen hinauf- und hinabsteigen kann und dabei eine soteriologische Funktion erfüllt. Somit ist sie sowohl als transzendente als auch als immanente Kraft gedacht. Die wichtigsten Elemente der gnostischen Anthropologie und Soteriologie, inklusive des Schöpfungsmythus, sind in dieser Schrift vertreten. Vor allem in den (mehrfachen) Beschreibungen der „Heilstätigkeit" des Erlösers (Logos), ist offenkundig johanneisches Material verwendet. Der gnostische Kontext, in den dieses Material integriert worden ist, versteht die benutzten johanneischen Textstellen auf eine einzigartige Weise und deutet sie also neu.

Ein erstes Beispiel entnehmen wir der ziemlich langen „Einführung", die den drei Reden vorangeht. Ein Abschnitt über den Logos in der 3. Person steht hier zwischen einer Antwort der Gnostiker und der Rede der Protennoia in der 1. Person[15].

---

15 Die deutschen Übersetzungen sind, mit einigen Veränderungen, entnommen: G. Schenke-Robinson, *Die dreigestaltige Protennoia (NHC XIII,1)*, in: *Nag Hammadi Deutsch*, Bd. II, 807–831.

NHC XIII p. 37,3–20

Da nun offenbarte der allseits vollkommene Sohn, d. h. der Logos, der durch diesen Ruf entstandenen ist, der zuerst aus der Höhe herausgekommen war, der den Namen in sich trägt und leuchtend ist, das Unendliche
Und alles Unerkannte wurde erkannt;
und das schwer Deutbare und Verborgene enthüllte er;
und denen, die im Schweigen sind mit dem ersten Gedanken, predigte er;
und denen, die in der Finsternis sind, offenbarte er sich;
und denen, die im Abgrund sind, teilte er sich mit;
und denen, die in den verborgenen Gewölben sind, sagte er die unaussprechlichen Mysterien;
und die nicht wiederholbaren Lehren verkündete er allen,
die (alsdann) zu Kindern des Lichtes wurden.

Die Identifizierung des Sohnes (hier als Teil der gnostischen Triade vorgestellt) mit dem Logos stellt diese Passage auf einen unverkennbaren johanneischen Hintergrund. Der Prolog wird hier gänzlich gnostisch gedeutet, wobei der Logos erst aus dem undeterminierten Ruf als weitere Verdeutlichung oder Determinierung hervorkommt.
Er erscheint in der Höhe: vielleicht kann diese Stelle als Kommentar in Bezug auf die Nähe zwischen dem Logos und Gott gelesen werden. Gnostisch gedeutet ginge es dann um den ‚präexistenten' Erlöser oder den „vollkommenen Menschen". Der ‚Logos' ist der, der determiniert, der ausspricht, was zuerst unaussprechlich war, der das Verborgene offenbart. Von einem Abstieg des Logos ist hier nicht die Rede: die Adressaten seiner Offenbarung werden jedoch in der „Tiefe" (Finsternis, Abgrund, verborgen Gewölben) situiert.[16] Es geht hier demnach möglicherweise um eine Uroffenbarung, die dem Abstieg in die Materie vorangeht.[17] Die Vorstellungen des ‚Logos' als „alle Namen in sich tragend" und „leuchtend in der Höhe" sind wahrscheinlich als Referenz

16 Diese Textpartie enthält eine Zusammenfassung der Emanation des Logos, d.h. des Sohnes, und seiner Aktion als Manifestation, Verkündigung und Instruktion. Interessanterweise wird in dieser Rede häufig eine Terminologie der Hermeneutik und der Interpretation benutzt, vgl. hierzu. P.-H. Poirier, *La pensée première à la triple forme (NH XIII,1)* (Bibliothèque Copte de Nag Hammadi, section « Textes » 32), Québec/ Louvain/ Paris/ Dudley, MA 2006, 212–218.

17 Vgl. G. Schenke, *Die Dreigestaltige Protennoia (Nag-Hammadi-Codex XIII)* (Texte und Untersuchungen zur Geschichte des altchristlichen Literatur 132), Berlin 1984, 107.

auf den ‚Logos' als ‚Licht der Welt' zu lesen. Dieser ‚Logos' enthält sich in sich selbst – und man denke hierbei an die stoische Vorstellung der *logoi spermatikoi* – schon alle Elemente („Namen") der Erkenntnis.

Die Deutung der Kinder des Lichtes bleibt an dieser Stelle unklar: es bleibt der Eindruck zurück, dass der Johannesprolog hier den gnostischen Text erleuchtet, und zwar Joh 1,12f. Die Kinder des Lichtes sind nicht all diejenigen, die sich in der Finsternis der Welt befinden, sondern nur diejenigen, die die Offenbarung des Logos empfangen – oder die dazu fähig sind, d.h. diejenigen, die schon über eine gewisse Erkenntnis verfügen.

In der dritten Rede, der der Epiphanie, finden wir eine Beschreibung des Abstiegs des ‚Logos' in die Welt. Die Anspielungen auf den Johannesprolog sind offensichtlich, doch wird er hier im Kontext des gnostischen Weltverständnisses gelesen und verstanden:

> NHC XIII,1 p. 47,13–34
> Zum dritten Mal offenbarte ich mich ihnen in ihren Zelten, existierend als Logos.
> Ich zeigte mich im Gleichnis ihres Bildes;
> ja, ich trug ihrer aller Kleidung.
> Ich selbst verbarg mich unter ihnen,
> und [sie] erkannten nicht den, der mir Kraft gibt;
> doch ich existiere in allen Mächten und Gewalten, in den Engeln und in jeder Bewegung, [die] es in der ganzen Hyle gibt.
> Ja, ich verbarg mich unter ihnen,
> bis ich mich meinen Brüdern offenbart haben werde.
> Und niemand von ihnen erkannte mich, [obgleich] ich es bin, der in ihnen wirkt;
> vielmehr dachten [sie], dass das All durch [sie] geschaffen wäre,
> weil sie unwissend waren und nicht einmal [ihre] Wurzel erkannten, den Ort, an dem sie aufgewachsen waren.
> [Ich] bin das Licht, das das All erleuchtet.
> Ich bin das Licht, das sich freut [in meinen] Brüdern.
> Ja, ich kam herab in die Welt [der] Sterblichen wegen des [in ihr] zurückgelassenen Geistes, der (dort) hinab [gelangt] war, als er hervorgegangen war aus der [arglosen] Sophia.

Der Abstieg des Soters oder des Logos wird hier mit deutlichen Anspielungen auf den Johannesprolog als Teil der gnostischen Heilsgeschichte verstanden: ja, der Logos ist als Licht und Offenbarung gekommen; aber er hat sich selbst auch verborgen, d.h. die Mächte der Welt durch die

Annahme ihrer Gestalten oder ihres Kleides getäuscht. Der Abstieg betrifft offensichtlich nur die Pneumatiker, die den Rest des Geistes in sich tragen, der in der Welt zurückgelassen war. Die Offenbarung ist nicht allen, die zum Glauben bereit sind, bestimmt, sondern nur denjenigen, die schon Brüder des Lichtes sind, die schon zum Pleroma, zur Wirklichkeit des Lichtes, gehören. Der Johannesprolog ist hier deutlich Gegenstand einer spezifischen Interpretation, eines Kommentars, der seine ‚wahre', dem normalen Sterblichen verborgene Bedeutung enthüllt. Dieses Wissen ist, wie in den anderen behandelten Texten, nicht einer gründlichen Lektüre des Bibeltextes, sondern einem vorgegebenen Verständnis entnommen. Dieses Verständnis ist Ausdruck der Zugehörigkeit zum Geschlecht der „Kinder des Lichtes". Nur den Auserwählten ist es gegeben, den Text auf dem Hintergrund der wahren Heilsgeschichte zu lesen.

7. Kommentar und höheres Wissen

Aus den vorangehenden Beispielen lässt sich schlussfolgern, dass die behandelten gnostischen Texte keine Kommentare im üblichen Sinne des Wortes sind. Auch wenn die Schriftstellen nicht nur die eigene Lehre illustrieren, ist der ‚Textstatus' bzw. der ‚Schriftstatus' des neutestamentlichen Materials nicht vollkommen eindeutig. Der Kommentar zeigt sich als Deutung eines vorliegenden und eines der Leserschaft bzw. den Zuhörerinnen und Zuhörern bekannten Textes. Ob dieser Text, der im Christentum des 2. Jahrhunderts zwar einen kanonischen Status erreicht hatte, auch von den Gnostikern so betrachtet wurde, ist nicht klar. Offensichtlich gibt es in der Beziehung zum Text noch eine gewisse ‚Mouvance', wie dieses Phänomen von Literaturwissenschaftlern bezeichnet wird. Das heißt, dass der ‚Text', also das dem Kommentar Vorangehende, selbst noch fortgeschrieben werden kann, dass er noch nicht als endgültig festgelegt verstanden wird.

Titel von Sammelbänden mit gnostischen Texten lassen manchmal vermuten, dass es hier um einen alternativen Kanon geht, aber der kanonische Charakter geht aus den Texten selbst nirgendwo hervor. Wo es verschiedene Versionen eines Textes gibt, kann man eine gewisse ‚Liquidität' feststellen, die darauf deuten kann, dass der Fort- und Umschreibungsprozess der gnostischen Schriften nicht zu einem endgültigen Schluss gekommen war. Diesen Eindruck erwecken auch manche der

Beispiele, die hier behandelt wurden: der gnostische Autor schreibt das vorliegende Material um, schreibt es fort, damit es sein Weltbild deutlicher zum Ausdruck bringt.

Es ist eben dieses *Weltbild*, das eigentlich ‚kanonisiert' ist. Das Wissen des Gnostikers, um die Welt und um die Erlösung, geht seinem Umgang mit dem neutestamentlichen Text voran. Der Text bringt dieselbe Wahrheit – oft in verborgener Weise – zum Ausdruck wie die, in die der gnostische Kommentator schon eingeweiht worden ist. Als Ausdruck dieser Wahrheit kann der neutestamentliche Text auch als Einführung in die gnostische Lehre dienen.[18] Der Exeget versucht nicht seinen Lesern den Text zugänglich zu machen oder gar schwierige Passagen zu erläutern. Er benutzt den Text, um sein *Weltbild* anschaulich zu machen. Im Kommentar zeigt der Gnostiker, dass das Johannesevangelium, wenn richtig verstanden, ein ‚Zeuge' seines Weltbildes ist. Sein Wahrheitsverständnis geht seiner Beziehung zum Text voraus. Dieses versetzt ihn in die Lage, andere Interpretationen, die nicht von diesem Vorwissen her geprägt sind und sich nur auf den Text als solchen beziehen (wie ‚traditionelle' Kommentare), als minderwertig und sogar falsch anzusehen.

Wenn eine Polemik in einem christlichen Kontext geführt wird, kann der Gnostiker sich auf den Bibeltext berufen, weil er schon zuvor über den Interpretationsschlüssel verfügt. Ohne diesen Schlüssel ist dem Gegner nur die Möglichkeit eines oberflächlichen Verständnisses gegeben. Zugespitzt bedeutet das: der Kommentar setzt nicht den Text voraus, sondern der Text den Kommentar, der die ewige und endgültige Wahrheit enthält, die im Text zum Ausdruck kommt – sei es nur für diejenigen denen es gegeben ist, ihn mit Vorwissen zu lesen.

---

18 Man könnte hier die Hypothese erwägen, dass der Johanneskommentar des Herakleon eine exotischere Schrift war, die für ein breiteres Publikum bestimmt war. Vgl. hierzu, E. Pagels, *The Johannine Gospel in Gnostic Exegesis*, 18–19.

Patristische Genesiskommentare am Beispiel von Origenes und Prokop von Gaza

KARIN METZLER

Die folgenden Darlegungen entstanden in Auseinandersetzung mit Jan Assmanns grundlegenden Bestimmungen des ‚Kommentars'.[1] Die angeführten Beispiele können seine Sicht illustrieren und ihre Plausibilität erhöhen.

Das hier vorgelegte Material stammt aus der Arbeit an der Edition zweier Genesiskommentierungen: den Fragmenten des Genesiskommentares des Origenes[2] und der Genesiskommentierung des Prokop von Gaza in seiner sog. Oktateuchkatene.[3] Im Hintergrund stehen die Genesis-

---

1 J. Assmann, *Text und Kommentar. Einführung*, in: Text und Kommentar. Archäologie der literarischen Kommunikation IV, hgg. von J. Assmann, B. Gladigow, München 1995, 9–33.

2 Die Fragmente des Genesiskommentars des Origenes sind (großteils) in der CPG (*Clavis patrum Graecorum*, cura et studio M. Geerard [CC SGr] [5 Bde.], Turnhout 1983-2003) zusammengestellt unter der Nummer 1410. Die neue Edition wird von der Autorin für ein baldiges Erscheinen in der Reihe GCS (*Die griechischen christlichen Schriftsteller der ersten Jahrhunderte*) vorbereitet; die Übersetzung ist bereits in der zweisprachigen Werkausgabe erschienen: Origenes, Werke mit deutscher Übersetzung, hgg. A. Fürst / C. Markschies. Band 1/1. Die Kommentierung des Buches Genesis. Eingeleitet, übersetzt und erläutert von K. Metzler, Berlin/ New York 2010. – Die Texte der Fragmente stammen aus verschiedenen Werken; im Folgenden in der Regel aus der *Genesiskatene* (siehe FN 6) und dem Genesiskommentar des Prokop von Gaza (siehe FN 4).

3 CPG (siehe FN 3) Nr. 7430; auch diese Schrift wird von der Autorin für die Reihe GCS (siehe FN 3) vorbereitet; z. Z. ist folgende Edition, im Wesentlichen ein Nachdruck der Ausgabe von Angelo Mai, zu benutzen: J. P. Migne (Hgg.), Προκοπίου τοῦ Γαζαίου, Χριστιανοῦ σοφιστοῦ καὶ ἑρμηνευτοῦ *Τὰ εὑρισκόμενα πάντα*, (Patrologia Graeca 87,1), Turnholti 1991 = Paris 1860, die den Kommentar bis Gen. 18,3 umfasst. Die Sekundärüberlieferung bei Prokop zu den *Katenenfragmenten* ediert Françoise Petit Auszüge aus Prokop nach den

katenen, die Françoise Petit ediert hat,[4] exegetische Handbücher, in denen zu den der Reihenfolge nach geordneten Bibelversen (meist kürzere) Auszüge aus verschiedenen patristischen Autoren aufgeführt werden, und zwar mit Nennung des jeweiligen Namens. Diese Namensnennung fehlt bei Prokop von Gaza, dessen Werk sich als durchgehender Kommentartext darbietet, obwohl es ebenfalls in der Hauptsache aus Zitaten besteht; vielfach sind es Stücke, die wortwörtlich mit den Fragmenten der eigentlichen Katene übereinstimmen, zu einem größeren Teil solche, die eine Paraphrase eines solchen Fragments darstellen. Die anonymen Genesiskatenen und Prokop teilen den Großteil ihres Bestandes, doch ist keine von der anderen abhängig; für die Textherstellung kann sowohl die anonyme Katene Prokop verbessern wie umgekehrt. Die Entstehung der Gattung Katene wird mit Prokops Person verbunden, was aus der Überlieferungslage nicht zu beweisen ist; sein Werk ist formal ein Schritt, der auf die Form der Katene schon antwortet.[5] Ein Teil der Fragmente

Handschriften München, Bayerische Staatsbibliothek gr. 368 und Athos, Kutlumusiu 10 (von der auch benutzten Handschrift Leiden, Universiteitsbibliotheek, Bibliotheca Publica gr. 50 kann hier abgesehen werden); da diese Handschriften besser als die von Mai benutzten sind, ist dort, wo Petit Prokop ediert hat (siehe FN 5), ihre Edition dem Text bei Migne überlegen; der Einheitlichkeit halber wurde hier bei allen Zitaten der Mignetext wiedergegeben.

4 F. Petit (Ed.), *La Chaîne sur la Genèse. Édition intégrale. Bd. I: Chapitres 1 à 3. Bd. II: Chapitres 4 à 11. Bd. III: Chapitres 12 à 28. Bd. IV: Chapitres 29 à 50. Texte établi par Petit, Françoise* (Traditio exegetica Graeca Bd. 1–4), Lovanii 1991–96 (die Fragmente werden im Folgenden mit der Sigle CatGen zitiert).

5 In seinem Proöm legt Prokop (Migne PG 87/1, 21–512, im Folgenden: Proc.) dar, dass er zuerst eine „echte“ Katene mit den Fragmenten einzelner Autoren sammelte, sich dann aber entschied, gleiche Auffassungen zusammenzufassen; so nennt er sein Werk auch Ἐπιτομή einer nicht erhaltenen Urkatene (die Handschriften beginnen den Text: Ἀρχὴ σὺν θεῷ τῆς εἰς τὴν Γένεσιν τῶν ἐκλογῶν ἐπιτομῆς Προκοπίου Χριστιανοῦ σοφιστοῦ, wie es allerdings in der *Patrologia Graeca* nicht aufgeführt ist: PG 87/1, 21A1). Die Schaffung einer neuen Gattung kann man Prokop für das erhaltene Werk zubilligen; denn sein Konzept, einen vereinheitlichenden Kommentar ohne Namen zusammenzustellen, stellt eine neue Stufe der Kommentierung durch Väter-Exzerpte dar. Hingegen hat sich die These nicht erhärtet, die Katene, die Prokop zuerst erstellte, sei nicht verloren, sondern bilde den Kern der erhaltenen Genesiskatenen (so E. Lindl, *Die Octateuchcatene des Prokop von Gaza und die Septuagintaforschung*, München 1902); denn der Textbefund weist bei Katene und Prokop jeweils eigenes

bei Prokop stammt (zumindest dem Gedanken nach) von Origenes und trägt damit zum genannten anderen Origenesprojekt bei.
Aus Assmanns Terminologie ist für die hier dargelegten Aspekte Assmanns der Begriff der „zerdehnte[n] Situation“[6] besonders treffend – gilt dies doch in Potenzierung, da die „Kommunikation“ hier doppelt ‚zerdehnt‘ wird, einmal im Übergang von der hebräischen zur griechisch übersetzten Bibel, dann in der Kommentierung der Septuaginta. Auch eine andere Verdoppelung ist zu beobachten: Der Kommentar des Origenes ist Beispiel für einen doppelten Schnittpunkt – einmal bezeichnet er einen Schnittpunkt in der Entwicklung vom ‚Text‘ im Assmannschen Sinn zu seiner Kommentierung (der Text, die Heilige Schrift, muss kommentiert werden und erweist sich gerade dadurch als kanonisch), zum Anderen in der Entwicklung vom Kommentar zum eigenen Text: Was zuerst abgeleiteter Text war, erfährt jetzt so hohe Wertschätzung, dass die nötige Rekonstruktion und Kommentierung geleistet wird: Der Kommentar ist selbst kanonisch geworden.
Aus der Editions-Arbeit sollen hier zwei Problemfelder beleuchtet werden:

(1) Die uns vielfach fremdartig erscheinende altkirchliche Auslegung ist oft deshalb so fremdartig, weil sie eine Antwort auf Probleme gibt, die nicht unsere Probleme sind; ein charakteristisches Beispiel sind die Probleme, die die griechischen Übersetzungen der hebräischen Bibel aufgeben, vor allem die Septuaginta.

(2) Wortlaut und Sinn der in Katenen und bei Prokop überlieferten Kommentarfragmente sind wegen des historischen Abstands und des Prozesses der Überlieferung vielfach eine Frage von Interpretation und Rekonstruktion. Alle Beispiele zeigen ein grundlegendes hermeneutisches Prinzip altkirchlicher Auslegung: das Interesse an der Einbeziehung möglichst vieler Bibelstellen und Theologumena; die Bibel wird als Einheit gesehen, mehr noch, als *Kosmos* miteinander verbundener Signale.

Zuerst möchte ich am Beispiel des *Lamechliedes* aufzeigen, welche Prob-

Gut auf, vgl. Petit, *Chaîne*, Bd. I, XVIIf. Die Erhaltung der ursprünglichen Prokop-Katene lehnt auch M. Faulhaber, *Hohelied-, Proverbien-und Prediger-Catenen* (Theologische Studien der Leo-Gesellschaft 4), Wien 1902, 30, ab.

6 J. Assmann, *Einleitung*, 9.

leme sich den Kommentatoren des griechisch übersetzten Alten Testaments stellten. Die Darstellung hat zum Ziel, die Widersprüchlichkeit der Fragen und Antworten herauszustellen, die überliefert sind; diese Widersprüchlichkeit wird dadurch gesteigert, dass bei Prokop die Stimmen verschiedener ‚Väter' erkennbar werden, deren Profile er gerade nicht scheiden wollte.

1. Altkirchliche Auslegung als Antwort auf *Septuaginta*-Probleme

Ein Bibelleser der heutigen Zeit wäre vermutlich sehr verwundert zu erfahren, dass Lamech Kaïn getötet habe. In Bibeln, die aus dem Hebräischen übersetzt sind, liest man es anders: Kaïn hat seinen Bruder Abel getötet, wird von Gott verflucht und mit einem Leben auf der Flucht bestraft; Kaïn selbst soll aber nicht getötet werden, sondern Gott bedroht umgekehrt den, der ihn dennoch töten sollte (Gen 4,15):

> „...wer Kaïn totschlägt, das soll siebenfältig gerächt werden. Und der Herr machte ein Zeichen an Kaïn, dass ihn niemand erschlüge, der ihn fände."[7]

Man wird sich vorstellen, dass ein Mörder Kaïns damit zu rechnen hätte, dass er und sechs Angehörige seiner Sippe getötet würden. Das ist aber nur Androhung für den Fall, dass jemand Kaïn erschlüge; in der Bibel wird jedoch von keinem Anlass berichtet, aus dem die angedrohte Strafe tatsächlich vollzogen wurde.

Kaïns Nachkomme Lamech wiederum hat jemanden getötet und rühmt sich dessen vor seinen Frauen Ada und Zilla mit einem prahlenden Lied (Gen 4,23f.):

> „Ada und Zilla, höret meine Rede, ihr Weiber Lamechs, merkt auf, was ich sage. Einen Mann erschlug ich für meine Wunde und einen Jüngling für meine Beule. Kaïn soll siebenmal gerächt werden, aber Lamech siebenundsiebzigmal."[8]

Das *Lamechlied* drückt die *Hybris* Lamechs aus, der Selbstjustiz vollzogen hat (oder haben will), und das aus geringfügigem Anlass und in einem um ein Vielfaches höheren Maß der Vergeltung: Einen Mann, der ihn verwundete, „und" einen Jüngling, der ihm eine Beule zufügte, hat La-

7 Zitiert wird: Die Bibel oder die ganze Heilige Schrift des Alten und Neuen Testaments nach der Übersetzung Martin Luthers, Berlin 1968.

8 Wie FN 7.

mech erschlagen. Ein heutiger Leser versteht den Sinn gut und wird sich allenfalls mit dem hebräischen Parallelismus herumschlagen: Waren Mann und Jüngling verschiedene Personen oder ein und dieselbe?[9] Jesus hat die Hybris in der entgegengesetzten Richtung überboten: Es ist nicht genug, dem Bruder siebenmal zu vergeben, man muss es siebzigmal siebenmal tun (Mt 18,21).

Von diesen Voraussetzungen her wird man nicht darauf gefasst sein, welche Informationen Theologen der patristischen Zeit dem Bibeltext entnahmen. Nach Prokops Darstellung, d.h. den exegetischen Fragmenten, die er aneinanderreiht, spricht Gott zu Kaïn entweder von dessen siebenfacher Sünde[10] oder deren siebenfacher Vergeltung,[11] die man jeweils im Text zu identifizieren wusste. Wenn es „siebenfach" hieß, wurde dies bald als „um das Siebenfache", bald als „in der siebenten Generation"[12] verstanden. Da aber Lamech von Kaïn an ziemlich genau die siebente Generation war (– streng genommen war er dies nur von Adam an gerechnet –), wurde geschlossen, dass Lamech Kaïn tötete.[13] Wenn man aber in Generationen rechnete, konnte man auch identifizieren, dass Lamechs Ermordung (von der nirgends berichtet wird) ihrerseits in der siebzigsten Generation vergolten wurde; da Lukas die Abstammung Jesu bis zu Adam und Gott hinauf so aufzählt, dass sich 77 Generationen ergeben, schloss man, dass das Volk Israel, das für den Tod Jesu büßte, damit auch die Vergeltung für die Tode Kaïns und Lamechs erlitt,[14] die Lamech prophezeit hatte.[15]

9 S. FN 17.

10 Siebenfache Sünde Kaïns: Proc., PG 87/1, 249 B1–7: Entsprechung zu CatGen 538: Cyr.; PG 87/1, 249 B8–11: Entsprechung zu CatGen 541: Or., sel. in Gen. (PG 12, 101 D); angezeigt Devreesse (s. FN 17) 114; PG 249 B11 -C7 zu CatGen 542: Acac. Caes.

11 Siebenfache Bestrafung Kaïns: Proc., PG 87/1, 248 B11–C7: Entsprechung zu CatGen 543: Bas., ep. 260,3 (III 107f., 25–38 Courtonne).

12 Beide Deutungen genannt: Proc., PG 87/1, PG 256 C10–12, Autor nicht bestimmbar; 261A9–15, Autor nicht bestimmbar.

13 Proc., PG 87/1 256 C5–10: Entsprechung zu CatGen 564: Acac. Caes. (114 Devreesse [wie FN 16]).

14 Vergeltung für Lamechs Tod wird in der Generation Jesu vollzogen, Proc., PG 87/1, PG 256 D12 257 A10, Autor nicht bestimmbar.

15 S. FN 25.

Während man – sofern man überhaupt ein reales Opfer Lamechs annimmt – nach dem hebräischen Parallelismus nur mit einem Opfer zu rechnen braucht, ließ der Text für griechische Exegeten nun die Deutung zu, dass Lamech zwei Opfer umgebracht hatte, einen Mann und einen Jüngling.[16] Eines dieser Opfer konnte Kaïn sein, aber man konnte auch annehmen, dass Kaïns Brudermord in der siebenten Generation, nämlich mit der Sintflut, vergolten wurde (so interpretierte man dann seine Verfluchung Gen 4,15).[17] Wen Lamech unter dieser Voraussetzung umgebracht hatte, wusste man zu bestimmen: Es waren die ersten Ehemänner von Ada und Zilla, die zu den Gottessöhnen gehört hatten, die sich mit den Töchtern aus der Nachkommenschaft Seths vereinigten.[18] – Ada und Zilla, auf diese Weise Witwen geworden, wurden von Lamech geheiratet, was sie nicht ungern zuließen (καὶ αὐτὰς τοὺς ἄνδρας ἀμειβούσας οὐκ ἀηδῶς), legten sie doch aus Lustprinzip (ἀσέλγεια)[19] ihren Ehrgeiz in die Vielmännerei (πολυανδρία);[20] eine Lasterhaftigkeit, von der sie auch das Vorzeichen nicht abhielt, dass zu dieser Zeit Riesen geboren wurden.[21]

Einem Mordanschlag aus Anlass solchen Streites um Frauenbesitz ent-

16 Dass Lamech ein und denselben Mann getötet hat, wird bei Prokop nicht ausdrücklich bezeugt, aber in der Argumentation vorausgesetzt, dass nämlich Lamech zwei Männer getötet hat: Proc. PG 87/1, 256 C3–5, Entsprechung zu CatGen 563, dort von Petit in die Edition einbezogen nach dem Monacensis, fol. 70v (PG 87/1, 256 C3–5): Eus. Em., fr. Gen. 7 (É. M. Buytaert, *L'héritage littéraire d'Eusèbe d'Émèse. Étude critique et historique. Textes* [Bibliothèque du Muséon 24], Louvain 1949, 102*); R. Devreesse, *Les anciens commentateurs Grecs de l'Octateuque et des Rois* (Fragments tirés des chaînes) (Studi e testi Bd. 201), Città del Vaticano 1959, 62; armen.: Eusèbe d'Émèse. *Commentaire de l'Octateuque*, ed. V. Hovhanessian (Bibliothèque de l'Académie Arménienne de Saint Lazare), Venise 1980, 42,797–801. Außerdem Proc. PG 87/1, 260A8–B1, Entsprechung zu CatGen 569 (Autor unidentifiziert, in der Nähe zu Chrysostomus) und Proc. PG 87/1, 260 B2–3, Entsprechung zu CatGen 568a, Ephraim (123 Devreesse).

17 Entsprechung zu CatGen 569 (wie FN 16).

18 Proc., PG 87/1, PG 260 B12 -C1, Entsprechung zu CatGen 656: Ephr. προέκοπτε γὰρ ἐν αὐταῖς τὸ πάθος εἰς ἀκρασίαν· ὥστε καὶ τοὺς υἱοὺς τοῦ Θεοῦ ἑλεῖν πρὸς τὴν μίξιν τοὺς ἐκ τοῦ γένους τοῦ Σήθ. Υἱὸς Ἀδάμ, Υἱὸς θεοῦ.

19 Proc., PG 87/1, 260 B8, Entsprechung zu CatGen 568b: Ephr.

20 Proc., PG 87/1, 260 B11, Entsprechung zu CatGen 656 (vgl. FN 18): Ephr.

21 Proc., PG 87/1, 261 A3–7.

geht der gerechte Henoch durch seine ‚Entrückung';[22] diese ‚Entrückung' dient Lamech zur Selbsterkenntnis (συνῆκεν); das Lamech-Lied – für heutige Leser eine prahlerische Drohung –, ist dann eine Prophezeiung, mit der er sich selbst verdammt.[23]

Solche altkirchlichen Auslegungen wirken aus der historischen Entfernung befremdlich. Um diese Auslegungen angemessen zu verstehen, ist (wie so oft) die Erkenntnis entscheidend, auf welche Fragen und Probleme diese Auslegungen Antworten waren. Bei den Problemen dominieren die Schwierigkeiten, die Übersetzung der Septuaginta zu verstehen.

Während ein heutiger Bibelleser eine Tötung Kaïns gar nicht in Betracht zieht, war für einen Leser des *Lamechliedes* in der *Septuaginta* kein Zweifel möglich: Es hieß ἐκδεδίκηται (ein – nach dem hebräischen Text – nicht unmögliches Verständnis).[24] Kaïn ist erschlagen, seine Tötung gerächt worden. Durch die Satzverknüpfung ist eindeutig, dass Lamech ebenfalls getötet hat,[25] und zwar, so versteht der griechische Leser, zwei Menschen. Wenn Kaïn erschlagen ist und Lamech zwei Männer erschlagen hat, liegt es recht nahe anzunehmen, dass Lamech der Mörder Kaïns war.

Wesentlich problematischer als ἐκδεδίκηται ist die vorausgehende Formulierung in Gottes Wort zu Kaïn: Πᾶς ὁ ἀποκτείνας Κάιν ἑπτὰ

---

22 Die Prokop-Überlieferung besagt, dass der Anschlag von (seinem Ur-Ur-Urgroßneffen, Gen 5,6–24) Lamech ausgeht (Proc., PG 87/1, 260 C3–4, Paralleltext zu CatGen 562a, Ephr.: ἡρπάγη καὶ ὁ δίκαιος Ἐνὼχ, ὡς ἂν μὴ ἀναιρεθῇ διὰ Λάμεχ), doch Petit tilgt die Wörter διὰ Λάμεχ bei Prokop, weil sie in der korrespondierenden Katenen-Überlieferung keine Entsprechung haben.

23 Proc., PG 87/1, 260 D5–6, Entsprechung zu CatGen 562a: Ephraim ἑαυτοῦ … κατηγορεῖ; 260 B4–5, Autor nicht bestimmt, vielleicht ebenfalls Ephraim: καὶ ἑαυτὸν στηλιτεύει (ὁ γὰρ ὑποβαλὼν αὐτῷ τὴν πρᾶξιν *ἐχθρός ἐστι καὶ ἐκδικητής*); vgl. auch 256 C8, Entsprechung zu CatGen 564 (wie FN 13), Acac. Caes.: προλέγει.

24 J. W. Wevers, *Notes on the Greek Text of Genesis* (Septuagint and cognate studies series 35), Atlanta/ Georgia. 1993, zu Gen 4,24: Die Auffassung des hebräischen Verbs als Präteritum ist ein mögliches Verständnis, gerade in poetischem Zusammenhang.

25 Im Gegensatz zu Gen 4,23, das man in der *Septuaginta* noch im Sinne einer Drohung verstehen könnte, wenn man die Verbform als gnomischen Aorist auffasste.

ἐκδικούμενα παραλύσει.[26] Darin kann man zwar den heute gewohnten Sinn wiedererkennen: „Jeder, der Kaïn tötet, wird eine siebenfach verhängte Strafe zahlen"; doch daneben wird das Verstehen in andere Richtungen gelenkt. Die Exegeten der Alten Kirche geben παραλύσει eine andere Bedeutung, etwa „wird ... zu Ende bringen".[27] Auch ἐκδικούμενα lässt verschiedene Auffassungen zu: das, was die Bestrafung findet, also die Verfehlung, oder das, was als Strafe verhängt wird.[28] So werden die verschiedensten Deutungen möglich: Der mögliche Mörder Kaïns „wird das, was siebenfach vergolten werden müsste, zu Ende bringen", d. h. wird die Bestrafung verhindern (diese Deutung wird dadurch gestützt, dass die Sieben in der Bibel auch mit Freigabe verbunden wird)[29]; oder aber er wird die Strafe vollziehen: „Zur Zeit des Lamech kam also das ‚siebenerlei Vergoltene' zum Ende".[30]
Mit dem Satz kann also das Gegensätzlichste gemeint sein, ebenso der Vollzug der Bestrafung wie ihre Verhinderung[31] (er fügt sich in diesem Fall zum Heilsplan der göttlichen Vergebung, die dem Bestrafungs-Zusammenhang ein Ende macht).[32]

---

26 Gen 4,15.

27 Wevers, *Notes*, 61 versteht παραλύσει als „shall suffer (seven vengeances)"; bei Prokop in einem Stück eines nicht bestimmbaren Autors (Proc., PG 87/1, 256 D5–8) ist das Verständnis offensichtlich anders: ὅθεν τὰ ζ' ἐκδικούμενα πρόσωπα τῶν πατέρων παρέλυσεν, ἀντὶ τοῦ, διέλυσε τῆς ἀγανακτήσεως, ἐκλύσας ἑβδόμῃ γενεᾷ τῶν προγόνων τοὺς ἐπὶ τῷ Κάιν θυμούς.

28 Proc., PG 248 B7–9, Entsprechung zu CatGen 543: Bas., ep. 260,3 (III 107,25 - 108,38 Courtonne): »Ἐκδικούμενα« δὲ, εἴτε τὰ παρὰ τῷ Κάϊν ἡμαρτημένα λέγοις, εὑρήσεις ζ'· εἴτε τὰ παρὰ τοῦ κριτοῦ ἐπ' αὐτῷ ὁρισθέντα. Vgl. 256 D 8–10 (zitiert FN 27).

29 Proc., PG 87/1, 257C5–6, Autor nicht bestimmt: ἀφετικὸς δὲ ὁ ἑπτὰ ἀριθμός.

30 Proc., PG 87/1, 261A9–10, Autor nicht bestimmt.

31 Proc., PG 87/1, 245C2–4: Ἀντὶ τοῦ, Οὐχ αὕτη ἡ ἁρμόδιος δίκη τοῦ πλημμελήματος τὸ ὑπὸ ὁτουοῦν ἀναιρεθῆναι· οὗτος γὰρ ἑπτὰ ἐκδικούμενα παραλύσει. „Statt: 'Nicht das ist die angemessene Strafe für die Verfehlung, dass Kaïn von irgendeinem getötet wird'; denn dieser (sc. Mörder) »wird siebenerlei Vergoltenes zu Ende bringen«."

32 Proc., PG 87/1, 260 C9–D3, parallel zu CatGen 593, 597, 598, alle Ephraim, Sermo in Enoch et Eliam: ἀλλ' οὔτε Ἐνὼχ, οὔτε Ἠλίας τὸν θάνατον κατήργησαν· ὥσπερ ὁ Χριστὸς τὴν φύσιν αὐτὴν ἐν ἑαυτῷ διορθούμενος, κἀκείνοις φύσει θνητοῖς οὖσι τὴν ἀθανασίαν μετὰ πάντων δωρούμενος· εἰ

Aus der Erforschung des hebräischen Textes ist eine Deutung bekannt, die den biblischen Satz durch eine andere Interpunktion unterteilt:

> „Der hebräische Text aber setzt ein Satzzeichen zu »der tötet«; denn Gott, heißt es, wiederholte das Wort Kaïns, womit er meinte: »Nicht«, ‚wie du sagtest, ist' »ein jeglicher der Töter«, was bedeutet: ‚Nicht auf diese Weise wirst du getötet werden; und der dich tötet, wird nicht jeglicher sein, der dich findet.' Dann sagt er, mit einem neuen Beginn: »Kaïn wird siebenerlei Vergoltenes zu Ende bringen«."[33]

Damit ist das Subjekt nicht mehr der mögliche Mörder Kaïns, sondern Kaïn selbst: „Kaïn wird eine siebenfache Strafe zahlen;"[34] aus dem, was die Bibel berichtet, werden sieben Bestrafungen herausgelesen, darunter etwa Stöhnen und Zittern.[35] –

Wenn die Bestrafung eines (möglichen oder tatsächlichen) Mörders Kaïns im Lamechlied wieder aufgenommen wird, ist es besonders die Zahlenangabe, die das Verstehen erschwert, aber auch neue Deutungsmöglichkeiten eröffnet. Eine Schwierigkeit lag in der Mehrdeutigkeit hebräischer Zahlzeichen, die je nach Vokalisation divergierende Zahlen

---

καὶ δι᾽ αὐτῶν τύπον τῆς μελλούσης ἀθανασίας παρέσχετο· ὡς ἂν μὴ εἰς ἀθυμίαν ἐμβάλῃ τὸν τῶν δικαίων χορόν· ἔδειξε γὰρ διὰ μὲν τοῦ Ἐνὼχ πῶς ἐπὶ τοῦ μέλλοντος οἱ δίκαιοι τῶν ἁμαρτολῶν χωρίζονται· ἐν δὲ τῷ Ἡλίᾳ, πῶς τὰ σώματα ἐν ἀέρι κουφίζονται.

33 Proc., PG 87/1, 245C15 -D5 (Autor bisher nicht bestimmt, vielleicht Eusebius von Emesa): ὁ δὲ Ἑβραῖος ὑποστίζει εἰς τὸ »ἀποκτείνας«· τὸν γὰρ τοῦ Κάϊν, φησίν, ὁ θεὸς ἐδευτέρωσε λόγον λέγων· »οὐχ,« 'ὅπερ ἔφης,' »πᾶς ὁ ἀποκτείνας«, ὅ ἐστιν· 'οὐχ οὕτως ἀναιρεθήσῃ· οὐδὲ πᾶς ὁ εὑρίσκων ἔσται σε ἀποκτείνας'· εἶτα ἀπὸ ἄλλης ἀρχῆς τὸ »Κάιν ἑπτὰ ἐκδικούμενα παραλύσει.«

34 Proc., PG 87/1, 245 C11–13: nach Bas., ep. 260,2 (III 106,14–16 Courtonne) Τινὲς δὲ ἰδικώτερον, ὅτι δεῖ τὸν Κάϊν ἑπταπλασίονα δοῦναι τὴν τιμωρίαν.

35 Proc., PG 87/1, 249 C10 -D10, Entsprechung zu CatGen 544: vgl. Bas., ep. 260,4 (III 109,2–3.18–19; 110,30–31.44–46; 111,55–57 Courtonne): ταῦτα μὲν οὖν, εἰ »ἐκδικούμενον« νοήσωμεν τὸ ἁμαρτηθὲν ἐφ᾽ ᾧ ἡ ἐκδίκησις· εἰ δὲ τὸν τρόπον τῆς κολάσεως δι᾽ οὗ ἡ ἐκδίκησις (διχῶς γὰρ λέγεται)· μία κόλασις, τὸ *ἐπικατάρατος ἡ γῆ ἀπὸ σοῦ· δευτέρα· ἐργᾷ τὴν γῆν (ἐξ ἀνάγκης γὰρ διηνεκέσι πόνοις συνείχετο)· τρίτη· καὶ οὐ προσθήσει δοῦναι τὴν ἰσχὺν αὐτῆς*· τετάρτη καὶ πέμπτη· *στένων καὶ τρέμων ἔσῃ ἐπὶ τῆς γῆς*· ἕκτη κόλασις, ἣν αὐτὸς ἀπεκάλυψεν ὁ Κάιν εἰπών· *εἰ ἐκβάλλεις με νῦν ἀπὸ τῆς γῆς, καὶ ἀπὸ τοῦ προσώπου σου κρυβήσομαι.*

ergaben.[36] Dass beim „Siebenfachen“ und „Siebenundsiebzigfachen“ an Generationen gedacht wurde, lag (unter anderem) an den jüngeren Bibelübersetzungen, die neben der *Septuaginta* herangezogen wurden. Was wir im *Septuaginta*-Text als ἑπτάκις ἐκδεδίκηται[37] kennen gelernt haben, hieß bei Theodotion: δι᾽ ἑβδομάδος ἐκδικήσει[38] („er wird durch die Siebenzahl Vergeltung bringen“); bei Symmachos: ἑβδομαῖος ... ἐκδίκησιν δώσει[39] („er wird als siebenter Strafe zahlen“); bei Aquila: ἑπταπλασίως ἐκδικηθήσεται,[40] der im *Lamechlied* fortsetzte: ἐκ δὲ τοῦ Λάμεχ ἑβδομηκοστῇ καὶ ἑβδόμῃ διαδοχῇ ἐκδικεῖται („Jedem, der Kaïn tötet, wird siebenfach vergolten werden; in der Nachkommenschaft Lamechs aber wird die Strafe in der siebenundsiebzigsten Generation gezahlt“). Von diesen Übersetzungen ist es nicht weit, dass man versteht: ἐν ἑπτὰ γενεαῖς δίκην δώσει.[41]

Allerdings, dass in den gegenüber der *Septuaginta* jüngeren Übersetzungen *so* übersetzt wird, kommt nicht von ungefähr, es beruht auf einer Struktur des hebräischen Grundtextes, reicht also tiefer als nur zur Problematik der benutzten Übersetzung.

Die Bibel benutzt eine ausgeprägte Zahlensymbolik, in der die Sieben eine wichtige Rolle spielt, auch gerade in zeitlicher Anwendung. Bei Prokop wird, wie schon referiert, zutreffend angeführt, dass diese heilige Zahl gerade im Zusammenhang mit Strafen und Vergebung gebraucht wird, etwa beim Versöhnungstag im siebenten Monat oder bei Petrus' Frage und Jesus' Antwort zum zwischen Menschen notwendigen Vergeben.[42] Die zeitliche Abfolge wird auf jeden Fall bei Gottes Ausru-

---

36 Proc. [s. FN 5] PG 87/1, 256 B14 -C2 (Autor nicht bestimmbar): ἐν δὲ τῷ Ἑβραϊκῷ, φασί, τὰ 'ἑβδομηκοντάκις ἑπτὰ' καὶ τὸ 'ἑβδομήκοντα ἑπτὰ' τοῖς αὐτοῖς γράμμασιν ὁμοίως γράφεται· ὁ δὲ Σύρος *ἑβδομήκοντα ἔχει*.

37 Lamech-Lied, Gen 4,24.

38 Proc. PG 87/1, 256 D 10–11, Entsprechung zu CatGen 566.

39 Proc. PG 87/1, 256 D 11–12, Entsprechung zu CatGen 566. Vgl. Symmachos' Übersetzung Gen 4,15: ἑβδόμως ἐκδίκησιν δώσει, zitiert PG 245 C 12–13.

40 Dies ist bezeugt für Gen 4,15 Proc. PG 87/1, 245 C14: Der Autor des umgebenden Fragments ist nicht bestimmt, vielleicht Eus. Em.; für Gen 4,15 Proc. PG 87/1, 257 A10 –B2: Autor nicht bestimmt.

41 Proc. PG 87/1, 245 C15.

42 Beide Deutungen finden sich bei Basilius (bei Prokop in direkter Folge), die Sieben bei Strafen – Proc. PG 87/1, 248 A1–7: Bas., ep. 260,2 (III 106, 15–24 und

hen nach der Schöpfung am siebten Tag berührt oder beim Sabbatjahr, in dem die Felder brachlagen. Das betrifft auch Generationen übergreifende Zeiträume: Es ist kein Zufall, wenn die Abstammung Jesu bei Lukas 77 Generationen beträgt[43] und bei Matthäus die Abstammung von Jesus bis zu Abraham dreimal vierzehn.[44] Das Problem von Zeitberechnungen hatte sich schon im ‚Babylonischen Exil' erhoben: Es war prophezeit gewesen, dass das Exil 70 Jahre dauern würde;[45] als dieser Zeitraum überschritten war, erhielt Jesaja ein neues Gotteswort, dass damit 70 Jahrwochen gemeint seien, also insgesamt 490 Jahre.[46] Da lag eine hypothetisierende Fortsetzung dann nahe: Ein Jobeljahr, in dem in Israel jede Schuld erlassen werden sollte, sollte jedes 50. Jahr sein, hieß aber 50 nicht 7 x 7 + 1?

107,5–20 Courtonne: εἰ γὰρ καὶ ἑπταπλασίω δίκην εἴπομεν, θαυμαστὸν οὐδέν· οὐ γάρ ἐστι δικαίου κριτοῦ ἴσας πρὸς ἴσας ὁρίζειν τὰς ἀνταποδόσεις, ἀλλ᾿ ἀνάγκη τὸν κατάρξαντα κακοῦ, μετὰ προσθήκης ἀποτῖσαι τὰ ὀφειλόμενα, ὡς ἂν αὐτός τε βελτίων γένοιτο καὶ τοὺς λοιποὺς σωφρονίσειεν) – und die Sieben beim Erlass – Proc. PG 87/1, 248 A7 -B6: Bas., ep. 260,2 (III 107, 5–20 Courtonne) ἀεὶ δὲ ἡ Γραφὴ τὸν τῆς ἀφέσεως τῶν ἁμαρτημάτων ἀριθμὸν, ἐν τοῖς ἑπτὰ περιορίζει· ὡς ἐπὶ τοῦ Πέτρου εἰπόντος ἑπτάκις ὁ σωτὴρ φησιν· «Ἕως ἑβδομηκοντάκις ἑπτά.» Περὶ τῆς τῶν ἁμαρτημάτων λέγων ἀφέσεως· οὐ γὰρ μετῆλθεν ἐφ᾿ ἕτερον ἀριθμὸν, ἀλλὰ τὸν ἑπτὰ πολυπλασιάσας, ἐν αὐτῷ τὸν ὅρον ἔθετο τῆς ἀφέσεως· καὶ δι᾿ ἑπτὰ ἐτῶν ὁ Ἑβραῖος ἀπελύετο τῆς δουλείας· ἑπτὰ δὲ ἑβδομάδες ἐτῶν τὸν Ἰωβηλαῖον ἐποίουν, ἐν ᾧ σαββατιζούσης τῆς γῆς. χρεῶν ἦσανἀποκοπαὶ, δουλείας ἀπαλλαγὴ καὶ οἱονεὶ νέος καθίστατο ἄνωθεν βίος ἐν τῷ ἑβδοματικῷ ἀριθμῷ, τοῦ παλαιοῦ τρόπον τινὰ τὴν συντέλειαν δεχομένου· ταῦτα δὲ τύποι τοῦ παρόντος αἰῶνος, ὃς διὰ τῶν ἑπτὰ ἡμερῶν ἡμᾶς παρατρέχει, ἐν ᾧ γίνονται τῶν μετριωτέρων ἁμαρτημάτων ἐκτίσεις.

43 Lc 3,23–38, ausgewertet Proc. PG 87/1, 257 A10 –B10: vgl. Bas., ep. 260,5 (III 112, 20-29 Courtonne).

44 Mt 1,17.

45 Ier 36,10.

46 Bei Prokop: Proc. PG 87/1, 257 D5–8: Autor nicht bestimmt, Anspielung auf Dan 9,24 (Thdt.): καὶ αἱ συντμηθεῖσαι δὲ ἑβδομήκοντα τῶν ἐτῶν ἑβδομάδες ἐπὶ τὸν λαὸν ἕως Χριστοῦ ἡγουμένου, τὸν ἀριθμὸν τῆς ἀφέσεως ἔχουσιν ἐν πεντακοσιοστῷ που ἐνιαυτῷ.

Nach diesem Beispiel für die Probleme, die sich altkirchlichen Autoren stellten, sollen zwei Beispiele für Probleme folgen, die sich heute bei der Textrekonstruktion stellen.

2. Rekonstruktion des Kommentars [47]

Jakob kehrt in seine Heimat zurück, er hat sich (mit einem Schwur) von Laban getrennt und wird bald Esau wiedertreffen. Auf dem Weg begegnen ihm Engel, eine ganze Heerschar.[48] In der *Septuaginta* wird diese Heerschar mit παρεμβολή bezeichnet, einem Wort, das auch „Lager, Festung" heißen kann. Im Katenenfragment stellt Origenes das Wort „Weg" in den Mittelpunkt, durch das er den alttestamentlichen Bibeltext in Verbindung zum Herrenwort bringt:

> Der Herr sagt: „Ich bin der Weg";[49] dem, der diesen Weg geht, begegnen »Engel Gottes«.[50]

Jakob ist also bereits auf dem christlichen Weg. Dies findet sich auch bei Prokop; bei ihm schließt sich eine Auslegung an, die den neutestamentlichen Bezug noch erweitert: Jakob ist hier sogar typologische Vorausdeutung Christi:

> Demjenigen, der »seinen eigenen Weg« geht (‹das ist der,› der gesagt hat: „Ich bin der Weg"[51]), begegnen »die Engel Gottes«. \Sie begegnen ihm,

---

47 Zu diesem Thema ausführlich: K. Metzler, *Auf Spurensuche. Rekonstruktion von Origenes-Fragmenten aus der so genannten Oktateuchkatene des Prokop von Gaza*, in: *Quaerite faciem eius semper*. Studien zu den geistesgeschichtlichen Beziehungen zwischen Antike und Christentum. Dankesgabe für Albrecht Dihle zum 85. Geburtstag aus dem Heidelberger „Kirchenväterkolloquium" (Studien zur Kirchengeschichte 8), hgg. von A. Jördens/ H. A. Gärtner/ H. Görgemanns/ A. M. Ritter, Hamburg 2008, 214-218.

48 Lemmatext Gen 32,2 (Göttinger Edition: Septuaginta. Vetus Testamentum Graecum. Auctoritate Academiae Scientarum Gottingensis editum. I. J. W. Wevers (Ed.), Genesis, Göttingen 1974): Καὶ Ἰακὼβ ἀπῆλθεν εἰς τὴν ἑαυτοῦ ὁδόν. καὶ ἀναβλέψας εἶδεν παρεμβολὴν θεοῦ παρεμβεβληκυῖαν, καὶ συνήντησαν αὐτῷ οἱ ἄγγελοι τοῦ θεοῦ [...].

49 Joh 14,6.

50 CatGen Fr. 1638 (PG 12, 128 A13–15). Ὁ κύριός φησιν· Ἐγώ εἰμι ἡ ὁδός· τῷ οὖν τὴν ὁδὸν ταύτην πορευομένῳ συναντῶσιν ἄγγελοι τοῦ θεοῦ.

51 Joh 14,6.

Christus (er ist in Jakob typologisch vorgebildet), als dem „Erzfeldherrn"[52] der Macht des Herren, unter dem Namen »Lager« (und beachte, dass es nach seinem Weggang ist, dass ‹Jakob› im Traum die Leiter und die Engel sieht, und beim Weiden, dass er wieder Engel sieht und Gott hört; bei seiner Rückkehr aber sieht er im Traum das »Lager«; und wiederum, als Laban nicht mehr mit Jakob zusammen ist, zu diesem Zeitpunkt »begegnen ihm die Engel Gottes«); »Lager Gottes« aber heißt es zur Entgegensetzung gegen die Lager des Widersachers, wie etwa viele Dämonen in Gräbern hausen wie in einem Lager.\[53]

In diesem Zusammenhang wird erst deutlich, auf welche Frage die *Kommentierung* antwortet – nämlich auf die Frage: Warum begegnet Jakob gerade jetzt Engeln? Die Antwort: Es sind Zeiten des Ortswechsels und der Einsamkeit, die für eine Gottesbegegnung prädestiniert sind. Um das zu untermauern, wird der kommentierte Text in ein Bezugssystem aus AT und NT eingeschrieben; hier verweist nicht nur der „eigene Weg" Jakobs auf Christus, er selbst ist ein Typus Christi, und seine verschiedenen Begegnungen mit Gott sind bedeutungsvoll in sein Leben hineinkomponiert. Die παρεμβολή der Engel ist ein Gegenbild zu der Szenerie, in der der Besessene des NT haust (der Besessene hält sich nach Lc 8,27/Mc 5,9 ἐν τοῖς μνήμασιν καὶ ἐν τοῖς ὄρεσιν auf). Diese Deutung ist offenbar durch das Wort παρεμβολή angeregt; im Genesistext war es sicher als „Heerschar" gemeint, hier wird es als „Lager"[54] verstanden, als

---

52 Jos 5,14.

53 Procopius Gazensis, catena in Octateuchum ed. Petit zu CatGen 1638 (s. FN 6) nach Monacensis gr. 358 fol. 135r 14–15 (entsprechend PG 87/1, 453/454 A 5–6 [z. T. lat.]), in vorläufiger Edition ergänzt (gekennzeichnet durch \ \): fol. 135r 15–22 (PG 87/1, 453/454 A 6–16) Metzler. Τῷ δὲ πορευομένῳ »τὴν ἑαυτοῦ ὁδὸν« (τὸν εἰπόντα· ἐγώ εἰμι ἡ ὁδός [Ioh 14,6]), συναντῶσιν »οἱ ἄγγελοι τοῦ θεοῦ«. \συναντῶσι δὲ ὡς ἀρχιστρατήγῳ δυνάμεως κυρίου (Jos 5,14), Χριστῷ ἐν Ἰακὼβ τυπουμένῳ »παρεμβολὴ« λεγόμενοι (τήρει δὲ ὅτι ἀπιὼν μὲν ὄναρ ὁρᾷ τὴν κλίμακα καὶ τοὺς ἀγγέλους, καὶ ποιμαίνων πάλιν ὁρᾷ ἀγγέλους καὶ ἀκούει θεοῦ, ἐπανιὼν δὲ ὕπαρ βλέπει τὴν »παρεμβολήν«, καὶ πάλιν, ὅτε οὐκέτι συνῆν Λάβαν τῷ Ἰακώβ, τότε »συνήντησαν αὐτῷ οἱ ἄγγελοι τοῦ θεοῦ«)· »παρεμβολὴ« δὲ λέγεται »θεοῦ« πρὸς ἀντιδιαστολὴν τῶν τοῦ ἀλλοτρίου παρεμβολῶν, ὁποῖα τὰ πολλὰ δαιμόνια τὰ ὡς ἐν παρεμβολῇ οἰκοῦντα τοῖς τάφοις (Lc 8,27).\

54 Vgl. die Wiedergaben bei Suidas (παρεμβολή: σκηνή, κάστρον, στρατόπεδον) und Hesych. (παρεμβολή, στρατόπεδον, παράταξις, στῖφος στρατιᾶς ἢ πλῆθος, ἢ οἴκησις, ἢ κάστρον).

Platz außerhalb aller zivilen Siedlung, aber mit Bauten, in denen bestimmte Wesen „hausen“ können; daher wird an den Besessenen mit den vielen Dämonen[55] gedacht, deren Name λεγιών ist.

Diese Erweiterung bei Prokop kann bei keinem anderen Autor identifiziert werden und ist wahrscheinlich Paraphrase aus den Genesis-Scholien des Origenes. Für die Zuschreibung zu Origines spricht eine Auslegung (zu Psalm 26,3[56]) im Psalmenkommentar,[57] in der das Wort παρεμβολή Origenes ebenfalls an den Wohnort der vielen Dämonen namens Legion „in den Gräbern“ denken lässt. – Ebenso finden sich Parallelen bei Origenes dafür, dass Jakob ein Typus Christi ist[58] und dass der ἀρχιστράτηγος aus dem Josua-Vers auf Christus bezogen wird.[59] Auch sprachlich ist eine Herkunft von Origenes plausibel: Die Prägung πρὸς ἀντιδιαστολήν[60] („im Gegensatz zu; zur Entgegensetzung“) und der methodische Imperativ τήρει[61] werden bei ihm auch sonst terminologisch gebraucht.

Außer dem Genesiskommentar hat Origenes „Scholien“ oder „Semeioseis“[62] zur Genesis verfasst;[63] ausdrücklich für dieses Werk ist (in einer

---

55 Mc 5,9.15 / Lc 8,30.

56 Ps 26,3 ed. Rahlfs (Septuaginta. Vetus Testamentum Graecum. Auctoritate Academiae Scientarum Gottingensis editum. X. Psalmi cum Odis, ed. Rahlfs, Alfred, Göttingen ³1979): ἐὰν παρατάξηται ἐπ' ἐμὲ παρεμβολή, οὐ φοβηθήσεται ἡ καρδία μου.

57 Or., sel. in Ps. MPG 12, 1277,27–29: ἡ παρεμβολὴ δὲ τοιαύτη ἐστὶν, ὁποῖος ὁ ἐν τάφοις οἰκῶν λεγεών.

58 Or., comm. Io. I 23,145 (GCS 10 Origenes 4, 28,23f. Preuschen); vgl. XIII 6,39 (231,15f. Preuschen).

59 Or., comm. Io. II 23,147 (GCS 10 Origenes 4, 79,23–25 Preuschen).

60 25 Belege bei Origenes *im Thesaurus linguae Graecae.*

61 Von den 25 Belegen bei Origenes im *Thesaurus linguae Graecae* haben 24 terminologischen Sinn; Beispiele finden sich auch speziell in den Fragmenten der Genesiskommentierung.

62 Zur Abgrenzung der Gattung von ‚Kommentar‘ und ‚Homelien‘ s. É. Junod, *Wodurch unterscheiden sich die Homelien des Origenes von seinen Kommentaren?*, in: Predigt in der Alten Kirche, hgg. E. Mühlenberg/ J. van Oort, Kampen 1994, 50–81.

63 Sie behandelten wohl den Teil des biblischen Buches, den er im Kommentar noch nicht kommentiert hatte, also Gen 5,2 bis zum Schluss des Buches. Die

Marginalie einer Handschrift des Johanneskommentars des Origenes) ein einziges Fragment überliefert, das sich mit der ‚Entrückung' Henochs befasst. Das Fragment zieht dazu Hebr 11,5 in einer ungewöhnlichen Lesart heran, die nicht mit dem ausgelegten Vers Gen 5,24 übereinstimmt; Origenes löst den Widerspruch mit seiner Auslegung des Sachverhalts auf:[64]

In seinen Scholien zur Genesis sagt ‹Origenes› wortwörtlich Folgendes:

> Der Apostel zitiert zwar (sc. aus dem Buch Genesis) den Vers „Nicht wurde sein Tod gefunden"[65] ; ‹aber› hier steht nicht: ‚Nicht wurde sein Tod gefunden'. Aber wahrscheinlich »wurde« die Tiefe seiner Erkenntnis,[66] von niemandem erfasst, »nicht gefunden« (denn „der Geistbegabte wird von niemandem auf seine Eignung hin geprüft"[67]), als er mit seinem leitenden Seelenteil [i. e. der Vernunft] zur Vollkommenheit Gottes »versetzt worden war«.

Dadurch, dass der Inhalt auch bei Prokop referiert wird, erfährt man,

---

Gattung erlaubt Kommentierungen einzelner problematischer Stellen (vgl. É. Junod, *Que savon-nous des „Scholies" [ΣΧΟΛΙΑ – ΣΗΜΕΙΩΣΕΙΣ] d'Origène*, in: G. Dorival/ A. Le Boulluec (Hgg.), (BEThL 118). Leuven 1995, 133–149); im Fall der Fragmente zur Genesis scheint jedoch keine solche Konzentration vorzuliegen, sondern der Bibeltext nach 5,1 ähnlich fortlaufend, wenn auch wohl kürzer, kommentiert worden zu sein wie der Kommentar die Schöpfungsgeschichte.

64 K. Lake / S. New, *Six Collations of New Testament Manuscripts*, in: HTS 17 1932. Cambridge 1932, 218,20–30. Der dort diplomatisch wiedergegebene Text kann sinnvoll so interpunktiert werden:
Ἐν τοῖς εἰς τὴν Γένεσιν σχολίοις οὕτως αὐτολεξεί φησιν·
Ὁ μὲν ἀπόστολος λέγει τὸ οὐχ ηὑρίσκετο αὐτοῦ θάνατος· ἐνθάδε ‹δὲ› οὐ κεῖται· 'οὐχ εὑρίσκετο αὐτοῦ θάνατος'. ἀλλὰ τάχα τὸ βάθος τῆς συνέσεως αὐτοῦ μὴ καταλαμβανόμενον ὑπό τινος »οὐχ ηὑρίσκετο« (ὁ γὰρ πνευματικὸς ὑπ᾿ οὐδενὸς ἀνακρίνεται) μεταθέντος αὐτοῦ τὸ ἡγεμονικὸν ἐπὶ τελειότητα τοῦ θεοῦ.

65 Es handelt sich um eine außergewöhnliche Lesart Hebr. 11,5, die in der *editio minor* des NT (bei Nestle/Aland 27. Auflage: Πίστει Ἐνὼχ μετετέθη τοῦ μὴ ἰδεῖν θάνατον, καὶ οὐχ ηὑρίσκετο) wie auch in den Katenen zum Hebräerbrief nicht belegt ist; vielleicht unterläuft hier Origenes aber auch ein Gedächtnisfehler.

66 An Rm 11,33 Ὦ βάθος ... γνώσεως θεοῦ erinnernd.

67 I. Cor 2,15; vgl. FN 74.

dass dieser nicht nur den Kommentar, sondern auch das Scholien-Werk ausgewertet hat. Ihr Wortlaut stimmt inhaltlich, aber nicht wörtlich mit dem Fragment aus der Marginalie überein; wie oft in der Katenenüberlieferung dürfte es sich bei Prokops Wortlaut um eine Paraphrase handeln. Diese Paraphrase führt den Gedanken noch über die Entsprechung der Marginalie hinaus:[68]

> Man muss aber wissen, dass der Apostel [sc. aus dem Buch Genesis] zitiert: „Und nicht wurde sein Tod gefunden";[69] ‹der Vers› ist jedoch hier [i. e. in der Genesis] ‹so› nicht belegt. Aber wahrscheinlich wurde ‹Henoch› wegen der Tiefe seines Verstehens von keinem verstanden und deshalb »nicht gefunden« („denn der Geistbegabte wird von niemandem auf seine Eignung geprüft"[70]), als er mit seinem leitenden Seelenteil [i. e. der Vernunft] zur Vollkommenheit Gottes »versetzt worden war«. Dass aber die Göttliche Schrift den Ausdruck »er versetzte« für diese Bedeutung benutzt, ist klargestellt aus dem, was über Isebel und Ahab geschrieben steht[71] als Ersatz für ‚Durch ihre Schlechtigkeit verwandelte sie ihn zum Schlechteren'. Und doch ist das Apostelwort wahr: Von dem, der auf diese Weise „versetzt" worden ist, wird der Tod, der Christus feind ist, »nicht gefunden«.

Die Fortsetzung bei Prokop kann keinem anderen Autor sicher zugewiesen werden; da sie den Gedankengang abschließt, sollte man sie Origenes zuweisen. Sie führt einen biblischen Beleg[72] für die Bedeutung von »μετέθηκεν« an, die für die postulierte nicht-literale Interpretation erforderlich ist; vor allem aber führt sie die Deutung zurück auf den he-

68 Proc. PG 87/1, 264 D7 -265 A14: Ἰστέον δὲ ὅτι ὁ μὲν Ἀπόστολος λέγει· « Καὶ οὐχ εὑρίσκετο αὐτοῦ θάνατος. » ἐνθάδε δὲ οὐ κεῖται· ἀλλὰ τάχα διὰ τὸ βάθος τῆς συνέσεως αὐτοῦ μὴ καταλαμβανόμενος ὑπό τινος οὐχ εὑρίσκετο· ὁ γὰρ πνευματικὸς ὑπ᾽ οὐδενὸς ἀνακρίνεται, μεταθέντος αὐτοῦ τὸ ἡγεμονικὸν ἐπὶ τελειότητα τοῦ Θεοῦ· ὅτι δὲ τῷ μετέθηκεν ἐπὶ τοῦ σημαινομένου τούτου χρῆται ἡ Γραφὴ, δῆλον ἐκ τῶν γεγραμμένων περὶ Ἰεζάβελ καὶ Ἀχαὰβ, ἀντὶ τοῦ, τῇ κακίᾳ αὐτῆς μετεποίησεν αὐτὸν ἐπὶ τὸ χεῖρον. Καὶ τὸ ἀποστολικὸν δὲ ἀληθές· τοῦ γὰρ μετατεθέντος οὕτως, θάνατος ὁ ἐχθρὸς Χριστῷ οὐχ εὑρίσκεται.

69 Vgl. FN 65.

70 I. Cor 2,15.

71 Sc. III. Rg. 20,25: μετεποίησεν.

72 Die Erwähnung der Isebel und der Ausdruck μετέθηκεν finden sich auch Or., sel. in Ps. MPG 12, 1144,47.

rangezogenen Vers Hebr. 11,5: Von dem, der nach der nicht-wörtlichen Deutung seine Vernunft zu Gottes Vollkommenheit »versetzt« hat, gilt auch wieder, sein Tod werde »nicht gefunden«. Gut passt zur Zuweisung an Origenes auch der Einsatz des Zitates I. Cor 2,15, das auch in den Fragmenten der Homilien zum I. Korintherbrief eine gewichtige Rolle spielt, um die herausragende Stellung des Geistbegabten zu rechtfertigen.[73]

Die letzten Beispiele zeigen, welche Probleme sich heutzutage in der Textrekonstruktion stellen; sie belegen zugleich den Abstand, der uns von Origenes' Genesiskommentierung trennt: ohnehin zeitlich, überdies durch den historischen Prozess, der zur Verstümmelung des Textes geführt hat. Doch auch diese konkreten Probleme in bestimmten Kommentartexten können zu einer Theorie über das Phänomen Kommentar beitragen.

Deutlich wird an diesen Beispielen, welche Probleme sich für den heutigen Umgang mit Kommentaren der patristischen Zeit und ihrem doppelt „zerdehnte[n] Situation" stellen:[74] Einerseits muss der kommentierte Text *verstanden* werden, der schon eine Geschichte durchgemacht hat und deshalb damals kommentiert werden musste (aber auch heute noch der Kommentierung bedarf), andererseits der *patristische Kommentar*, der z. T. andere Fragen stellt, als sie sich dem heutigen Leser aufdrängen. Kommentierter und kommentierender Text müssen rekonstruiert und interpretiert werden. Dabei hilft am meisten das alte hermeneutische Prinzip, nach den Fragen zu fragen, auf die der überlieferte Text eine Antwort gibt.

---

73 Or., comm. in I Cor. Fr. 73,5–9 (ad I Cor 14,31) (C. Jenkins, *Origen on I Corinthians*, in: JThS 9 [1907/8], S. 231–47; 353–72; 500–14; 10 [1909], S. 29–51, hier 10 [1909], S. 41): διέγραψεν δὲ τὸν πνευματικὸν ὁ ἀπόστολος εἰπὼν *Ὁ δὲ πνευματικὸς ἀνακρίνει τὰ πάντα, αὐτὸς δὲ ὑπ' οὐδενὸς ἀνακρίνεται.* τίς δέ ἐστιν ὁ διακρίνων τὰ πάντα ἢ ὁ δυνάμενος πάντα λόγον ἐξετάζειν καὶ κρίνειν; οὗτος δὲ ὑπ' οὐδενὸς ἀνακρίνεται, διὰ τὸ βάθος τῶν νοημάτων αὐτοῦ μὴ καταλαμβανόμενος. ὁ γὰρ πνευματικὸς νοῦν ἔχει κυρίου.

74 Assmann, *Einführung*, 9.

Wahrheit oder Methode. Zum *De anima*-Kommentar des Tommaso de Vio Cajetan (1509)

FLORIAN WÖLLER

> „Wer sich für Aristoteles interessiert, dem begegnet nichts anderes als die Faulheit, Missgunst und Dummheit der Übersetzer der aristotelischen Bücher. Diese Pest hat sich aber dermaßen weit ausgebreitet, dass es keine Hoffnung auf ein Gegenmittel gibt."[1]

Auch Petrarca kam nur bis Paris. Als der Humanistenfürst seine Urteile über Aristoteles ersann, blieb er an der Seine stecken, im Nebel der schlechten Übersetzungen und verfälschenden Kommentare. Aristoteles, der Athener, war ihm unzugänglich wegen jener faulen, missgünstigen und dummen Übersetzer, die den Stagiriten zu dem gemacht hatten, der er zu Petrarcas Zeiten war.

Der *Philosophus*: Eine Gestalt, die wie keine andere für die Gewissheit stand, dass, wer sich ihrer Führung anvertraut, die Wahrheit nicht verfehlen wird. Stellvertretend für jene Rationalität der Scholastik, die sich der Führung des *Philosophus* anvertraut hatte, zielte Petrarca also auf die Pariser Theologen und Philosophen. Ihr Aristoteles, der scholastische Aristoteles, war jenes Abziehbild des wahren Aristoteles, auf das sich die Polemik der italienischen Humanisten richtete. Und das mit gewichtigen Folgen: Indem die Geistesgeschichtsschreibung sich diese Polemik aneignete und daraus einen wesentlich antiaristotelischen Humanismus erstehen ließ, verstetigte sie die Opposition von Humanismus und Scholastik zu einem Grundzug der Zeit des Übergangs vom Spätmittelalter zur Frühen Neuzeit.

Auf der einen Seite stehen in diesem historischen *Phasma* die gekrönten Dichter Italiens und ihre philologisch gebildeten Freunde, die Aristoteles

---

1 Petrarca, *Rerum memorandarum libri* II, 31, Edizione nazionale XIV. Florenz 1943, 65: „Sepe igitur de hac re cogitanti nil aliud occurrit quam aristotelicos libros transferentium vel pigritiam certe vel invidiam vel inscitiam [...]. Cuius tamen late contagia fluxerunt ut iam spes remedii nulla sit."

in seiner eigenen Sprache verstanden. Auf der anderen Seite aber finden wir die verknöcherten Scholastiker, die – nicht selten schon in den Quellen als füllige Thomisten dargestellt[2] – an der überkommenen Wissenschaft und damit am überkommenen *Philosophus* festhalten. Sie sind taub für die Einwände der humanistischen Philologen, die Aristoteles, den Athener, dem *Philosophus* aus Paris vorziehen.

Nun ist hier nicht der geeignete Ort, diese grobe Opposition von Scholastik und Humanismus zu diskutieren.[3] Vielmehr soll uns ein Autor und sein Kommentar zu Aristoteles' *De anima* beschäftigen, der hinsichtlich dieser Einteilung Rätsel aufgibt. Tommaso de Vio (1469-1534), nach seiner Heimatstadt Gaeta Cajetan genannt, war eine Figur, die sich nicht leicht der einen oder anderen Seite zuordnen ließ. Schon von seinen zeitgenössischen Freunden wie Feinden wurde er mal auf die Seite der Humanisten, mal auf jene der Scholastiker gezogen. Und bis in die jüngere Zeit war er an mehreren Fronten ein kontrovers beurteilter Akteur: Zwei so gegensätzliche Autoren wie Étienne Gilson und Henri de Lubac fanden eine ihrer wenigen Gemeinsamkeiten in ihrer Antipathie gegen Cajetan;[4] und nicht zuletzt die ökumenische Theologie hatte gelegentlich Mühe mit den Zweideutigkeiten, die dieser von der Weltgeschichte mehrmals ‚geküsste' oder – je nach Perspektive – ‚getriebene' Autor aufgibt.[5] Für das Thema des vorliegenden Bandes ist Cajetans *De anima-*

2 Pietro Pomponazzi, auf den wir noch zu sprechen kommen, bemerkte (*Abhandlung von der Unsterblichkeit der Seele, übersetzt und herausgegeben von B. Mojsisch.* Hamburg 1993, 76): „Quid enim pulex contra elephantem?" Der ironiebegabte Floh ist Pomponazzi selbst, der Elephant Thomas von Aquino.

3 Grundlegend ist P. O. Kristeller, *Humanism and Scholasticism*, in: ders., Renaissance Thought and its Sources. New York 1979, 85–105.

4 Hallensleben, *Communicatio* (wie FN 5), 26–33.

5 Zur Biographie Cajetans s. M.-J. Congar, *Bio-Bibliographie de Cajétan*, in: Revue Thomiste 39 (1934–35), 3–49. Aus den Studien zum Denken des Kardinals seien hervorgehoben: B. Hallensleben, *Communicatio. Anthropologie und Gnadenlehre bei Thomas de Vio Cajetan* (Reformationsgeschichtliche Studien 123). Münster 1985; C. Arnold, *Die römische Zensur der Werke Cajetans und Contarinis (1558–1601)* (Römische Inquisition und Indexkongregation 10). Paderborn u.a. 2008; G. de Tanoüarn, *Cajétan. Le Personnalisme intégral*. Paris 2009, mit Bibliographie: 679-700. Der angesprochene Auftritt Cajetans auf dem Augsburger Reichstag 1518, seine Anklage gegen Luther und die ökumenische Debatte darum ist hervorragend aufgearbeitet in: Ch. Morerod, *Cajetan et Luther en 1518. Édition, tra-*

Kommentar deswegen interessant – oder vielmehr interessant zu machen –, weil er wie schon Petrarca auf die Lehre des Aristoteles nur durch den ‚Nebel' der Kommentare zugriff.
Wie ich zeigen werde, ging Cajetans Blick auf Aristoteles über denjenigen Petrarcas hinaus. Cajetan und seinen Zweifeln stand ein weniger verbauter Weg nach Athen zu Gebote als dem Humanistenfürsten der Frühzeit, weil jener die für Petrarca noch evidente und unauflösbare Allianz von Thomismus und Aristoteles erkannt hatte und aufzulösen suchte. Cajetan hätte damit und mit der Intention seines Kommentars überhaupt in den Vorhof der Athener Akademie gelangen können, doch kam auch er nur bis Paris. Die Gründe dafür liegen nicht im Text, insofern er Gegenstand eines Kommentars ist. Sie liegen vielmehr im Text als im Kommentierten, in einer Perspektive also, in der der Kommentar sich nicht objektiv auf den Text bezieht, sondern der Text nur das ist, was sein Schöpfer, der Kommentator, ihm eingehaucht und wozu er ihn bestimmt hat.

Um Cajetans Kommentar, seine Eigenart und Irritation in die lange Geschichte der scholastischen Kommentare einzuordnen, empfehlen sich ein synchroner und ein diachroner Blick. In einem ersten Schritt stelle ich deshalb einige Charakteristika des kommentierenden Werks Cajetans heraus, um sie – zweitens – mit einigen Schlaglichtern auf scholastische Methoden des Kommentierens zu kontextualisieren. Drittens folgt eine Darstellung von Methode, Gehalt und Bedeutung von Cajetans *De anima*-Kommentar selbst. Im gesamten Text beschränke ich die Anmerkungen zur Sekundärliteratur auf einige wenige Titel, die ich für besonders erwähnenswert halte.

1. Cajetans Kommentarwerk: thomistisch-humanistisch

Die für Cajetans Denken entscheidende Autorität war Thomas von Aquino. Schon bei seinem Eintritt in den Dominikanerorden 1484[6] wurde aus dem blaublütigen Giacomo der Mönch Tommaso, eine wohl überlegte Referenz an den großen Ordensbruder. Cajetans Leben verlief ent-

---

duction et commentaire des Opuscules d'Augsbourg de Cajetan, 2 Bände. Fribourg 1994.

6 Zum Folgenden, sofern die Biographie Cajetans betroffen ist, Congar, *Bio-bibliographie*.

lang der *via Thomae*, eine Ausprägung der Schultheologie, die sich wesentlich als Interpretation und Fortführung des thomanischen Werkes begriff, jedoch kam Cajetan von Anfang seines wissenschaftlichen Werdegangs an mit rivalisierenden Schulen in enge Berührung. Der großen intellektuellen Herausforderung, die sein Werk prägen sollte, begegnete Cajetan in Padua. Ab 1491 unterrichtete er hier zunächst am Ordensstudium und an der Artistenfakultät sowie zwei Jahre später auf dem Lehrstuhl für Theologie *in via Thomae*. Während die theologischen Diskussionen in Padua durch den Gegensatz vom Skotismus der Franziskaner einerseits und dem Thomismus der Dominikaner andererseits bestimmt waren, war die Artistenfakultät in der festen Hand von Aristotelikern averroistischer Prägung.

Mit den Namen der Paduaner Philosophen Paolo Veneto (gest. 1429), Nicoletto Vernia (gest. 1499), Agostino Nifo (gest. 1538) und anderen ist der Versuch einer radikalen Emanzipation der Philosophie von der Theologie verbunden.[7] Indem diese Denker sich auf Aristoteles in der „institutionellen", d.h. von der Theologie unabhängigen Lesart seines arabischen Kommentators Averroes bezogen, das aristotelische Werk damit vor dem neuen Platonismus, wie er in Florenz *en vogue* war, und vor einer traditionellen theologischen Überformung zu schützen suchten, etablierten sie eine Philosophie, die den Gegensatz zur Theologie nicht scheute, sondern vielfach suchte.

Am Übergang vom 15. zum 16. Jahrhundert kam in Padua deswegen die Theorie der „doppelten Wahrheit" auf, die als solche kein neues Phänomen war, jetzt aber radikalere Züge annahm als zuvor. Nach dieser Theorie können bestimmte Lehren und Sätze philosophisch wahr und zugleich theologisch falsch sein, sie können umgekehrt theologisch wahr und philosophisch falsch sein, ja, sie können gar zu einem *problema neutrum* erklärt werden und erhalten damit den Status, nicht eindeutig entscheidbar und folglich nicht wahrheitsfähig zu sein.[8] In diesem Kontext formte sich das Denken Cajetans, diese konfliktreiche Spannung zwischen theologischer und philosophischer Wahrheit, thomistischer, skotistischer und averroistischer Lehre – und entsprechender Lesart des

---

7 Eine verlässliche Überblicksdarstellung bei E. Keßler, *Die Philosophie der Renaissance. Das 15. Jahrhundert*. München 2008, 139–183.

8 Als Überblick über die Theorie der ‚doppelten Wahrheit' empfiehlt sich L. Bianchi, *Pour une histoire de la „double vérité"*. Paris 2008.

Aristoteles – konstituiert einen guten Teil des Feldes, in dem sich der Thomismus Cajetans artikulierte und von dem er sich beeinflussen ließ.[9] Cajetans Thomismus wurde ein Thomismus, der Thomas „aktualisiert" und ihn in das intellektuelle Spannungsfeld der cajetanschen Gegenwart übersetzt. Eine solche Übersetzung aber wird, auch wenn sie sich wie bei Cajetan als Kommentar artikuliert, den Buchstaben zu Gunsten des Geistes aufgeben.[10]

Gerade im Thomismus stand jedoch ein „direkter" Zugriff des Kommentators auf den Text hoch im Kurs. Viele Thomisten räumten dem Literalsinn einen Vorrang vor dem dreifachen *sensus spiritualis* ein, der Herausarbeitung der *intentio auctoris* einen Vorrang vor einer Kommentierung des Textes, die sich primär auf diejenigen Debatten bezieht, in denen der Kommentator engagiert ist.[11]

Der Literalsinn galt Thomas selbst als die auslegungsbedürftige Grundlage, auf der sich ein Kommentator dem kommentierenden Text und der Absicht seines Autors zu nähern hat.[12] Dass dieses bei Thomas für die Bibelexegese formulierte Prinzip auch für nicht-biblische Kommentare galt, führt Cajetans eigener Kommentar zur *Summ theologiae* vor Augen. In jeder *Quaestion* ist dieser älteste vollständige Summenkommentar bemüht, Struktur und Inhalt der thomanischen Gedankengänge aus dem vorliegenden Text selbst zu erschließen. Der heute maßgeblichen Thomas-Ausgabe, der *editio Leonina,* ist Cajetans Kommentar aus diesem Grund beigegeben.[13]

Cajetan legt jeden Artikel nach einem gleichbleibenden Schema aus. Zunächst bringt er eine *expositio formalis,* die den Zusammenhang von be-

---

9 „A Padoue, soit en philosophie, soit en théologie, on pense nécessairement contre quelqu'un." Congar, *Bio-bibliographie,* 5. Detailliert zum Paduaner Umfeld Cajetans Hallensleben, *Communicatio,* 14–25.

10 E. Gilson, *Cajétan et l'humanisme théologique,* in: ders., Humanisme et Renaissance. Paris 1986, 65–88, hier: 88.

11 A.J. Minnis, *Fifteenth-Century Versions of Thomistic Literalism: Girolamo Savonarola and Alfonso de Madrigal,* in: Neue Richtungen der hoch- und spätmittelalterlichen Bibelexegese, hgg. v. R. E. Lerner/ E. Müller-Luckner (Schriften des Historischen Kollegs. Kolloquien 32). München 1996, 163–182.

12 Thomas von Aquino, *Summa theologiae* (STh.) I, q. 1, a. 10.

13 M. Grabmann, *Die Stellung des Kardinals Cajetan in der Geschichte des Thomismus und der Thomistenschule,* in: Angelicum 11 (1934), 547–560, hier: 554f.

handeltem Stoff und Titel der *Quaestion* erklärt, die Konklusionen ordnet und schließlich die Gedanken herausarbeitet, die in den vorgebrachten Einwänden im Text enthalten sind. Die anschließende *divisio* und *expositio textus* erklärt nun den zuvor geordneten Stoff, den Beweisgang des Aquinaten und die Probleme, die sich aus dem Textabschnitt ergeben. Im dritten Teil der *expositio magistralis* bezieht Cajetan selbst Stellung zu den aufgeworfenen Fragen, indem er sich mit gegnerischen Meinungen auseinandersetzt, die zum größten Teil auf die theologischen Debatten mit den Skotisten in Padua zurückgehen. Diese *expositio magistralis* des Summenkommentars Cajetans weist das Kommentieren als ein kontroverses Geschäft aus. Zielen die ersten beiden *expositiones* im genannten Schema darauf ab den Text zu erklären, so dient der letzte Teil der Verteidigung der kommentierten Lehre. Im Vorwort zum Summenkommentar schreibt Cajetan:

> „Ich habe nicht einfach einen Kommentar benutzt, um ohne jede Kontroverse nicht mehr als das zusammenzutragen, was ich als zum wahren Verständnis des Heiligen Thomas zugehörig betrachte. Sondern wo Ort und Sache es erforderlich scheinen ließen, habe ich einige Quaestionen hinzugefügt, die selbst Zweifel aufwerfen, und habe mich bemüht, die Wahrheit gegen die Angreifer und insbesondere gegen Scotus zu schützen. Das beschwerliche und arbeitsreiche Werk habe ich mit klarem Kopf begonnen. Ob es mir aber gelungen ist, mögen andere beurteilen.“[14]

Zweifelsohne entspricht Cajetan dem thomanisch-thomistischen Prinzip des prioritären Literalsinns. Doch dass dieser Sinn und die darin enthaltene *intentio auctoris* eine als autoritativ zu geltende Wahrheit zur Sprache bringt und gerade nicht neutral bzw. schon als wahr akzeptiert ist, erweist sich erst in der Auseinandersetzung mit gegnerischen Positionen. Es wäre also übereilt, Cajetans Methode und seine Auffassung darüber, was ein Kommentar zu leisten hat, in die Nähe humanistischer Ideen und humanistischer Zugänge zum Text zu rücken. Denn die Prio-

14 Cajetan, *Praefatio* [zum Summenkommentar], in: Sancti Thomae de Aquino opera omnia …, ed. Leonina 4, Rom 1888, 3f., hier: 4: „Ratione igitur habita et insitae difficultatis et oppugnationis illatae, non simplici quadam expositione sum usus, ut, sine ulla controversia, ea dumtaxat attulerim, quae ad verum sancti Thomae intellectum pertinere putaverim; sed ubi locus et res ipsa postulare visi sunt, quaestiones ipsae nonnullas dubitando attuli et contra oppugnatores, Scotumque praecipue, tueri veritatem contendi; arduum sane opus laboriosumque aggressus, quantum vero feliciter, aliorum sit iudicium.“

rität des Literalsinns ist zwar humanistisches Allgemeingut, doch dürfte die Absicht „de rendre à l'histoire son dû au lieu de sacrifier à un intérêt étranger quelconque"[15] für den Humanismus nicht weniger bedeutend sein. Cajetans Vorgehen erscheint dagegen als unhistorisch: Debatten seiner eigenen Zeit verwendet er als Wetzsteine für die Schärfe der thomanischen Wahrheit.

Nun datiert der Summenkommentar auf die Jahre 1507 - 1520 und fällt damit in eine Lebensphase Cajetans, die stärker kirchlich als akademisch geprägt war. Im Jahr 1500 wurde er nach Rom gerufen, zwar auf einen Lehrstuhl für Philosophie und Exegese – man beachte die eigentümliche, in unseren Kontext von Scholastik und Humanismus gehörende Denomination –, doch begann eigentlich erst mit dieser Übersiedlung nach Rom Cajetans steile kirchliche Karriere. 1508 wählte man ihn zum höchsten Oberhaupt der Dominikaner, 1517 wurde er zum Kardinal ernannt. Die Nähe zur Kurie, die seit seiner Ankunft in Rom nachweisbar ist, und seine in päpstlichen Kreisen hoch geschätzte Scharfsinnigkeit brachten Cajetan die Gesandtschaft nach Augsburg 1518 ein, wo er, wie erwähnt, mit Luther stritt; bei Papst- und Kaiserwahlen übte er seinen immensen Einfluss aus und blieb auch als Bischof seiner Heimatstadt Gaeta dem Heiligen Stuhl als Berater verbunden, u.a. in der Affäre um die Ehescheidung Heinrichs VIII. Es ist nicht übertrieben, Cajetan als einen der einflussreichsten Kirchenpolitiker des beginnenden 16. Jahrhunderts zu bezeichnen.

Umso mehr mag es verwundern, dass Cajetans Name gegen Ende desselben Jahrhunderts kurz davor stand, auf den Index der römischen Behörden gesetzt zu werden. Anstoß erregten Kommentare, die Cajetan ab 1523 verfasste. Nicht weniger als die gesamte Bibel beabsichtigte er zu kommentieren, erschienen sind immerhin die Kommentare zum AT von Genesis bis Jesaja und zum NT. Vor Kommentaren der Apokalypse sowie des Hohelieds und der deuterokanonischen Schriften des AT scheute sich Cajetan, weil diese Schriften gemäß ihrem Literalsinn zu interpretieren ihm unangemessen erschien.[16] Cajetan suchte den „direkten" Zugang zum Text, folgte dem humanistischen Ruf „ad fontes" und dem

15 Gilson, *Cajétan*, 121. Zu einem ähnlichen Urteil kommt Hallensleben, *Communicatio*, 21.

16 E. Iserloh/ B. Hallensleben, Art. Cajetan de Vio, Jakob, in: TRE VII (1981), 538–546, hier: 544.

kritischen Potenzial dieser Auslegungsweise des Textes, ohne den Text dabei offensiv in eine Wahrheitssuche des Kommentars zu verwickeln. Denn anders als im Summenkommentar sah sich Cajetan in den Schriftkommentaren nicht dazu genötigt, den Wahrheitsanspruch des Textes gegenüber zeitgenössischen Debatten zu verteidigen.

Cajetans Bibelexegese beruht auf zwei Prinzipien. Sie fasst als verbindlichen Text und Kanon die Lesarten der so genannten Ursprachen auf[17] und konzentriert sich, zweitens, auf den Literalsinn, in dessen Interesse sie mit bestehenden Auslegungstraditionen bricht.[18] Zumindest das erste Prinzip ist als humanistisch auszuweisen, insofern es sich aus der Autorität des Hieronymus ergibt, die Cajetan hoch schätzte und sich darin bspw. mit Erasmus einig war.[19] Die daraus resultierende Ablehnung der kirchlich bald als verbindlich angesehenen Vulgata und einige exegetische Einsichten brachten Cajetan eine solche Kritik ein, dass ein länglicher Prozess (1535 - 1600) von Zensurversuchen in Gang kam.

Es ist aufschlussreich, dass das „Humanistische" in Cajetans Bibelkommentaren, mithin seine exegetische Methode und die daraus folgenden Einsichten, den Zensoren nur bis zur Vorbereitung der *editio Piana,* der ersten verbindlichen Thomsausgabe ab 1558 anstößig erschien. Ab diesem Zeitpunkt und zunehmend um das Jahr 1567, als der heilige Thomas in den Rang des Kirchenlehrers erhoben wurde, überwog der Vorwurf Cajetan habe antithomanische Standpunkte vertreten.[20]

Das aus historischer Sicht eigentlich Bemerkenswerte der cajetanschen Exegese, die Entfaltung eines kritischen Potentials der Bibeltexte durch den Kommentar, entging mehr und mehr der Aufmerksamkeit der Zensoren. Es standen nunmehr weder die Methode der cajetanschen Kommentare noch die Anstößigkeit der exegetischen Entdeckungen des Kar-

---

17 Weil er weder über Hebräisch- noch über Griechischkenntnisse verfügte, zog Cajetan bei der Kommentierung des AT die Hilfe zweier Rabbiner und bei derjenigen des NT humanistische Ratgeber hinzu, wie sein Sekretär und Biograph berichtet (Congar, *Bio-bibliographie,* 27 mit FN 102; Iserloh/ Hallensleben, *Cajetan,* 544).

18 Arnold, *Römische Zensur,* 60f.

19 Arnold, *Römische Zensur,* 60, FN 13. Zum Verhältnis von Cajetan und Erasmus A. F. von Gunten, *Cajétan dans la correspondance d'Erasme,* in: Rationalisme analogique et humanisme théologique. La culture de Thomas de Vio ‚Il Gaetano', hgg. v. B. Pichard/ S. Ricci. Neapel 1993, 297–323.

20 Arnold, *Römische Zensur,* 60–170.

dinals im Mittelpunkt der Kritik, sondern seine Gegensätze zu Thomas von Aquino, dem verehrten Ordenstheologen und Kirchenlehrer. Cajetans Bibelkommentare wurden einer Überprüfung unterzogen, deren Maßstab, die Übereinstimmung mit thomanischer Lehre, ihnen selbst fremd war. Dem externen Wahrheitskriterium, das man ihnen unterstellte, konnten Cajetans Bibelkommentare nicht entsprechen.

2. Kein Text ohne Kommentar: *Philosophus* und *Commentator*

Überlegungen, wie und mit welcher Absicht ein Kommentar zu schreiben ist, haben eine lange Tradition in der Scholastik. Sie sind verbunden mit der offiziellen Einführung des *corpus Aristotelicum* an der Pariser Artistenfakultät im Jahre 1255 und drücken die damit aufkommende Rivalität von Philosophen und Theologen aus. Siger von Brabant (gest. ca. 1282), einer derjenigen Pariser *magistri*, die in jenen Anfangsjahren des institutionalisierten Aristotelismus auf eine Unabhängigkeit der philosophischen von der theologischen Lehre drängten, riet einem angehenden Aristoteles-Kommentator:

> „Wer die Bücher des *Philosophus* kommentiert, beachte, dass seine Meinung nicht verdunkelt werden darf, auch wenn sie der Wahrheit widerspricht. Auch soll niemand versuchen, mit der Vernunft das zu durchdringen, was übervernünftig ist, oder [widersprüchliche] Argumente gegeneinander auszuspielen. Denn weil ein Philosoph, wie groß er auch immer sein mag, in vielem irren könnte, darf niemand die katholische Wahrheit wegen eines philosophischen Arguments verneinen, auch wenn er diese [katholische Wahrheit] nicht [in Argumente] zerlegen kann."[21]

Siger, der gelegentlich als früher Proponent einer Theorie der ‚doppelten Wahrheit' dargestellt wurde, befreite sich selbst als kommentierenden Philosophen von der Last, mit dem eigenen Kommentar ins Geschäft um

21 Siger von Brabant, *Quaestiones in Metaphysicam* III, q. 15 comm., zitiert nach: Ch. H. Lohr, *The Medieval Interpretation of Aristotle*, in: The Cambridge History of Later Medieval Philosophy, hgg. v. N. Kretzmann u.a.. Cambridge 1982, 80–98, hier: 90, FN 12: „Propter hoc sciendum quod sententia Philosophi ab his qui eius libros suscipiunt exponendos, non est celanda, licet sit contraria veritati. Nec debet aliquis conari per rationem inquirere quae supra rationem sunt, vel rationes in contrarium dissolvere. Sed cum philosophus quantumcumque magnus in multis possit errare, non debet aliquis negare veritatem catholicam propter aliquam rationem philosophicam, licet illam dissolvere nesciat."

die Verteidigung der Glaubenswahrheiten verwickelt zu sein. Solche Wahrheiten haben für Siger etwas mit theologischer Autorität zu tun und stehen gerade in keinem Konkurrenzverhältnis zur kommentierenden Philosophie, die durch die Eigenheit ihrer kommentierenden Methode ein eigenes Existenzrecht postuliert. „Dies und nichts anderes ist die doppelte Wahrheit: zwei Paar Schuhe, die der Theologe den Philosophen gleichzeitig tragen lässt."[22] Die kommentierende Philosophie will zunächst wissen, nicht beweisen; sie will vor allem wissen, was der kommentierte Text zu sagen hat: „Wir fragen nach der Aussage der Philosophen in dieser Sache, und zwar eher als nach der Wahrheit, weil wir philosophisch vorgehen."[23]

Ganz unphilosophisch nach Sigers Kriterien erscheint dagegen diejenige Aristoteles-Kommentierung, die mit dem Werk Thomas' von Aquino (gest. 1274) verbunden ist. Zwar war, wie gesagt, auch bei Thomas die Suche nach dem Literalsinn und der *intentio auctoris* das hauptsächliche Anliegen des Kommentars, doch sah er das Ziel einer kommentierenden Philosophie, die sich auf Aristoteles bezieht, in der *concordia discordantium*, des Einklangs dessen, was nicht in Einklang miteinander steht. Diese „Konkordanzmethode" bezieht sich bei Thomas zunächst auf widersprüchliche Aussagen innerhalb einer aristotelischen Schrift bzw. des *corpus Aristotelicum* als Ganzem:

> „Wenn Aristoteles mit Erklärungen und Gegenargumenten eine Wahrheit untersucht, dann bringt er diese Gegenargumente oder Erklärungen vor, nachdem er die Wahrheit schon bestimmt hat; und dann tut er dies gemäß seiner eigenen Meinung. Manchmal aber bringt er Gegenargumente oder Erklärungen, bevor er die Wahrheit bestimmt hat, und dann tut er dies, indem er gegnerische Meinungen aufnimmt; nicht aber gemäß seiner eigenen Meinung und gemäß der Wahrheit, die er selbst für richtig hält."[24]

---

22 A. de Libera, *Denken im Mittelalter*. München 2003, 95.

23 Siger von Brabant, *De anima intellectiva*, c. 7, zitiert nach: Lohr, *Medieval Interpretation*, 89, FN 11: „Quaerendo intentionem philosophorum in hoc, magis quam veritatem, cum philosophice procedamus."

24 Thomas von Aquino, *Sententia libri de anima* I, ed. Leonina 45/1. Rom 1983, cap. 10, S. 48a, Z. 32–39: „Circa quod sciendum est, quod quando Aristoteles inquirit veritatem aliquam solvendo et obiiciendo, aliquando obiicit et solvit post determinatam veritatem, et tunc obiicit et solvit secundum suam opinionem: aliquando vero ante determinatam veritatem, et tunc obiicit et solvit supponendo

Was wir als Mahnung zu verstehen haben, den Kontext eines philosophischen Arguments zu beachten, um zu verstehen, welcher Grund für und welcher gegen die vorgebrachte Position spricht, hatte bei Thomas eine weitergehende Funktion. Sein Bemühen um inneraristotelische Konkordanz stand im Dienste der Auffassung, dass eine vergleichbare Konkordanz zwischen Philosophie und Theologie besteht. Thomas' Lehre von der Harmonie von theologischer und philosophischer Wahrheit artikuliert sich in seinen Kommentaren zu Aristoteles als Hermeneutik des kommentierten Textes und findet darin ihren verlängerten „philologischen" Arm. Entgegen den Ratschlägen Sigers von Brabant verwickelte Thomas in seinen Kommentaren damit den aristotelischen Text in die Wahrheitsfrage, und das bedeutet: in einen Diskurs, in dem nicht Aristoteles sondern Thomas engagiert war.

Wenngleich aus der von Siger empfohlenen Methode des Kommentierens zunächst jener Wissensdurst, ein begieriges Aufsaugen und aufmerksames Wahrnehmen der neu entdeckten Schriften des Aristoteles spricht, das für die Scholastik des 12. und 13. Jahrhunderts charakteristisch ist, so wäre es doch falsch, Sigers Aristoteleskommentare als ganz unbeeinflusst von den Debatten seiner Gegenwart zu begreifen.

Vielmehr trifft das Gegenteil zu. Denn Sigers *De anima-Quaestionen* von 1272 waren ein Beitrag zur Kontroverse um den lateinischen Averroismus des 13. Jahrhunderts, ein Streit, der Aufschluss über die bemerkenswerte Rezeption des aristotelischen Textes gibt.[25] Der institutionelle und hauptsächliche Gegenstand der Kontroverse war jener Anspruch der Artisten oder Philosophen – repräsentiert durch Siger von Brabant –, dasselbe ‚Paar Schuhe' zu tragen, auf das zuvor die Theologen – repräsentiert durch Thomas von Aquino – einseitig Anspruch erhoben hatten.

---

opiniones aliorum, et non secundum suam opinionem et veritatem, quam ipse opinatur."

25 Es ist nicht meine Absicht, in diesen Beitrag eine Überblicksdarstellung zum lateinischen Averroismus einzuschließen. Aus der Menge der Literatur sei zu diesem Zweck verwiesen auf: L. Bianchi, *Il vescovo e i filosofi. La condanna parigina del 1277 e l'evoluzione dell'aristotelismo scolastico*. Bergamo 1990; Der Sammelband *Averroès et l'averroisme. Un itinéraire historique du Haut Atlas à Paris et à Padoue*, hgg. v. A. Bazzana u.a. Lyon 2005, eignet sich sowohl als Einführung wie auch als Dokumentation der Forschungsdebatten seit der Veröffentlichung des Klassikers gleichen Titels: E. Renan, *Averroès et l'averroisme*, 4. Auflage Paris 1882.

Dieser begründete und argumentierende Kampf um eine gewisse Autonomie der Pariser Artistenfakultät artikulierte sich sachlich in dem Problem, wie artistische Einsichten in die aristotelische Philosophie mit dem theologischen Anspruch zu vereinbaren waren, auf der Grundlage der *veritas fidei* und eigener Einsichten in das *corpus Aristotelicum* eine philosophische Theologie zu etablieren. Bestand also Einigkeit hinsichtlich des autoritativen Status des Textes und seines Verfassers, ging der Streit um den wahren Kommentar. Nicht der *Philosophus*, Aristoteles *als* maßgebliche wissenschaftliche Autorität stand zur Debatte; kontrovers waren der *Commentator* und sein Werk, Averroes (gest. 1198) *als* maßgeblicher Ausleger des *Philosophus*. Ohne das in ihr problematisierte Verhältnis von Text und Kommentar ist die averroistische Kontroverse, die ohne Übertreibung als ‚epochal' gilt, nicht zu verstehen, zumal die neu entdeckten Schriften des Aristoteles auf Thomas und Siger nicht als Quellentexte – mit allen in diesem Ausdruck enthaltenen Assoziationen – kamen, sondern als kommentierte Texte. Wenn die beiden Kontrahenten sich auf den *Philosophus* bezogen, bezogen sie sich auf einen Text, dessen Gliederung und Einteilung, dessen Gestalt und Gehalt durch die Kommentare des *Commentator* bestimmt waren. *Commentator* und *Philosophus* waren wie Tell und Gessler, wie Strauß und Wehner, wie Bonnie und Clyde.

Die inhaltliche Seite der averroistischen Kontroverse des 13. Jahrhunderts betraf eine Reihe von philosophisch und theologisch je unterschiedlich zu erklärenden Problemen, unter denen die strittige Intellekttheorie eine bemerkenswert lange Konjunktur hatte. Noch im 15. und 16. Jahrhundert galt die Zuschreibung der Intellekt- und Seelenlehre des *Commentator* an den *Philosophus* als Distinktionsmerkmal des Averroismus,[26] und über die Jahrhunderte, die Thomas Cajetan von Thomas von Aquino trennen, hatte die Debatte darum an Brisanz nichts eingebüßt.

---

26 So bspw. J. Monfasani in einem Beitrag zu Johannes Argyropoulos, einem scholastisch gebildeten Humanisten, dessen Aristoteles-Übersetzungen auch auf Cajetans Schreibtisch lagen (*The Averroism of John Argyropoulos and his* Quaestio Utrum Intellectus Humanus Sit Perpetuus, in: I Tatti Studies 5 (1993), 157–208, hier: 164–166).

3. Cajetans *De anima*-Kommentar: notwendige Entscheidungen

Allerdings hatte sich der Schwerpunkt der Debatte verlagert. Thomas und Siger stritten um die Intellekttheorie des Averroes-Aristoteles und deren Folgen, während spätestens 1516 mit Pietro Pomponazzis Beitrag das Problem der Unsterblichkeit der Seele die Debatte beherrschte. Damit trat zu Tage, was im 13. Jahrhundert zwar als *movens*, aber nicht als eigentliches Thema verhandelt wurde: Thomas hatte seiner Schrift gegen die Averroisten den Titel „De unitate intellectus" gegeben; Pomponazzi titelte nun „De immortalitate animae."

Cajetan, der Thomist-Humanist, trug mit seinem Kommentar zu Aristoteles' *De anima* von 1509 Entscheidendes zu dieser Dynamik bei, indem er versuchte, die Seelenlehre des Thomismus von der Intellekttheorie des Aristoteles zu befreien. Cajetan suchte, mit anderen Worten, einen Weg, die Verklammerung von *Philosophus, Commentator* und theologischer Wahrheit, mithin das thomistische Erbe der averroistischen Kontroverse des 13. Jahrhunderts, zu lösen. Sein Ziel war es, die theologische Wahrheit, dass die Seele unsterblich ist, von der Meinung des *Philosophus* zu trennen. Doch machte er sich nicht etwa mit einer reinen Aristoteles-Polemik an dieses Werk, sondern mit einem Aristoteles-Kommentar.

Die äußere Gestalt dieses Kommentars folgt durchgehend einem festen Schema. Am Anfang steht die Wiedergabe des lateinischen Aristoteles-Textes gemäß der traditionellen Einteilung, wie sie Averroes, Thomas und viele andere verwendet hatten. Gelegentlich weist Cajetan darauf hin, eine neue lateinische Übersetzung zu verwenden, die ihm einige Einsichten in den Literalsinn ermöglicht, indem er sie mit älteren Übersetzungen vergleicht.[27] Dieser Zug, die unbedingte Konzentration auf den Wortlaut des aristotelischen Textes, prägt den Kommentar. Formal zerfällt er in jedem Kapitel der drei Bücher *De anima* in eine kürzere *summa* und eine längere *series*. Die *summa* entspricht der *expositio formalis*, wie wir sie im Summenkommentar Cajetans gefunden haben: Sie unterteilt die aristotelischen Argumente in einzelne Konklusionen, Korollarien und Definitionen. Die anschließende *summa* entspricht zunächst den klassischen *divisio et expositio textus*, insofern sie die *intentio auctoris* dar-

27 So bspw. in *Commentaria in De anima* [im Folgenden: CaDA] II, 2, hgg. v. J. Coquelle. Rom 1939, nr. 121, S. 107; CaDA III, 2, hgg. v. G. Picard/ G. Pelland. Brügge, Paris 1965, nr. 95, S. 62.

legt, zumeist mit der Eingangsformel „Aristoteles intendens". Diesem verhältnismäßig kurzen Abschnitt folgen nun so genannte *dubia*, die teilweise der Form der scholastischen *quaestio* folgen.[28] Sie entsprechen der *expositio magistralis* des Summenkommentars, doch im Unterschied zu diesem zeitgleich von Cajetan bearbeiteten Kommentar beziehen sich die *dubia* des *De anima*-Kommentars in der Regel nicht auf die vorhergehenden *expositiones*, noch argumentieren sie gegen zeitgenössische Meinungen, sondern problematisieren den Text selbst, um ihn transparent zu machen. Auch die *dubia* stehen folglich im Dienst des Textes, auf dessen Wortlaut sich Cajetan konzentriert. Er verzichtet weitgehend darauf, den Text offensiv in zeitgenössische Debatten zu verwickeln, was sowohl für Cajetans nicht-biblisch-exegetisches Werk als auch für den Thomismus des Spätmittelalters überhaupt bemerkenswert ist.[29]
Zu Beginn des dritten Buches *De anima* legt Cajetan Rechenschaft über diese Methode ab:

> „Ich habe die Absicht, mit dem Kommentar […] Aristoteles gemäß seiner eigenen Meinung zu kommentieren, und möchte deswegen alle warnen, dass sie die Kommentare, denen vielleicht andere Philosophen gefolgt sind, wenn ich sie gelegentlich angreife, nicht deswegen für angegriffen halten, als würden ihre Autoren oder Anhänger angegriffen; sondern sie mögen sie als unparteiisch diskutiert oder abgewiesen (*absolute discussas aut exclusas*) ansehen. Auch mögen sie mir nicht zuschreiben, ich sei ein Anhänger von Meinungen, die ich mit meinem Kommentar affirmiere, sondern dass dies dasjenige ist, was Aristoteles gedacht hat, was es auch immer in Bezug auf die Wahrheit sei."[30]

---

28 In den Indices der kritischen Ausgabe sind die *dubia* als *quaestiones* aufgeführt. J. Coquelle, der die ersten beiden Bände herausgegeben hat, listet sie in der klassischen Form („Utrum …") auf, die dem cajetanschen Kommentar nur gelegentlich entspricht. Weniger „scholastisierend" nimmt sich der Index des dritten Bandes (hgg. v. G. Picard und G. Pelland) aus, insofern er die mal narrative, mal dialektische Form der *dubia* Cajetans übernimmt.

29 M.-H. Laurent, *Introductio*, in: CaDA I, hg v. J. Coquelle. Rom 1938, VII-LII, hier: XXXI, verortet deswegen den *De anima*-Kommentar auf Cajetans Weg vom „thomistischen" Summen- zum „humanistischen" Bibelkommentar.

30 CaDA III, 2, nr. 1, S. 16: „Intendes, in expositione […] Aristotelem juxta propriam opinionem exponere, omnes monitos velim ut expositiones, quas forte alii secuti sunt, si quando impugnavero, non ea ratione confutatas aestiment quasi earum auctores aut sectatores confutentur, sed absolute discussas aut exclusas accipiant. Neque mihi tribuant ut sectator sim opinionum, quas expo-

Mit seinem unparteiischen Zugriff auf den Text verbindet Cajetan keinen Verzicht auf einen inhaltlichen Wahrheitsanspruch. Doch ist dieser Wahrheitsanspruch nicht an den Text selbst zu stellen. Wie Cajetans methodologische Rechtfertigung nahelegt, liegt die Wahrheit vielmehr außerhalb des Textes und damit jenseits der Aufgabe des Kommentators im strengen Sinne. Insofern der Kommentator nämlich kommentiert, verwickelt er den Text nicht in die Wahrheitsfrage, sondern legt die „mens Aristotelis" frei. Cajetan versteht diese Aufgabenstellung jedoch nicht im Sinne der thomanischen Methode, die die sich widersprechenden Äußerungen des *Philosophus* zu Gunsten einer möglichst stabilen Kohärenz auszugleichen versucht; die „mens Aristotelis" ist für Cajetan weder ein System, noch hat sie sich historisch bzw. biographisch entwickelt. Jenes Denken des Aristoteles äußert sich in Cajetans Lesart auf einer einzigen historischen Ebene und in immanenten Widersprüchen, die auszugleichen aus den genannten methodischen Gründen, die an Sigers Kriterien für einen Aristoteleskommentar gemahnen, unserem Kommentator fern liegt.[31]

Cajetans Methode ist im Lichte der den ganzen Kommentar beherrschenden Frage nach der Unsterblichkeit der Seele zu beurteilen, die im dritten Buch, dem *locus classicus* der scholastischen Debatten über die Unsterblichkeit, diskutiert wird. Aristoteles handelt hier (*De anima* [*DA*] III 4 – III 7) über den Intellekt, mit dem die Seele „erkennt und einsieht" (III 4 529a10f.), der wie die Wahrnehmung, die *phantasia* und wie weitere Vermögen Bestandteil der einen Seele ist (I 2f.) und der die allgemeine Differenz von Passivität und Aktivität in sich trägt (III 5). Wegen dieser Differenz lässt sich nach (dem lateinischen) Aristoteles der Intellekt zweifach bestimmen, als möglicher (*intellectus possibilis*) und als tätiger Intellekt (*intellectus agens*). Dass Aristoteles' Ausführungen dieser Differenz zu den am ausführlichsten kommentierten Texten des Mittelalters zählen, erklärt sich u.a. dadurch, dass sie nicht nur schwer verständlich, sondern auch sehr kurz sind: Demnach *wird* der mögliche Intellekt alles, während der tätige Intellekt alles *macht*; jener Intellekt ist manchmal wirklich *(in actu)* und manchmal möglich *(in potentia)*, während dieser

---

nendo textum affirmavero; sed quod haec sint de mente Aristotelis, quidquid sit quoad veritatem."

31 Vgl. bspw. CaDA III, 2, nr. 100, S. 65; Laurent, *Introductio*, XXXIII.

Intellekt immer erkennt. Dies sind die wenigen Bestimmungen zur Differenz von möglichem und tätigem Intellekt, die wir im kontroversen Abschnitt *DA* III 5 430a10–25 finden. Dafür, dass in diesem Kontext die Unsterblichkeitsfrage verhandelt wurde, sind nun drei abschließende Sätze verantwortlich:

> „[Vom Körper] abgetrennt ist der Intellekt nur in dem, was er wirklich und eigentlich ist. Und nur dies ist unsterblich und ewig. Wir haben nämlich keine Erinnerung, weil dieses [Abgetrennte] leidensunfähig, der passive [d.h. mögliche] Intellekt aber vergänglich ist; und ohne diesen erkennt die Seele nichts."[32]

Die *expositio mentis Aristotelis*, der Versuch Cajetans, den ersten beiden Sätzen zur Unsterblichkeit der Seele Sinn zu entlocken, kontextualisiert das Gesagte mit einem Rückgriff auf ein

> „*fundamentum* im Vorwort dieses Buches: ‚Wenn die Seele über eine ihr eigentümliche Tätigkeit verfügt, ist sie abtrennbar; wenn nicht, dann nicht.' Und ebendort erklärt Aristoteles, was er unter ‚eigentümliche Tätigkeit' versteht […] und fügt hinzu: ‚Wenn aber das Erkennen Vorstellung ist oder nicht ohne Vorstellung, wird es nicht ohne den Körper sein' (d.h. es wird der Seele nicht eigentümlich sein, sondern gemeinsam der Seele und dem Leib, ohne den ein solches [Erkennen mit der Vorstellung, Anm. d. V.] nicht sein noch geschehen kann). Und außerdem fügt er hinzu, dass ‚ansonsten die Seele wie eine gerade Linie wäre, der [akzidentell] zukommt, dass sie die Kugel berührt, die aber als abgetrennte Linie die Kugel nicht berührt'."[33]

Das *proprium animae* scheint also eine Tätigkeit zu sein, die sich ohne die Vorstellung und ohne alles vollzieht, was wie die Vorstellung dem Ma-

---

32 CaDA III, 2, Text 20, S. 45: „Separatus autem es solum hoc quod vere ist. Et hoc solum immortale et perpetuum. Non reminiscimur autem quia hoc quidem impassibile, passivus vero intellectus corruptibilis – et sine hoc nihil intelligit anima." (N.B.: Meine deutsche Übertragung orientiert sich an Cajetans Auslegung.)

33 Ebd., nr. 93, S. 61: „In prooemio Primi Libri jecit Aristoteles hoc fundamentum ad immortalitatem animae: *si anima habet operationem propriam, est separabilis; et si non, non* [vgl. *DA* I 1 403a10]. Et ibidem, explanans quomodo oportet accipere ‚proprium' […] subdit: *verumtamen si intelligere est fantasia aut non sine fantasia, non erit hoc sine corpore* [vgl. *DA* I 1 303a8] (id est non erit proprium animae, sed commune animae et copori, sine quo esse et fieri nequit) – et subdit: quod alioquin erit de anima *sicut de recto, cui attribuitur tangere sphaeram, et tamen non tangit separatum,* [vgl. *DA* I 1 403a13] etc."

teriellen und Körperlichen verhaftet ist. Wenn Aristoteles nun im Zusammenhang mit dem tätigen Intellekt davon spricht, dass er nur in dem, „was er wirklich und eigentlich ist," vom Körper abgetrennt und deswegen unsterblich ist, versteht Cajetan auf der Grundlage der „fundamenta" diese Abgetrenntheit einerseits aufgrund jener *operatio propria*, des Erkennens ohne alles Körperliche. Weil Aristoteles aber in *DA* III 7 431a16f. vom möglichen Intellekt lehrt, dass er „nie ohne Vorstellungsbilder," d.h. nie ohne die Gehalte des materiellen Vorstellungsvermögens denkt, deswegen verfügt er über keine *operatio propria.*[34]
Um aber nicht nur hinsichtlich der Tätigkeit, die nur eine Eigenschaft der Seele ist, sondern auch substantiell gemäß ihrem eigenen Sein unsterblich zu sein, muss die Seele, so Cajetan, andererseits nicht nur akzidentell, sondern eben auch substantiell vom Körper abtrennbar sein. Auf diese Überlegung bezieht Cajetan Aristoteles' Vergleich der Seele mit einer Linie, die eine Kugel berührt: Wenn die Seele kein *proprium* hat, d.h. körperlich und materiell erkennt, dann ist sie wie eine Linie, die die Kugel nur akzidentell an einem Punkt berührt. Die Abgetrenntheit der Seele vom Körper ist dann derjenigen einer mathematischen Linie vergleichbar, die allein aufgrund der Abstraktion des Mathematikers, nicht aber im „natürlichen Sein" von der Materie abgetrennt ist.[35] Also ist die Seele substantiell vom Leib abgetrennt und deswegen unsterblich allein unter der Bedingung, dass sie ein *proprium* hat; ein solches *proprium* aber spricht Aristoteles ausschließlich dem tätigen Intellekt zu. Der mögliche Intellekt hingegen verhält sich zum Leib wie eine allein mathematisch, jedoch nicht substantiell von der Materie abgetrennte Linie; er vergeht daher mit dem jeweiligen Menschen.[36]
Den dritten Satz zum tätigen Intellekt fasst Cajetan als Volte gegen Platos Anamnesis-Lehre auf, nach der die Seele, bevor sie die Seele eines singulären Menschen wird, bereits Erkenntnisgehalte aufgenommen hat.

34 CaDA III, 2, nr. 94, S. 61. Zur Begründung des Schlusses von der *operatio propria animae* auf ihre Unsterblichkeit vgl. auch CaDA I, nr. 38, S. 36f.

35 CaDA I., nr. 13, S. 23: „Cum autem anima intellectiva immaterialis sit [...] et sit principium naturalium quorumdam, consequens est quod aliquod principium naturalium non comparetur ad mathematica ut materiale ad formale; immo est abstractior illis, quia immaterialitas sua est in esse naturali, illorum vero immaterialitas est in esse cognito."

36 CaDA III, 2, nr. 94f., S. 61f.

Cajetans Aristoteles widerspricht, indem er ausdrücklich *unsere* Erinnerung ins Feld führt: die Erinnerung von einzelnen, aus Leib und Seele zusammengesetzten Menschen. Nur diese können Erinnerung haben, weil ihre Erinnerung allein durch den möglichen, passiven Intellekt ermöglicht wird. Nun besteht dieses passive Erkenntnisvermögen aber nur, insofern *wir* existieren; es besteht weder vor noch nach unserer Existenz, so dass wir uns auch nicht ewig erinnern können. Platos „,unser Wissen ist Erinnern' bezieht sich folglich nicht auf den ewigen, stets wirklichen Intellekt, sondern auf einen passiven Intellekt, der ewig wirklich ist" – eine, wie Cajetan gezeigt hat, aristotelische Chimäre.

> „Und dies ergibt sich offensichtlich aus dem Text, wenn Aristoteles erklärt, dass jenes ewige Erkennen [Platos] nicht unser Erkennen ist: ,ohne diesen passiven Intellekt erkennt die Seele, durch die wir erkennen, überhaupt gar nichts.'"[37]

Es wäre ein eigenes Unterfangen, Cajetan, den Aristoteles-Interpreten, philosophiehistorisch zu untersuchen und die Plausibilität seiner Auslegung zu bewerten.[38] Er selbst jedenfalls war von seiner *expositio mentis Aristotelis* fest überzeugt und verteidigte sie, wie in der oben genannten Rechtfertigung seiner Methode angekündigt, gegen konkurrierende Kommentare. Zur Auslegung des dritten, jenes ,antiplatonischen' Satzes schreibt Cajetan:

> „Ich weiß nicht, wer zuerst sich in diesem Text den Tod erträumt hat und damit angefangen hat [diese Stelle so] auszulegen, dass wir nach dem Tod keine Erinnerung haben."[39]

---

37 Ebd., nr. 97, S. 63: „Unde nostrum ,scire esse reminisci' non sequitur ad ,intellectum perpetuum in actu', sed ad ,intellectum passivum perpetuum in actu'. Et hoc manifeste dicit littera, explicans in fine quod illud perpetuum intelligere non est nostrum, dicens: ,et sine hoc intellectu passivo anima, qua nos intelligimus, nihil omnino intelligit.'"

38 Eine vergleichbare Untersuchung müsste alle Aristoteles-Kommentare Cajetans in den Blick nehmen (Congar, Bio-bibliographie, 37) und bei dem für seine Auslegung zentralen Begriff der *Imaginatio* ansetzen, wie B. Roling (*Glaube, Imagination und leibliche Auferstehung: Pietro Pomponazzi zwischen Avicenna, Averroes und jüdischem Averroismus*, in: Wissen über Grenzen. Arabisches Wissen und lateinisches Mittelalter, hgg. v. A. Speer/ L. Wegener (Miscellanea mediaevalia 33). Berlin u.a. 2006, 677–699) es mit Blick auf Pomponazzi unternommen hat.

39 CaDA III, 2, nr. 98, S. 63: „Nescio autem quis primum hac in littera somniaverit mortem, et inchoaverit exponere quod non reminiscimur post mortem, etc."

Wer nämlich annimmt, dass Aristoteles nicht von *unserem*, sondern von einem Intellekt spricht, der auch postmortal Wissen ansammelt, der „führt den *Phaidon* gegen Plato ins Feld."[40] Cajetan verbirgt hier, was er selbst genau weiß, dass nämlich kein anderer als Thomas von Aquino und dessen Lehrer Albert der Große diese Textstelle genau so ausgelegt haben. Und nicht nur an dieser Stelle lehrte Thomas das exakte Gegenteil der cajetanschen *expositio mentis Aristotelis.* Thomas' vielgesichtige Lehre von der Seele als *forma substantialis et intellectualis corporis*[41] ruht, was die Aristoteles-Auslegung betrifft, auf dem festen Fundament, dass der *Philosophus* vom gesamten Intellekt, nämlich vom tätigen *und* vom möglichen Intellekt Unsterblichkeit lehrt.[42] Und es ist dieser gesamte Intellekt, durch den wir nach unserem Tod keine Erinnerung haben, sondern, so Thomas, durch den wir auf besondere Weise erkennen.[43] Dieser und weitere Gegensätze zwischen Thomas von Auqino und Thomas Cajetan, zwischen dem *Doctor communis* und seinem *Expositor*[44] legen den Grund dafür, dass Cajetans Lehre von der Unsterblichkeit der Seele v.a. als zweifelhafter Thomismus und nicht als – nach Siger von Brabant – „philosophischer" Kommentar zu *De anima* untersucht worden ist. Deswegen ist abschließend zu zeigen, weswegen und inwiefern Cajetans Kommentar *als* Aristoteles-Kommentar unsere Aufmerksamkeit verdient.

Folgen wir Cajetans Text, so schließen sich an den eigentlichen Kommentar die *dubia* und damit die Gelegenheit für den Kommentator, das Kommentierte einer weiteren, jetzt aber dialektischen Erklärung zu unterziehen. Singulär im gesamten Kommentar sind diese *dubia* nur noch teilweise am Text selbst orientiert. Die Struktur von Cajetans Zweifeln orientiert sich gemäß ihrer dialektischen Vorgehensweise an zwei Polen, die als *secundum Aristotelem* bzw. *ad hominem* einerseits und als *simpliciter* andererseits eingeführt werden.[45] Das erste *dubium ad hominem* ergibt

40 CaDA III, 2, nr. 98, S. 64. Vgl. auch Tanoüarn, *Cajétan*, 511f.

41 Zu den internen Spannungen der thomanischen Seelenlehre M. J. Sweeney, *Soul as Substance and Method in Thomas Aquinas' Anthropological Writings*, in: Archives d'histoire doctrinale et littéraire du Moyen Âge 66 1999, 143–187.

42 Thomas von Aquino, *Sententia libri De anima* III, cap. 4, S. 222, Z. 202–209.

43 *Sententia libri De anima* III, cap. 4, S. 223, Z. 221–249.

44 Tanoüarn, *Cajétan*, 470, FN 4

45 Die bipolare Struktur der *dubia* haben die Herausgeber von CaDA III ebd., S. 60, Anmerkung b abgebildet.

sich aus einigen Widersprüchen, die gemäß Cajetans Methode unauflösbar erscheinen müssen.[46] Das anschließende *dubium simpliciter* eröffnet aber sogleich den dialektischen Kampf:

> „Im Allgemeinen aber scheint diese Erklärung [des Aristoteles-Textes] etwas Falsches zu behaupten, weil sie gewisslich wahren Sätzen in der Philosophie widerspricht. Denn es steht ja fest, dass jede intellektuelle Substanz unvergänglich ist; unsere Seele aber ist eine intellektuelle Substanz; also [ist sie auch unvergänglich]."[47]

In den dialektischen Kampf ziehen demnach die wahren Prinzipien der Philosophie gegen Cajetans eigene Auslegung des Aristoteles. Die Wahrheit, die „gelehrte Geister anzieht,"[48] streitet gegen den „Kommentar, nach dem nichts erdichtet ist, nichts überflüssig ist, nichts gewaltsam herausgebrochen ist."[49] Und Cajetan selbst lässt keinen Zweifel darüber aufkommen, auf welche Seite er sich schlägt:

> „Meine Absicht ist es nicht, zu sagen oder behaupten zu wollen, dass der mögliche Intellekt erzeugbar und vergänglich ist gemäß den Prinzipien der Philosophie, weil diese Position ja überaus unwahr ist. Aus den Prinzipien der Philosophie, da sie ja wahr sind, ist nichts anderes ableitbar als das Richtige und das Wahre. Dass das [was Aristoteles sagt] aber unwahr ist, steht aufgrund des Glaubens fest (*constat ex fide*). Folglich kann es auch nicht aus den Prinzipien der Philosophie folgern. Daher habe ich auch das Bisherige nicht als das Wahre, nicht als das Harmonische (*consonum*) und nicht als das Wahrscheinliche der Philosophie geschrieben, sondern nur als eine Auslegung der Meinung jenes Griechen (*opinio istius Graeci*). Diese als unwahr gemäß den Prinzipien der Philosophie zu entlarven, werde ich mich nun bemühen."[50]

---

46 Die klassischen Stellen, auf die sich Cajetan bezieht, sind der Edition zu entnehmen: CaDA III, nr. 100, S. 64f. Ein weitergehender Vergleich der Unversöhnlichkeit dieser Stellen „quos salvare impossibile videtur" (ebd.) bei Cajetan mit zeitgenössischen Kommentaren dürfte sich lohnen.

47 CaDA III, nr. 101, S. 65: „Simpliciter autem falsum sustinere videtur haec expositio: quia contradicere videtur propositionibus certis in philosophia. Constat siquidem quod omnis substantia intellectualis est incorruptibilis; sed anima nostra est substantia intellectualis; ergo."

48 CaDA III, nr. 121, S. 73.

49 CaDA III, nr. 91, S. 60.

50 CaDA III, nr. 102, S. 65: „ […] scito quod non est intentionis meae dicere aut sustinere velle intellectum possibilem esse generabilem et corruptibilem secundum philosophiae principia: quoniam haec positio est falsissima. Quoniam ex

Für moderne Leser könnte diese furiose Stellungnahme Cajetans irritierender nicht sein, stellt sie doch die Philosophie als Ganze gegen einen Autor, der unbestritten Philosoph war, und begründet diese Stellungnahme doch die Wahrheit der Philosophie mit der Wahrheit des Glaubens. Nicht weniger irritierend ist Cajetans Leidenschaft aber auch für einen Leser des Mittelalters, für einen Thomisten zumal, der im Sinne des heiligen Thomas nicht den Gegensatz, sondern die Konkordanz zwischen *Philosophus* und *Doctor communis* sucht.[51] Nach Cajetan bleibt vom *Philosophus* lediglich „iste Graecus," ein Heide und gerade kein *Philosophus* mehr, der nur akzidentell nichts von Christus wusste;[52] und von jenes Griechen Philosophie bleibt nicht mehr als eine *opinio*. Für Cajetan aber lag der Gegensatz zwischen Aristoteles und Thomas auf der Hand. Denn was sich hier inhaltlich als Kampf der philosophisch bewiesenen Glaubenswahrheit gegen Cajetans eigene Auslegung des Aristoteles zeigt, ist ein bekannter Konflikt. In seiner Bildungsbiographie begegnete sie als Rivalität zwischen averroistisch geprägten Artisten und thomistischen Theologen in Padua; und in Cajetans Bibliographie als Spannung, unter der sein „humanistischer" Bibel- und der kontroverstheologische Summenkommentar stehen. Auf dieser bildungs- und werkimmanenten Ebene, die literarische wie doktrinäre, formale wie inhaltliche Momente hat, nötigt der hier formulierte Gegensatz zur Entscheidung zwischen thomistischer Wahrheit und „humanistischer" bzw. „philosophischer" Methode.

Dass, nachdem er den Graben zwischen Wahrheit und Methode aufgerissen hat, Cajetan zur Erklärung der antiaristotelischen Position, der er

principiis philosophiae utpote veris non deducitur recte nisi verum. Hoc autem constat ex fide esse falsum. Igitur non potest ex principiis philosophiae sequi. Unde neque ut verum, neque ut consonum, neque ut probabile philosophiae haec scripserim; sed tantum ut exponens opinionem istius Graeci, quam conabor ostendere esse falsam secundum philosophiae principia."

51 Zur thomistischen Reaktion auf Cajetan, insbesondere durch Bartolomeo de Spina, ist Gilsons Studie immer noch einschlägig: *Autour de Pomponazzi. Problématique de l'immortalité de l'âme en Italie au début du XVIe siècle*, in: ders., Humanisme et Renaissance. Paris 1986, 133–249.

52 Gilson, *Autour de Pomponazzi*, 145, FN 12.

sich selbst anschließt und die – *pace* Gilson[53] – auf thomanische Grundannahmen hinausläuft, auch die Methode ändert, zeigt sich an zwei Merkmalen seines weiteren Beweisgangs.
Zunächst sind in dessen Text synthetisierende Züge auffällig. Um gegen die Meinung des Griechen über die Unsterblichkeit allein des tätigen Intellekts zu argumentieren, nimmt Cajetan nämlich nicht den Text selbst, sondern, wie gesagt, das Ergebnis des Kommentars von oben auf, demgemäß der mögliche Intellekt keine eigentümliche Tätigkeit ausübt, weil er „nicht ohne Vorstellungsbilder denkt". Im Unterschied zur *expositio* wiederum bringt Cajetan das Argument jetzt in syllogistische Form[54] und überprüft die Evidenz von Ober- und Untersatz. Mit dem Ziel einer dialektischen Determination synthetisiert Cajetan, was oben zwar als „fundamentum" der aristotelischen Lehre, jedoch nicht als *maior* und *minor* eines Syllogismus erarbeitet worden ist. Vermittels der gut scholastischen Distinktion, dass die Verbindung von Erkennen und Vorstellen, wie sie in *maior* und *minor* behauptet wird, einerseits als notwendige, andererseits als akzidentelle Verbindung gelten kann, löst Cajetan den Syllogismus. Wenn, so Cajetan, diese Verbindung als notwendig in Bezug auf den Intellekt aufgefasst wird, erweist sich zwar die *maior* „Erkennen, das mit Vorstellung verbunden ist, ist mit dem Leib verbunden" als wahr, jedoch nicht die *minor* „Erkennen ist mit Vorstellung verbunden". Denn nur unseren Intellekt hat Aristoteles adressiert, und damit die Bedingung für eine Verbindung von Intellekt und Vorstellung „ut tale,"[55] nämlich als mit dem Leib verbundenem Intellekt aufgestellt.
Nehmen wir nun die Verbindung von Intellekt und Vorstellung als akzidentell, *ut tale* hin, erweist sich zwar die *minor* als wahr, jedoch verliert die *maior* ihre Beweiskraft, weil sie allein einen Zirkelschluss induziert. Aristoteles' Argument nach dieser syllogistischen Form, in die Cajetan es gepresst hat, ist folglich falsch; und für Cajetan, den ehemaligen Aristo-

---

53 Gilson, *Cajétan* (wie FN 10), 127–130; stark affirmativ hingegen Hallensleben, *Communicatio*, 197. – Bei Gilson, ebd., und Laurent, *Introductio* (wie FN 29) finden sich konzise Darstellungen des gesamten weiteren Gangs der Argumentation Cajetans.

54 CaDA III, 2, nr. 111, S. 68: „ […] si intelligere est fantasia aut non sine fantasia, non erit hoc sine corpore; sed intelligere est non sine fantasia; ergo intelligere non est sine corpore, et sic non proprium animae."

55 CaDA III, 2, nr. 111, S. 68.

teles-Kommentator und jetzigen Verteidiger der Wahrheit, ist dies gleichbedeutend mit der Feststellung, dass Aristoteles' *Beweis* falsch ist.
In einem zweiten Schritt untersucht Cajetan nun die Art der Trennung von Körper und Seele. Demnach lehrt Aristoteles, dass die Abgetrenntheit des möglichen Intellekts als „separatio formalis" aufzufassen ist, weil er keine eigentümliche Tätigkeit ausübt:

> „Und dies bedeutet, dass insofern der *Intellekt* betroffen ist, er nur negativ abgetrennt ist, d.h. nicht mit dem Leib verbunden. Aber insofern er *ein solcher* [nämlich konkreter] Intellekt ist, ist er gemäß seinem Sein mit diesem oder jenem Leib verbunden."[56]

Hingegen ist der tätige Intellekt, da er über eine eigentümliche Tätigkeit verfügt, *seinsmäßig* vom Leib getrennt, und nur aufgrund dieser Trennung ist der Intellekt unsterblich. Wiederum ist bemerkenswert, dass Cajetan sich hier nicht mehr auf den Text, sondern auf seinen eigenen Kommentar als Synthese der aristotelischen Argumentation bezieht. Und wiederum stellt er fest, dass Aristoteles' Beweis für die Unsterblichkeit der Seele schlicht falsch sei.[57]
Dass dieser Vorwurf die Perspektive von Aristoteles dem Athener, mithin von Aristoteles als Autor von *De anima*, hin zum *Philosophus* der Pariser verschoben hat, ist Cajetan durchaus bewusst. Denn, wie schon zuvor, sucht unser Kommentator nicht mehr die *mens Aristotelis*, sondern die Wahrheit, die dem Glauben entspringt. Jedoch entspringt sie keinem Glauben, der den Wahrheiten der Philosophie entgegensteht; im Gegenteil, sie harmoniert mit ihnen. Diesem thomanischen Modell der Harmonie von philosophischer und Glaubenswahrheit hat sich Aristoteles entzogen, indem er die Wahrheit nicht anerkannte. Genau deswegen wird er von Cajetan aus der philosophisch-theologischen Ökumene ausge-

56 CaDA III, 2, nr. 114, S. 69: „Et hoc est dicere quod, quatenus *intellectus*, est separatus negative, id est non conjunctus. Sed quatenus *talis res* est, secundum esse est in corpore et corpore tali."

57 CaDA III, 2, nr. 120, S. 73: „Propter haec igitur et rationes positas supra et in locis allegatis, communi animi conceptioni hominum consentiendo, hominem compositum ex natura sensitiva et vere intellectiva fateamur; ac per hoc intellectum habentem, qui in rerum natura positus est omnia fieri, propter hoc quod nullius corporis est actus. Propter quod nihil prohibet ipsum separari a corpore, immortalem esse et perpetuum. Plus enim hae rationes valent quam negativa Aristotelis: quia scilicet non invenit eo opus sine fantasia – quod constat ex dictis, non verificari nisi per accidens."

schlossen, wird vom *Philosophus* zu jenem heidnischen Griechen degradiert.

Dem gefallenen *Philosophus* steht in allen Argumenten, die *simpliciter* gegen ihn angeführt werden, eine illustre Schar von so genannten „alii philosophi" gegenüber, deren Zusammensetzung die im Vergleich zur *expositio mentis Aristotelis* neue Methode der harmonischen Interpretation nochmals verdeutlicht. Für die wahre Lehre, dass sie unsterblich ist, weil „diese unsere Seele teils mit dem Leib verbunden, teils von ihm getrennt ist,"[58] führt Cajetan neben Plato auch Averroes, Avicenna, Albert den Großen und Thomas von Aquino an. Diese „hervorragenden Philosophen" lehrten nämlich einhellig die ‚seinsmäßige Abgetrenntheit' der Seele vom Körper. Cajetan beeilt sich zu bemerken, dass diese Lehre Binnendifferenzen kennt, wie sie in der averroistischen Kontroverse des 13. Jahrhunderts zum Ausdruck kamen. Jedoch verblasst der alte ‚Zankapfel' vor der Differenz von Wahrheit und aristotelischem Irrtum zu einer Fußnote der gemeinsamen Geschichte von philosophischer und Glaubenswahrheit. Der Gehalt der thomanischen Harmonie-Idee ist damit zwar insofern verabschiedet, als Aristoteles ausgeschlossen ist, doch hat sie Cajetan auch übertrumpft: Nicht mehr nur die Philosophie des *Philosophus,* sondern vielmehr die gesamte Philosophie *außer* derjenigen dieses Griechen steht im Einklang mit der Glaubenswahrheit.

Die Gleichung von Philosophie, den Philosophen und der durch den Glauben bestätigten Wahrheit, die Cajetan auch terminologisch schon bei Thomas beobachtete,[59] ist, wie wir gesehen haben, in seinen *dubia* zu Aristoteles' vorgeblicher Unsterblichkeitslehre grundsätzlich weitergeführt und im Verhältnis zu Thomas sogar erweitert. Jedoch war damit die Spannung, unter der der gesamte *De anima*-Kommentar steht, und die ich auf der Ebene des Kommentars als Spannung zwischen Wahrheit und Methode verstehe, für Cajetan nicht aufgehoben. Sein übriges Kommentarwerk legt dies nahe, insofern es, wie oben dargelegt, das Kommentieren als einerseits apologetisches Geschäft ausweist: In der Auffassung, dass ein Kommentar die Wahrheit des Textes gegen zeitge-

---

58 CaDA III, 2, nr. 121.

59 Cajetan, *Commentarium in Secunda Secundae* [STh. II-II, q. 172, a. 4], in: Sancti Thomae de Aquino opera omnia ..., ed. Leonina 10, Rom 1899, 381: „Et scito quod Auctor pluries glossat Aristotelem ut philosophum, non ut Aristotelem. Et hoc in favorem veritatis."

nössische Gegner des Kommentators zu verteidigen hat, trifft sich die Programmatik des Summenkommentars mit Cajetans *dubia* im dritten Teil des *De anima*-Kommentars. In der „humanistischen" und nach Siger von Brabant „philosophischen" Methode hingegen treffen sich die Bibelkommentare und die *expositio mentis Aristotelis* des *De anima*-Kommentars andererseits: Beide wollen unparteilich im oben erläuterten Sinne vom Text lernen und dessen eigenes Potential entfalten.
Die Spannung zwischen Wahrheit und Methode *und* die Notwendigkeit, sich für eine der beiden Maximen des Kommentierens zu entscheiden, durchzieht das Kommentarwerk Cajetans *in toto*; in seinem *De anima*-Kommentar finden wir dieselbe Spannung *en miniature*; und sie begegnet uns epochal in der Verarbeitung der erneuerten Theorie der ‚doppelten Wahrheit' zu Beginn des 16. Jahrhunderts.
Dass die Unsterblichkeit der Seele ein *problema neutrum* sei, ist die Formel, mit der diese Theorie der ‚doppelten Wahrheit' verbunden ist. Sie geht auf Pietro Pomponazzis *De immortalitate animae* zurück, und in diesen doktrinären Zusammenhang wurde Cajetans *De anima*-Kommentar durch seine ersten Kritiker gebracht.[60] In denselben Zusammenhang wurde er aber auch durch die moderne Historiographie gestellt, weil er sich kritisch äußerte, als die akademische Praxis der ‚doppelten Wahrheit' auf dem fünften Laterankonzil verurteilt wurde:

> „Der ehrwürdige Pater Thomas, General des Predigerordens sagte, dass der zweite Teil der Bulle, der den Philosophen vorschreibt, dass sie öffentlich die Glaubenswahrheit lehren sollen, nicht seiner Meinung entspricht."[61]

Nach unserem Gang durch Cajetans Kommentarwerk und nach den Beobachtungen, die wir an seinem *De anima*-Kommentar gemacht haben, scheint Cajetans Verhalten auf dem Konzil durchsichtiger zu werden. In seinem eigenen Werk nämlich ist die Spannung zwischen solchen Kommentaren, die um die Homogenität und Harmonie der Wahrheit bemüht sind, und solchen, die sich nicht primär von dieser Wahrheit sondern vom Text leiten lassen, aufrecht erhalten. Wenn damit wie bei

60 Gilson, *Autour de Pomponazzi* (wie FN 51), 195–230.

61 Concilium Lateranense V, Sessio 8, 19.12.1513, in: J. D. Mansi, *Sacrorum conciliorum … collectio*, Bd. 32, Paris 1902, 843: „Et reverendus pater dominus Thomas generalis ordinis Praedicatorum dixit, quod non placet secunda pars bullae, praecipiens philosophis, ut publice persuadendo doceant veritatem fidei."

Cajetan die Entscheidung für eine der beiden Maximen des Kommentierens nicht ausgeschlossen, sondern gerade gefordert wird, so haben wir seine Kritik an der kirchlichen Verfügung über die ‚doppelte Wahrheit' auch als Plädoyer für die Legitimität dieser Praxis des Kommentierens aufzufassen; als ein Plädoyer für zwei mögliche Ordnungen von Text und Kommentar.

Gassendis Kommentierung von Diogenes' Laertius *Vitae philosophorum* X – ein Beispiel für die Verwissenschaftlichung der Antike?

Michael Weichenhan

Was unter ,Verwissenschaftlichung der Antike' zu verstehen ist, lässt sich ohne Weiteres wohl nicht beantworten.[1] Der Ausdruck ,Verwissenschaftlichung' zeigt an, dass ein bestimmter Umgang mit der Antike, der dann als ,vorwissenschaftlich' zu gelten hat, durch einen anderen, eben den der Wissenschaft ersetzt wird. Was aber ist ,Wissenschaft'? Eine noch immer brauchbare Definition liefert Kant: „Eine jede Lehre, wenn sie ein System, d.i. ein nach Prinzipien geordnetes Ganzes der Erkenntnis sein soll, heißt Wissenschaft."[2] Also nicht nur als wahr einsehbare, d.h. begründete Aussagen (Erkenntnisse), sondern auch deren Systematizität, ihre durch Ableitung aus Prinzipien gesicherte Kohärenz ist gefordert.

Ein Streben nach einer wissenschaftlichen Darstellung in diesem Sinne charakterisiert die Historiographie des ausgehenden 18. und 19. Jahrhunderts;[3] sie prägt auf altertumswissenschaftlichem Gebiet das

---

1 Die nachfolgenden Bemerkungen sind als Vorlage für eine Sitzung der Arbeitsgruppe „Verwissenschaftlichung der Antike" im Rahmen des Sonderforschungsbereiches 644 „Transformationen der Antike" im Frühjahr 2009 entstanden. An der lockeren bzw. „essayistischen" Form, die freilich nur zu deutlich im Gegensatz zu dem Thema steht, hat der Vf. nichts verändert. Für freundliche Hinweise hat er zu danken Prof. Verena Lobsien und PD Dr. Lutz Bergemann. — Lateinische Zitate sind stillschweigend normalisiert; klassische Werke werden nach den gängigen Ausgaben zitiert.

2 *Metaphysische Anfangsgründe der Naturwissenschaft*, in: Werke, hgg. von W. Weischedel V, 11.

3 Vgl. H. White: *Metahistory. Die historische Einbildungskraft im 19. Jahrhundert in Europa*, Frankfurt/ M. 2008, 25–38 (zuerst engl. 1973); J. Rüsen, *Konfigurationen des Historismus*, Frankfurt/ M. 1993, bes. 39–64. Droysen kritisierte bekanntlich an der Geschichtsschreibung der Spätaufklärung die „völlig unsystematische

Konzept einer bestimmten Form von Enzyklopädie, die sich nicht als eine Anhäufung, Zusammenstellung (σύστημα) oder als ‚Aggregat' einzelner überprüfbarer Kenntnisse, sondern als ‚organischer' Zusammenhang von Teilen präsentiert, die ein Ganzes ergeben:
In kritischer Auseinandersetzung mit Friedrich August Wolf hatten Friedrich Schlegel[4] und insbesondere August Boeckh[5] ein solches ‚organisches', systematisches Konzept einer Wissenschaft von der Antike entwickelt. Eine – alle anderen überragende – Gestalt auf dem Gebiet der Philosophie stellt Hegel dar,[6] dessen Konzept der Philosophiegeschichte

und prinzipienlose Behandlung" (J. G. Droysen, *Historik. Vorlesungen über Enzyklopädie und Methodik der Geschichte*, hgg. von R. Hübner, München 1937, 4).

4 Vgl. F. Schlegel, *Kritische Ausgabe* XVIII, München 1963, 496, Nr. 256.

5 Vgl. die Forderungen an eine philologische Enzyklopädie, die Boeckh in Verbindung mit einer scharfen Kritik an Wolfs Konzept der Altertumswissenschaft in seiner 1877 von Ernst Bratuscheck publizierten *Encyklopädie und Methodologie der philologischen Wissenschaften* (bes. 39–44) formuliert hat: „Die Anordnung und der Zusammenhang dieser Theile ist etwas Wesentliches bei dem Aufbau der Encyklopädie, weil sich eben dadurch die Wissenschaft zu einem Ganzen gestalten muss. (39) [...] Es muss bei der Kritik erwogen werden, ob das, was aufgestellt ist, wirklich Disciplinen sind, und ob sie einzeln eine bestimmte Einheit des Begriffes haben, endlich ob sie auch wirklich unter den gemeinsamen Begriffe der Philologie fallen. Es fehlt aber sowohl den einzelnen aufgestellten Disciplinen als auch dem Ganzen, das sie bilden sollen, der wissenschaftliche Zusammenhang. Wenn Hegel die Philologie für ein Aggregat erklärt, so scheint sich dieses Urtheil auf Wolfs Darstellung zu begründen. [...] Ich selbst halte in der Regel von diesem blossen Begriffswesen wenig; aber hier kommt es offenbar darauf an. Denn die Philologie soll eine Erkenntniss des gesammten Alterthums geben; wie ist es aber möglich, das Alterthum klar und deutlich anzuschauen, wenn man bald die Organa der Forschung mit dem materiellen Theil vermischt, bald unsere Wissenschaft von der Sache mit der der Alten, sodann wieder unwesentliche Punkte so sehr hervorhebt und andere wesentliche zurückdrängt, bloss weil der Zufall die Ausbildung des Einen oder des Anderen bei dem einen oder andern Philologen befördert oder gehemmt hat. Die wesentlichen Punkte, aufgefunden durch einen streng wissenschaftlichen Gang, muss man hervorheben und so darstellen, dass stets die Einheit des Allgemeinen mit dem Besondern und das Leben des Besondern in dem Allgemeinen klar werde. Nur so kann die Wissenschaft organisirt werden, was also durch die Wolfsche Darstellung nicht geschieht" (43f.).

6 Zur Bedeutung Hegels als Philosophiehistoriker vgl. den jüngst erschienenen Beitrag von A. Ferrarin, *Hegels Idee einer Geschichte der Philosophie und Aristoteles,*

auch dort noch prägend ist, wo er selbst Gegenstand ‚historistischer' Kritik wird.

Verwissenschaftlichung vollzieht sich also in der diachronen Dimension als Systematisierung im Sinne der Rekonstruktion eines Wachstums- und Entwicklungsprozesses, als Herstellung eines logischen Zusammenhangs der Bestandteile (Kohärenz) in der synchronen Dimension. Die Enzyklopädie, kein bloßer Grundriss eines Faches mehr, wird in der Philologie zum *Ort* der methodischen Reflexion auf das historische Wissen und damit *das* Medium der Verwissenschaftlichung.[7] Was als ‚unwissenschaftlich' abgetrennt wird, sind bloße Gelehrsamkeit, Sammlung und Zettelkasten, auf denen eine topische Wissensordnung basiert.

Schematisch lassen sich beide folgendermaßen unterscheiden: Das gefundene Material wird hier in eine Fülle von Einzelnem zerlegt, es dient als ‚Stelle' und als ‚Argument', dort aber erscheint es als Teil eines Ganzen, auch wenn das Ganze womöglich unwiederbringlich verloren ist. Hegel bspw. verspottet die anachronistischen Ergänzungen an den Fragmenten früher griechischer Denker. Beispiele und Stellen stehen zur Verfügung für Argumentationen, die in der Gegenwart formuliert werden: Herrscher, Jurist, Politiker und Theologe benötigen das flexible und möglichst umfangreiche Reservoir von Beispielen, von ‚Fällen' und ‚Belegen', das im Zuge der Bildung angelegt und stets erweitert wird – nur ist das Einzelne nie ausschließlich Fall und Beleg eines, sondern mehrerer Sachverhalte. Erweist sich also hier die Kombinierbarkeit von Einzelnem als angestrebtes Ziel, so dort das Wiederauffinden des Zusammenhanges, in den das Teil gehört. Wissenschaft intendiert insofern die *eindeutige* Zuordnung, das topische Verfahren hingegen rechnet mindestens mit deren Variabilität und bewegt sich in revidierbaren Zuordnungen.

Topisch organisiertes Wissen ist in einem gewissen Sinne des Wortes ‚nominalistisch', es favorisiert den einzelnen Sachverhalt und tendiert

---

in: Die modernen Väter der Antike. Die Entwicklung der Altertumswissenschaften an Akademie und Universität im Berlin des 19. Jahrhunderts, hgg. von A. M. Baertschi/ C. G. King, Berlin/ New York 2009, 277–302, bes. 280–295.

7 Die unterschiedlichen Vorstellungen, die im Bereich der Philologie an den Begriff der Enzyklopädie geknüpft werden, hat dargestellt P. Hummel, *Histoire de l'histoire de la philologie. Étude d'un genre épistémologique et bibliographique,* Genf 2000, 219–322.

zur Anhäufung von Jedem und Allem, da jedes Detail, so unbedeutend es auch aussehen mag, brauchbar sein kann, ist somit also von der Gefahr der Orientierungslosigkeit bedroht. Systematisch organisiertes Wissen erscheint demgegenüber eher ‚realistisch', insofern Ganzheiten dem Einzelnen gegenüber Priorität besitzen, die es allererst als Teile auffassen lassen. Seine Gefährdung besteht in einem ‚physiognomischen' Verstehen, das mit abstrakten übergreifenden Entitäten wie ‚Stil', ‚Epoche', ‚Fortschritt' usw. wie mit transzendenten Subjekten operiert, die den Fakten, den beobachtbaren Teilen überhaupt Sinn verleihen.[8] Es tendiert zu glatten, harmonisierenden und auf dem Gebiet der Philosophie- und Wissenschaftsgeschichte zu internalistischen Darstellungen.[9] Schließlich ist die Beschäftigung mit der Vergangenheit im einen Fall selbstzwecklich, im andern Falle eher nützlich. Damit schließt die Verwissenschaftlichung im Sinne der Systematisierung und Rekonstruktion des umfassenden, eben des ‚organischen' Zusammenhanges der Einzelteile wieder an die Unterscheidung zwischen *ars* und *scientia,* τέχνη und ἐπιστήμη an. Denn diese hat ihr Ziel in ihrem kontemplativen Vollzug, während jene nach Lukians griffiger Formulierung eine Zusammenstellung von Erkenntnissen darstellt, die für das Leben nützlich sind.[10] Verwissenschaftlichte Antike ist insofern um ihrer selbst willen interessant, aber

---

8 Vgl. E. H. Gombrich, *Die Krise der Kulturgeschichte. Gedanken zum Wertproblem in den Geisteswissenschaften, München* 1991, bes. 58–62.

9 Aus dem Gebiet der Historiographie der Philosophie sei hingewiesen auf die Kritik, die Alain de Libera in *Penser au Moyen Âge,* Paris 1991, geübt hat; als exemplarisch für neue Formen wissenschaftlicher Philosophiegeschichte können bspw. seine *La philosophie médiévale,* Paris 1993, oder die beiden monumentalen Bände zur Philosophie der Aufklärung erwähnt werden, die Jonathan Israel publiziert hat: *Radical Enlightenment,* Oxford 2001, *Enlightenment Contested,* Oxford 2006. Unter den innovativen Ansätzen sei auch auf die von namentlich Dieter Henrich und Martin Mulsow initiierte Konstellationsforschung verwiesen; vgl. dazu den Band *Konstellationsforschung,* hgg. von M. Mulsow, M. Stamm, Frankfurt/ M. 2005.

10 Lukian, *De parasito* 4,3; 7,1: σύστημα καταλήψεων πρός τι τέλος εὔχρηστον τῶν ἐν βίῳ. Ähnlich in den Galen zugeschriebenen *Definitiones medicae* (Opera, ed. Kühn, XIX, 350).

gerade deswegen keine *„magistra vitae"* mehr:[11] Die Kanzlerin liest Benoit Mandelbrot, nicht aber *Die Staatshaushaltung der Athener*.[12] Selbstverständlich gehört Gassendis Epikur-Projekt nicht in diesen Zusammenhang.[13] Es ist nicht dadurch motiviert, eine Lücke des historischen Wissens von der hellenistischen Philosophie zu schließen oder gar – um an Hermann Usener zu erinnern – aus einer problematischen Überlieferung einen verlässlichen Text zu rekonstruieren, ohne sich dabei am Denker Epikur interessiert zu zeigen.[14]

---

11 Vgl. R. Koselleck, *Historia magistrae vitae. Über die Auflösung des Topos im Horizont neuzeitlich bewegter Geschichte,* in: ders.: Vergangene Zukunft. Zur Semantik geschichtlicher Zeiten, Frankfurt/ M. 1979, 38–66. Zur Begriffsgeschichte der beiden vieldeutigen Ausdrücke Geschichte und System liefert Material: D. R. Kelly, *Between History and System,* in: Historia. Empiricism and Erudition in Early Modern Europe, ed. by G. Pomata, N. G. Siraisi, Cambridge/ Mass. 2005, 211–237.

12 Vgl. *Auf Merkels Nachttisch. Welche Autoren die Kanzlerin in der Finanzkrise zitiert,* in: Die Zeit, 14.05.2009.

13 Zu Epikur vgl. den betr. Abschnitt im *Dictionnaire des philosophes antiques, publié sous la direction de R. Goulet,* Paris 2000, 154–182, v.a. aber M. Erler, *Epikur, Die Schule Epikurs, Lukrez,* in: Grundriss der Geschichte der Philosophie. Die Philosophie der Antike IV/ 1, Basel 1994, 29–490. — Einen Überblick über Gassendi bietet: O. Bloch, *Pierre Gassendi,* in: Grundriss der Geschichte der Philosophie. Die Philosophie des 17. Jahrhunderts. Band 2: Frankreich und Niederlande, hgg. von J.-P. Schobinger, Basel 1993, 201–232. Aus der kaum übersehbaren Literatur über Gassendi als Philosophen, Naturforscher und Gelehrten seien hier lediglich genannt: die beiden grundlegenden Werke v.a. zu Fragen der atomistischen Physik und der wissenschaftlichen Methode: O. Bloch, *La philosophie de Gassendi. Nominalisme, matérialisme et métaphysique,* La Haye 1971; S. Fisher, *Pierre Gassendi's Philosophy and Science. Atomism for Empiricists,* Leiden 2005; stärker den historischen Kontext, zu dem u.a. die „libertins érudits", aber auch der Mersenne-Kreis gehören, thematisieren J. S. Spink, *French Free-Thought from Gassendi to Voltaire,* London 1960; L. S. Joy, *Gassendi the Atomist. Advocate of History in an Age of Science,* Cambridge 1987; T. Gregory, *Genèse de la raison classique de Charron à Descartes,* Paris 2000 ; S. Taussig, *Pierre Gassendi (1592–1655). Introduction à la vie savante.* Brepols 2003; M. J. Osler, *When Did Pierre Gassendi Become a Libertin?,* in: Heterodoxy in Early Modern Science and Religion, hgg. von J. Brooke, I. Maclean, Oxford 2005, 169–192; A. Lolordo, *Pierre Gassendi and the Birth of Early Modern Philosophy,* Cambridge 2007, C. Wilson, *Epicureanism at the Origins of Modernity,* Oxford 2008.

14 H. Usener, *Epicurea,* Leipzig 1887, v: „Epicuro ut operam darem, non philosophiae Epicureae me admiratio commouit, sed ut accidit homini grammatico, li-

Von ihrer antiken Geschichte ist die Philosophie bei Gassendi, anders als bei Descartes oder dem Verfasser des *Discours sur la philosophie ancienne et moderne,* nicht getrennt, sie erscheint nicht als Vergangenheit des Denkens, das sich lediglich einmal als Philosophie verstanden hatte, ohne es noch zu sein. Gassendis Arbeiten zu Epikur verstehen sich als Verbesserung zeitgenössischen Denkens. Sie sind Rekonstruktion einer dezidiert nach-aristotelischen und – den etablierten Schulen der Akademie, des Peripatos und der Stoa gegenüber – kritischen Philosophie. Der komplexen epistemischen Situation, in der sich Gassendi befindet, wozu die Existenz von konkurrierenden philosophischen Schulen, wissenschaftlichen Theorien, aber auch politische Verhältnisse und Strategien der Selbstbehauptung, Felder möglicher theoretischer Problemlösungen usw. gehören, korrespondiert – jedenfalls teilweise – die angenommene Situation des Gegenstandes, der besser erkannt und historisch erhellt werden soll. Gassendis Epikur oder der Seneca des Justus Lipsius sind nicht allein Objekte wissenschaftlicher Neugierde oder eines Strebens nach Erkenntnis um ihrer selbst willen, sondern erfüllen in den gegenwärtigen Diskursen eine Funktion; sie sind *Personen,* nicht Kondensationskerne einer Summe zeitloser Gedanken.[15] Die Züge der restaurierten Gegenstände ähneln denen ihrer Restauratoren. Sie sind so etwas wie ein in eine Vergangenheit überführtes *alter ego,* an dem sich gewissermaßen aktuelle Denk- und Handlungsmöglichkeiten erproben lassen.[16]

---

brorum a Laertio Diogene seruatorum obscuritas et difficultas." Demgegenüber versichert Gassendi 1647 seinem Freund François Barancy, die philologischen Arbeiten (*grammaticationes*) seien lediglich die Vorarbeiten für das bessere Verständnis der Lehren Epikurs (Gassendi: *Anim.* I, 101). Vgl. FN 24.

15 Die Bedeutung der personalen Dimension der Philosophiegeschichte speziell für Gassendi zeigt sich deutlich an seinem starken Interesse an Biographien.

16 Prägnant formuliert bei S. Taussig, *La* Vie d'Épicure *par Gassendi,* in: Der Garten und die Moderne. Epikureische Moral und Politik vom Humanismus bis zur Aufklärung, hgg. von G. Paganini, E. Tortarolo, Stuttgart 2004, 139–159: „Gassendi confronte son propre «je» à un autre «je», situé dans une autre époque et dans un autre espace, un «je» qui est philosophe et dont les engagements invitent à trouver la bonne distance, comme un hors champs manifesté dans l'espace tridimensionel. [...] Son modèle, le philosophe, permet de parler de soi, y compris dans la dimension réflexive de ce moi qui est le philosophe Gassendi [...]" (155).

Der Garten Epikurs, so könnte man sagen, wird begehbar gemacht, um auch dieser Form antiken Philosophierens einen ihr angemessenen Ort zurückzuerobern. Geradezu exemplarisch formuliert Gassendi das entsprechende Verständnis von Geschichte als Darstellungsmodus (*rerum gestarum historia*), die Schwierigkeiten der Überlieferungen vergangener Tatsachen behebt, zugleich aber dem menschlichen Geist den Anhalt zu wissen gibt, was in der Zukunft zu erhoffen sei. Die Beispiele, die der Historiker aus der Vergangenheit destilliert, bleiben Beispiele; prinzipiell sind Vergangenheit und Zukunft folglich symmetrisch.[17]

Im Horizont der Fragestellung, inwieweit bereits in der frühen Neuzeit von einer ‚Verwissenschaftlichung' der Antike die Rede sein kann, ist im Blick auf Gassendi also davon auszugehen, dass dessen Behandlung Epikurs

- die ‚Objektivierung' des Gegenstandes insoweit anstrebt, als sie sich gegen ein negatives Klischee richtet und es zu destruieren trachtet,
- die zeitliche Differenz zwischen Antike und Moderne im Zuge der Interpretation dennoch weniger zum Verschwinden gebracht hat, als wie sie tendenziell verstärkt wird.

Die folgenden Überlegungen zu Gassendi als Historiker der Philosophie versuchen, auf einige Grundzüge der Rekonstruktion Epikurs aufmerksam zu machen, indem sie sie mit anderen Formen der philosophischen Geschichtsschreibung vergleichen. Dies geschieht zunächst (1) durch Unterscheidung von derjenigen, die für die Gegenwart noch immer als – freilich unterdessen oft kritisierter – Standard eines wissenschaftlichen Darstellungsmodus gilt und sich, mindestens in Deutschland, auf eine Problemstellung Kants zurückführen lässt. In einem nächsten Schritt (2) wird das Verhältnis Gassendis zur Vergangenheit demjenigen Descartes' gegenübergestellt und (3), von Patrizis kritischer Aristoteleslektüre ausgehend, zu zeigen versucht, dass ein entscheidender Faktor für die Ver-

17 „Historia certe est vitae lux, quippe quae non solum praeteritorum temporum obscuritatem discutiat confusionemque explicet, sed exemplis etiam innumeris instruat mentique ansam praebeat intelligendi ex praeteritis, quid sperandum sit de futuris: quis sit vitae statuendus finis, quo haec universa histrionia tendat, quorsum nihil novum aut stupendum sit." Op. V, 232[a/b].

wissenschaftlichung der antiken Philosophie im Abbau von Traditionen besteht (4).
Dies trifft selbstverständlich nicht allein auf Gassendi zu, allerdings ist wohl keinem Werk der frühneuzeitlichen Philosophiegeschichte eine derart andauernde Wirkung beschieden gewesen wie seinen Epikur-Studien. Diese basiert paradoxerweise wohl gerade auf denjenigen Passagen, die Gassendi selbst eher als mühselig und als Hilfsmittel für die Wiederherstellung des angesehenen Philosophen Epikur betrachtet hat, der historischen und philologischen Arbeit am Text des Diogenes Laertius.[18]

18 Die *Überlieferung* der *Vitae philosophorum* geht auf einen bereits lückenhaften (nach VII, 202) Archetyp des 8. Jahrhunderts zurück, von dem sowohl die in der Suda erhaltenen Notizen, das sog. „Magnum excerptum" und die Vulgata abstammen, die in einer Reihe von HSS v.a. des 15. Jahrhunderts greifbar ist und in Form des Cod. Raudnitzianus Lobkowicensis VI F.c. 38 (**Z**) der Editio princeps von 1533 zu Grunde liegt. Selbständig gegenüber dieser ist eine Familie von HSS, zu der der um 1400 geschriebene Cod. Laurent. 69,35 (**H**) gehört, von dem die Übersetzung des Ambrosius Traversarius abstammt (vgl. Diogenes Laertius: *Vitae Philosophorum libri X* vol. I, M. Marcovitch, Berlin/ New York 2008, ix-xvii). — *Editionen und Übersetzungen*: Die zwischen 1423 und 1432 angefertigte Übersetzung des Ambrosius Traversarius (Autograph [?]: Cod. Laur. Strozzianus 64) wurde 1472 in Rom, 1475 in Venedig gedruckt: *Laertii Diogenis vitae atque sententiae eorum qui in philosophia probati fuerunt*. Bereits vor dieser sehr einflussreichen Übersetzung existierte eine lateinische Übersetzung, die im 12. Jahrhundert vermutlich von Heinrich Aristipp angefertigt wurde und der ältesten mittelalterlichen Philosophiegeschichte zu Grunde liegt, die Walter Burley Anfang des 14. Jahrhunderts verfasste (vgl. M. Gigante, *Ambrogio Traversari interprete di Diogene Laerzio*, in: Ambrogio Traversari nel VI centenario della nascita, hgg. von G. C. Garfagnini, Firenze 1988, 370f.). Neben den zahlreichen Editionen der Ambrosius-Übersetzung in Bresca, Vendig, Paris, Nürnberg und Florenz erschien sie 1524 in Basel unter dem Titel *Diogenis Laerti clarissimi historici de vita et moribus philosophorum libri decem* mit einer kritischen Vorrede von Valentin Curio, die bereits über die Verbesserungen der Übersetzung an Hand von **Z** berichtet, die in die Ausgabe eingegangen sind. — Die *Editio princeps* des griechischen Textes (**f**) auf Grund von **Z** erfolgte 1533 in Basel bei Hieronymus Froben: „Διογένους Λαερτίου περὶ βίων δογμάτων καὶ ἀποφθεγμάτων τῶν ἐν φιλοσοφίᾳ εὐδοκιμησάντων βιβλία δεκα." Eine zweisprachige Ausgabe erschien 1570 in Genf: „Διογένους Λαερτίου περὶ βίων δογμάτων καὶ ἀποφθεγμάτων τῶν ἐν φιλοσοφίᾳ εὐδοκιμησάντων βιβλία ι' *Diogenis Laertii de vitis, dogmatis et apophthegmatitis eorum qui in philosophia clauerunt libri X* [...] *cum annotationibus Henrici Stephani*". Der Text von **f** ist durch andere HSS der

1.

Friedrich Albert Lange hat in seiner monumentalen *Geschichte des Materialismus* Gassendi den eigentlichen Erneuerer „einer ausgebildeten materialistischen Weltanschauung" genannt.[19] Daran ist richtig, dass der französische Naturforscher, Philosoph und Theologe sich der Rehabilitierung des Epikur verschrieben hatte und insofern einen Meilenstein in der Geschichte der Historiographie der Philosophie darstellt. Epikur wiederum galt nach der Auffassung des 19. Jahrhunderts als Autor *des* ‚materialistischen' Systems der Antike.[20]

Für lange Zeit ist Gassendi die verlässliche und stets konsultierte Quelle von Informationen über Epikur und den Epikureismus gewesen:

Vulgata verbessert, die Übersetzung eine Bearbeitung des Ambrosius. Eine zweite Auflage, vermehrt um Anmerkungen von Isaac Casaubon, erschien in Genf 1593 (und spätere Auflagen). – Die fortan wichtigste Edition ist die zweisprachige „Aldobrandiniana" bzw. „Romana": *Laertii Diogenis de vitis, dogmatis et apophthegmatitis eorum qui in philosophia clauerunt libri X Thoma Aldobrandino interprete*, Rom 1594, die den Text durch den von der Vulgata unabhängigen Cod. Neapolitanus Burbonicus III B 29 (**B**) verbessert. Sie liegt der Londoner Ausgabe zu Grunde, die 1664 mit den Anmerkungen der Genfer Ausgabe von Henricus Stephanus und Isaac Casaubon sowie denen von Meric Casaubon und Gilles Ménage in London erschien und in die zweibändige Wetstein- bzw. Meibom-Ausgabe (Amsterdam 1692) übernommen und durch Bemerkungen von Marcus Meibom ergänzt wurde. Diese Ausgaben bieten einen verbesserten griechischen und eine entsprechend korrigierte lateinische Übersetzung, die auf der des Ambrosius basiert. Die Wetstein-Ausgabe enthält weiterhin im ersten Band einen – äußerst fehlerhaften – „Catalogus editionum Diogenis Laertii" (**3sq.) sowie im zweiten Band (568^a–581^b) die Vorreden zu wichtigen Ausgaben. — Vgl. zu Editionen und Kommentaren des 17. und 18. Jahrhunderts E. Bury, *Les philologies de l'épicurisme*, in: Dix-huitième siècle 35 (2003), 17-28. Gassendi benutzte **f**, die Stephanus-Ausgabe, eine Ausgabe der Casaubon-Edition von 1593, die Aldobrandiniana sowie Abschriften von HSS, wozu u.a. der mehrfach verbesserte Codex Parisinus gr. 1759 (**P**) gehört. Vgl. *Anim.* I, 2f., sowie: K. Algra, *Gassendi et le texte de Diogène Laërce*, in: Elenchos 15 (1994), 79–103.

19 Geschichte des Materialismus, Iserlohn/ Leipzig 1887, 184.

20 „Materialismus" als philosophischer Terminus begegnet nach HWPh V, 842, zuerst in Johann Georg Walch: *Philosophisches Lexicon* [...] Leipzig 1726, 1735f.; Eigenschaften des Materialismus sind (a) Leugnung nicht materieller Substanzen, (b) Leugnung anderer Eigenschaften natürlicher Körper als Größe, Figur, Masse und Geschwindigkeit, was den im Sinne der neuzeitlichen Philosophie „primären" Qualitäten entspricht. Beides trifft auf Gassendi selbst nicht zu.

Die Darstellungen Thomas Stanleys, Pierre Bayles wie dann auch Jacob Bruckers basieren auf den Forschungen Gassendis,[21] über Hegel hinaus bis zur fulminanten Dissertation Karl Marx' über die „Differenz der demokritischen und epikureischen Naturphilosophie"[22] ist das Wissen um Epikur orientiert an seiner kommentierten Edition des 10. Buches von Diogenes Laertios und der philosophischen Rehabilitation im *Philosophiae Epicuri Syntagma.*[23] Aufgrund seiner Sympathie für den oft ge-

21 Th. Stanley, *Historia philosophiae* [...] Leipzig 1711, 924[a]–1109[b] (Übersetzung aus dem zuerst 1655, dann 1687 in London erschienenen englischen Original von Gottfried Olearius) ist als Auszug aus Gassendi gekennzeichnet; P. Bayle, *Dictionnaire historique et critique,* Amsterdam [5]1740 II, 364–376; J. Brucker: *Historia critica philosophiae a mundi incunabulis ad nostram usque aetatem deducta,* tom. I, Leipzig 1742, 1228–1317.

22 Promotion in Jena 1841; die Vorbereitungen zu dieser philosophiehistorischen Studie reichen bis 1839 zurück und sind dokumentiert in den Notizbüchern: MEW 40, 13–255. Marx benutzte die *Animadversiones.* Vgl. *Die Promotion von Karl Marx, Jena 1841. Eine Quellenedition. Eingeleitet und und bearbeitet von E. Lange* u.a., Berlin (Ost) 1983.

23 Gilles Ménage rechtfertigt die Kürze seiner Kommentierung des 10. Buches unter Hinweis auf die gelehrten Kommentare Gassendis und fügt die Bemerkung hinzu: „quid enim de Epicuri decretis quisquam proferre possit, quod Gassendus non viderit?" (*In Diogenem Laertium Aegidii Menagii observationes et emendationes* [...]. Amsterdam 1692, 444[b]). Als „philosophiae Epicureae nostra aetate instaurator" in der Lebensbeschreibung Stanleys bezeichnet, die der lateinischen Übersetzung seiner History of philosophy vorangestellt ist: *Historia philosophiae* [...], Leipzig 1711, c1[r]. Vgl. D. G. Morhof, *Polyhistor literarius, philosophicus, practicus, tom. II: Polyhistor philosophicus I,* c. 5, 3, Lübeck [4]1747, 27: „Ex his igitur fragmentis [sc.: ex Diogenis Laertii libro decimo] et Lucretiano poemate magno molimine concinnavit systema aliquod Epicureae Petrus Gassendus, quod est instar commentarii in librum illum decimum Diogenis Laertii. Multa sunt prolixe disputata in omnibus argumentis, tam physicis quam metaphysicis et moralibus, vel pro Epicuri doctrina, vel adversus illam, ubi illa Christianismo vel communibus philosophorum placitis repugnat." Noch Usener, dessen *Epicurea* einen neuen Abschnitt in der – nun ausdrücklich *rein* wissenschaftlich-philologischen – Geschichte der Erforschung des Epikur markieren, nennt Gassendi nicht nur „sospitator Epicuri", sondern hebt auch dessen Verdienste um den Text des Diogenes hervor – die freilich den Ansprüchen eines Philologen nicht erst des 19. Jahrhunderts nicht mehr genügen können (xvii). Zur Stellung Useners in der Geschichte der Epikurphilologie vgl. H. Diels, *Ein epikureisches Fragment zur Götterverehrung,* in: ders.: Kleine Schriften zur Geschichte der antiken Philosophie, hgg. von W. Burkert, Darmstadt 1969, 291 FN 1.

schmähten Philosophen, die sich über die 1649 publizierten *Animadversiones in decimum librum Diogenis Laertii* hinaus, die immerhin mehr als 1750 Seiten umfassten, in dem philosophischen Hauptwerk *Syntagma Philosophicum* unübersehbar niederschlug,[24] ist Gassendi selbst, wie eben exemplarisch bei Lange, oft vor allem als Erneuerer und Sprachrohr des Epikur gesehen und kritisiert worden. Dass dies, obwohl in mancher Hinsicht nicht unzutreffend, wiederum zu keinem adäquaten Bild des französischen Philosophen führen konnte, liegt auf der Hand: Gassendi erstrebte keine unmittelbare Restauration einer Strömung der hellenistischen Philosophie, die sich durch eine Reihe von Thesen auszeichnete, die für einen christlichen Autor selbst bei erheblicher Toleranz schlicht unannehmbar waren,[25] sondern die objektive, vorurteilslose und gerechte Beurteilung eines philosophischen Konzeptes, das diese Behandlung nach den Jahrhunderten der Diffamierung und Marginalisierung seiner Auffassung nach verdiente.

Dabei spielte nicht zuletzt der Gedanke eine Rolle, dass die verfemte Philosophie des Epikur mindestens in gleichem Maße mit der christlichen

---

24 Die Werke Gassendis werden, mit Ausnahme der *Animadversiones in decimum librum Diogenis Laertii* zitiert nach der Ausgabe: Petri Gassendi [...] Opera omnia in sex tomos divisa, Lyon 1658; Abkürzung: Op. + Band- und Spaltenzahl. Die *Animadversiones*, 1649 in Lyon erschienen (ND New York 1987) werden als *Anim.* + Band- und Seitenzahl zitiert. Weitere Abkürzungen: VME: *De vita et moribus Epicuri*, Lyon 1647 (ND 1968 Amsterdam), Op. V, 167–236; PES: *Philosophiae Epicuri Syntagma*, in den *Anim.* als Appendix altera abgedruckt, als eine Epikur in den Mund gelegte systematische Darstellung seiner Philosophie stilisiert, Op. III, 3–94; *Synt: Syntagma philosophicum*, Op. I – II; das posthum publizierte Werk ist nur teilweise als Rekonstruktion Epikurs zu verstehen und präsentiert sich als eine Darstellung der gesamten Philosophie, die sich freilich auf Epikur stützt. Auf die komplizierte Entstehung der Werke und die unterschiedlichen Bearbeitungsstufen wird hier nicht eingegangen; von besonderer Wichtigkeit ist die Entdeckung des 2. Teils des zwischen 1631 und 1645/46 entstandenen *De vita et doctrina Epicuri*, der Abhandlung *„De philosophia Epicuri universi“*; vgl. Palmerino, C. R.: Pierre Gassendi's *De philosophia Epicuri universi* Rediscovered, in: Nuntius 14 (1998), 131–162.

25 Im PES hat Gassendi diese Punkte markiert, z.B. die körperliche Existenz Gottes (Op. III, 14[b]), die Leugnung der Vorsehung (30[b]), die Unmöglichkeit der Schöpfung der Welt ex nihilo (16[b]), die Leugnung einer ersten Ursache, d.h. die Annahme einer materia actuosa (19[b]; 28[b]), die Unendlichkeit der Welten, die Ewigkeit des Universums (13[a]).

Lehre kompatibel war wie die bislang favorisierte des Aristoteles, sich im Unterschied zu dieser allerdings auch mit den naturwissenschaftlichen Entwicklungen der jüngsten Zeit vereinbar erwies.[26]

Grundsätzlich ist also das Interesse an dem verkannten Autor der Vergangenheit, dessen Werk es wieder zu entdecken und dessen philosophische Konzeption es zu rekonstruieren galt, mit der selbst philosophisch motivierten Suche nach Alternativen zum peripatetischen Denken verbunden, das er als dogmatisch erstarrt,[27] historisch überholt und von überzogenen epistemologischen Ansprüchen geprägt ansah.[28]

Bereits an dieser Stelle zeigt sich ein tiefgreifender Unterschied zu einer Form philosophischer Historiographie, die uns nicht nur vertrauter ist, sondern auch die Erwartung an eine *wissenschaftliche* Behandlung der Vergangenheit des Denkens bestimmt: der von Eduard Zeller 1856 in der *Philosophie der Griechen* definierte und nochmals 1888 bekräftigte Standard einer historischen, d.h. sachlich berichtenden und kausal erklärenden Darstellung, die auf methodischer Auswertung der Quellen basiert, aber – und das erscheint als entscheidend – aus ihnen keine Wahrheit

---

26 Das heißt nicht, dass Gassendi eine christliche Philosophie mit Hilfe von Epikur habe errichten wollen; allerdings empfindet er Epikur als keine schlechte Wahl für eine Philosophie, die neben der christlichen Lehre existiert. Eine vorsichtige Analyse bietet Bloch: *La philosophie* [s. FN 13], 291-302; 319–49; das bereits von Marx bemerkte – und abgewiesene – Streben Gassendis, sich nicht nur der Autorität der Kirche zu unterwerfen, sondern Epikur auch mit der christlichen Lehre in Einklang zu bringen, ist insbesondere von Margaret Osler eingehend besprochen worden in *Divine Will and the Mechanical Philosophy*. Cambridge 1994.

27 Vgl. insbesondere die Vorrede zu den *Exercitationes paradoxicae adversus Aristoteleos*: Op. III, 99–101; in einem Brief vom 8. Febr. 1630 erklärt Gassendi die Schulphilosophie als ein bloßes Schauspiel, das mit Philosophie im eigentlichen Sinne nichts mehr gemein hätte: „Quam philosophiam docemus in scholis, theatricam facere tenemur et nescio an cordatus vir ea professione delectari possit. Nihil certe minus dignum hoc nomine tanto quam quod philosophiam hodie nominant. Germana illa pene elapsa ex hominum manibus in umbra et silentio apud perpaucos hospitatur." (Op. VI, 30[a]). Sie hat, so wird Gassendi oft betonen, keine Bedeutung für die Gestaltung des Lebens und das Erreichen der Glückseligkeit: So bspw. Op. III, 99.

28 Vgl. insbesondere die grundsätzliche Kritik an der Wissenschaftstheorie des Aristoteles im letzten Kapitel der *Exercitationes*, die den Nachweis zu liefern versuchen, „quod nulla sit scientia, et maxime Aristotelea" (op. III, 192[a]–210[b]).

bezieht, sondern die nur selbst historisch wahr sein kann.[29] Die Vergangenheit bzw. ein bestimmter Ausschnitt wird so von der Erwartung entlastet, entweder Medium einer im Laufe der Zeit immer wieder verlorenen und neu gewonnenen Erkenntnis, oder aber, wie bei Hegel, in ihrer Gesamtheit ein kontinuierliches Vorscheinen derjenigen Einsicht sein, die erst in der Gegenwart die Gestalt der Klarheit gewonnen hat:
Sie ist im wahren Sinne des Wortes Vergangenheit, die es als solche adäquat zu erfassen gilt, wozu freilich auch nach Zeller philosophische Kompetenz unabdingbar ist. Obwohl diese einerseits auf dem Feld der Philosophiegeschichte im Dienste des Erfassens historischer Phänomene steht, handelt es sich andererseits doch nicht um eine bloß wünschenswerte Sachkenntnis. Vielmehr stellt sie eine notwendige Bedingung der historischen Arbeit dar, die zu allererst den Gegenstand, das *philosophische* Denken der Vergangenheit identifiziert, indem sie es von anderen Phänomenen der Kulturgeschichte unterscheidet. Auch bei Zeller muss deshalb das Wissen, was überhaupt Philosophie ist, der historischen Arbeit vorausgehen. Die Kritik an Hegels Konstruktion der Philosophiegeschichte, die Zeller übt, betrifft folglich die Linearität seiner teleologischen Konzeption, ohne aber selbst auf ein teleologisches Modell zu verzichten, sie betrifft darüber hinaus den „Passatismus" seiner Philoso-

29 E. Zeller, *Die Philosophie der Griechen in ihrer geschichtlichen Entwicklung* [...] *Erster Theil*, Tübingen ²1856, vii: „In der Behandlung meines Gegenstands habe ich fortwährend an der Aufgabe festgehalten, welche ich mir schon bei der ersten Bearbeitung desselben gestellt hatte, zwischen der gelehrten Forschung und der spekulativen Geschichtsbetrachtung zu vermitteln, die Thatsachen nicht blos empirisch zu sammeln, aber auch nicht von oben herab zu construiren, sondern aus der gegebenen Ueberlieferung selbst durch kritische Sichtung und geschichtliche Verknüpfung die Einsicht in ihre Bedeutung und ihren Zusammenhang zu gewinnen." Ebd., 8: „Das Gebiet der Geschichte ist daher seiner Natur nach von dem der Philosophie verschieden. Die Philosophie soll das Wesen der Dinge und die allgemeinen Gesetze des Geschehens erforschen, die Geschichte soll bestimmte, in einer gewissen Zeit gegebene Erscheinungen darstellen und aus ihren empirischen Bedingungen erklären. Jede von beiden bedarf der andern, aber keine kann durch die andere verdrängt oder ersetzt werden, und auch die Geschichte der Philosophie kann von einem Verfahren, das nur innerhalb des philosophischen Systems anwendbar ist, keinen Gebrauch machen." Ähnlich ders.: *Die Geschichte der Philosophie, ihre Ziele und Wege*, in: Archiv für Geschichte der Philosophie 1 (1888), 1–10.

phie, die deren weitere Entwicklung im Grunde ausschließt.[30] Historiographie philosophischen Denkens vollzieht sich deshalb bei Zeller *innerhalb* eines noch andauernden Prozesses. Da in ihm nur provisorische Blickpunkte eingenommen werden können, denen freilich eine Fortschrittstendenz unterstellt wird, wird auch die Vergangenheit des philosophischen Denkens zur unendlichen Aufgabe.[31] Wissenschaftliche Rekonstruktion der Philosophiegeschichte bleibt insofern ein genuin philosophisches Unternehmen – und gerade dadurch von einem nur gelehrten Interesse an der Vergangenheit um ihrer selbst willen verschieden.

---

30 Zu diesem Zug des Hegelschen Denkens vgl. insbesondere A. Kojève, *Hegel. Eine Vergegenwärtigung seines Denkens*, hgg. von I. Fetscher, Frankfurt/ M. 1975, 279f.; V. Hösle, *Hegels System. Der Idealismus der Subjektivität und das Problem der Intersubjektivität*, Hamburg 1998, 424–431. Der „Passatismus" – die wahre Philosophie markiert das Ende von deren Geschichte – findet sich auf philosophiegeschichtlichem Gebiet im Gefolge Kants (vgl. KrV B 834) pointiert formuliert bei Johann Christian Grohmann: *Was heißt: Geschichte der Philosophie?*, in: Neue Beiträge zur kritischen Philosophie und insbesondere zur Geschichte der Philosophie 1, Berlin 1798, 101: „Die Geschichte der Philosophie ist das Ende alles Philosophirens, und sie kann nur erst zu Stande gebracht werden, wenn eine wahre Philosophie zu Stande gebracht ist." Vgl. L. Braun, *Geschichte der Philosophiegeschichte*, Darmstadt 1990, 249–254, bes. 253.

31 Zeller, *Die Philosophie*, 16f.: „[...] so bleiben wir schliesslich in dem Kreise, dass nur der die Geschichte der Philosophie ganz versteht, der die vollendete Philosophie besitzt, und nur der zur wahren Philosophie kommt, den das Verständniss der Geschichte zu ihr hinführt. Dieser Kreis ist auch nie ganz zu durchbrechen: die Geschichte der Philosophie ist die Probe für die Wahrheit der Systeme und ein philosophisches System ist die Bedingung für das Verständniss der Geschichte, je wahrer und umfassender eine Philosophie ist, um so vollständiger wird sie uns die Bedeutung der früheren erkennen lehren, und je unverständlicher uns die Geschichte der Philosophie bleibt, um so mehr Grund haben wir, an der Wahrheit unserer eigenen philosophischen Begriffe zu zweifeln. Was aber hieraus folgt, ist nur dieses, dass wir die wissenschaftliche Arbeit auf dem geschichtlichen so wenig, als auf dem philosophischen Gebiete, jemals für beendigt halten dürfen, und dass wir uns bemühen sollen, die Geschichte aus dem universellsten und philosophisch begründetsten Standpunkt zu betrachten." Zu den Schwierigkeiten des „absoluten Begriffs" der Geschichte vgl. W. Schmidt-Biggemann, *Geschichte als absoluter Begriff*, Frankfurt/ M. 1991, 9–11; ders.: *Die Historisierung der „Philosophia Hebraeorum" im frühen 18. Jahrhundert. Eine philosophisch-philologische Demontage*, in: Historicization – Historisierung, hgg. von G. W. Most, Göttingen 2001, 104.

Deren ‚Verwissenschaftlichung' hat eine Philosophie zur Voraussetzung, die nicht nur ein historisches Ereignis im Sinne einer ‚Mode' oder des jeweils Neuesten ist, sondern die wahre Gestalt der Vernunft. An diesem Anspruch hält noch Zeller fest, wenngleich deren Erscheinung sich erst in einer unabsehbar fernen Zukunft ereignen wird.
Das Problem, das Hegel wie Zeller auf unterschiedliche Weise zu lösen versuchten, hatte bei Kant diejenige Form erhalten, die weit über das 19. Jahrhundert hinaus wirksam war und Diskussionen über Sinn und Gestalt der Philosophiegeschichte bis in die Gegenwart bestimmt. Kant, der die Pattsituation zwischen Rationalismus und Empirismus durch die Neubestimmung der Leistungen und Grenzen der Vernunft endgültig zu überwinden versuchte, unterschied zwischen dem, was man historisch lernen kann und dem, was allein durch Vernunft einzusehen ist.[32] Diese Unterscheidung ist schließlich zum Gegensatz zwischen „Genesis und Geltung" verschärft worden. Was Philosophie ausmacht, sind dann nicht die Geschichten, die man von und aus ihrer Vergangenheit erzählen kann, sondern das, was die Vernunft als sachlich richtig einsieht und darum gilt.[33] Historisches Wissen um eine Vergangenheit einerseits, die als Ansammlung historischer Gegebenheiten ‚sachlich' bedeutungslos ist, und die genuin philosophische Tätigkeit andererseits treten somit auseinander. Damit wurden, sofern nicht der

32 Kant, KrV B 863–867; für Hegels Programm einer philosophischen Historiographie der Philosophie stellt dies die grundlegende Problemstellung dar, die ihn eine nur „gelehrte" Darstellung von Meinungen wie die von Diogenes Laertios, Brucker und sogar des namentlich genannten Wilhelm Gottlieb Tennemann scharf zurückweisen lässt; vgl. G. W. F. Hegel, *Vorlesungen über die Geschichte der Philosophie,* in: Werke in 20 Bänden, Frankfurt/ M. 1978, XVIII, bes. 21–33. Hinsichtlich der Aufgaben und Ziele der Philosophiegeschichte besteht zwischen Tennemann und Hegel tatsächlich eine gewisse Übereinstimmung, vgl. Tennemann, *Geschichte der Philosophie Band 1,* hgg. von A. Wendt, Leipzig 1829, bes. xxii–xxiii. Leo Catana hat in einer gelehrten Studie unlängst das historiographische Profil Bruckers im Hinblick auf das idealistische System Hegels rekonstruiert: *The Historiographical Concept „System of Philosophy": Ist Origin, Nature, Influence, and Legitimacy,* Leiden 2008.

33 Vgl. bspw. A. MacIntyre, *The Relationship of Philosophy to its Past,* in: Philosophy in History. Essays on the Historiography of Philosophy, ed. by R. Rorty, J. B. Schneewind, Q. Skinner. Cambridge 1984, 31–48, sowie die Auseinandersetzung von Kurt Flasch mit Husserl und Tugendhat in K. Flasch, *Philosophie hat Geschichte 2: Theorie der Philosophiehistorie,* Frankfurt/ M. 2005, bes. 15–72.

Wert von historischer Reflexion überhaupt bestritten, all diejenigen Formen der Historiographie als ‚unphilosophisch' bzw. eben ‚unwissenschaftlich' disqualifiziert, die sich auf ihr Material einließen, ohne sich zuvor *einer* Philosophie vergewissert zu haben, die auf dem Meer der diversen Auffassungen, Überzeugungen, Lehren und Meinungen eine Orientierung ermöglicht. Folglich bemisst sich der wissenschaftliche Charakter der Historiographie dann sowohl an der Glaubwürdigkeit der Darstellung als auch daran, sich selbst als Philosophie zu vollziehen. Dies aber kann sie nur, wenn diese selbst historisch geworden ist.[34] Was Philosophie heißt, bestimmt sich dann selbst wiederum aus ihrer Geschichte. Zeller ist die gewisse Zirkularität dieses Verfahrens nicht entgangen.

2.

Auf die Trennung zwischen der Philosophie selbst und dem Wissen um deren Vergangenheit, die wiederum die Suche nach einer *philosophischen* Historiographie der Philosophie motiviert und im 19. Jahrhundert zur spezifisch geistesgeschichtlichen Gestalt der Philosophie überhaupt führt, hätte sich Gassendi ebenso wenig wie viele seiner Zeitgenossen eingelassen; eine prominente Ausnahme – die freilich Schule machte – stellt René Descartes dar. Mit Nachdruck koppelte dieser die philosophische Einsicht, die sich stets präsentisch vollzieht, von der *Überlieferung* vergangener Meinungen oder auch Erkenntnisse ab – der Unterschied kümmerte ihn nicht, weil auch die wahren Erkenntnisse der Vergangen-

34 Gegenüber Zeller deutlich zugespitzt bei H. Dilthey, *Das geschichtliche Bewusstsein und die Weltanschauungen*, in: Gesammelte Werke VIII, 12: „[...] alles, was in der seelischen Verfassung der Person gegründet ist, sei es Religion oder Kunst oder Metaphysik, spreizt sich vergeblich mit dem Anspruch auf objektive Gültigkeit. Die Weltgeschichte als das Weltgericht erweist jedes metaphysische System als relativ, vorübergehend, vergänglich." Die geistesgeschichtliche Fassung der Philosophie schließt auf historiographischem Gebiet dennoch Bereiche aus, die zu dem persönlichen Seelenleben eines Gelehrten des 19. Jahrhunderts nicht zu passen scheinen: die außereuropäische Philosophie, weite Bereiche des mittelalterlichen Denkens, die sog. Barockscholastik; die exakten Wissenschaften werden unterbelichtet und dort, wo ihre Behandlung tunlich scheint, unter dem Aspekt der „Weltanschauung" verhandelt. — Zur Historisierung der Philosophie im 19. Jahrhundert vgl. U. J. Schneider, *Philosophie und Universität. Historisierung der Vernunft im 19. Jahrhundert*, Hamburg 1998, bes. 94–127.

heit erst als solche identifiziert werden müssen. Wozu dann aber in der Vergangenheit nach ihnen suchen?[35] Seine Aversion bezog sich weniger auf explizit historiographische Werke als auf die in den philosophischen Handbüchern[36] konservierten und skrupulös abgewogenen Auffassungen von Autoritäten. Vor dem Hintergrund dieser dickleibigen Folianten, die vor dem Leser ein schwer zu durchdringendes Stimmengewirr von Diskussionen zwischen Autoren unterschiedlicher Richtungen der Philosophie entfachten und dabei ängstlich darauf bedacht schienen, keine jemals geäußerte Position unberücksichtigt zu lassen, lässt sich die Faszination ermessen, die von einer Philosophie ausging, die auf kürzestem Wege Ergebnisse präsentieren zu können versprach, die evident und somit sicher waren, folglich in den Strudel fortwährender Diskussionen auch nicht mehr hineingezogen werden konnten. Nicht allein Descartes selbst war davon zutiefst fasziniert, Gassendi hingegen nicht.

Descartes stellt damit eine Asymmetrie zwischen der Vergangenheit des Denkens und der Gegenwart her. Die Vergangenheit war präsent in Texten, und zwar gerade in solchen, wie sie der Schüler von La Flèche studiert hatte. Texte geben einen bestimmten Modus des Erkenntnisgewinns vor, der sich auf dem Feld der Interpretation abspielt, das von den geschriebenen Worten zum Erfassen und Einprägen des Sinnes von Behauptungen, schließlich zum Vergleich mit anderen reicht, aber nicht weiter als bis gewissermaßen an den Rand schriftlich dokumentierter Auffassungen. Bereits Patrizi hatte den durch sie, insbesondere durch die Unzahl der einander kommentierenden Kommentare, verstellten Bezug zur Realität analysiert und als ein Grundübel namentlich der peripa-

---

35 Nicht nur hinsichtlich der metaphysischen Tradition verhielt sich Descartes ablehnend; die Geringschätzung dessen, was vor ihm entdeckt wurde, erstreckte sich auch auf die Mathematik: vgl. z.B. die Bemerkungen im 2. Teil der Regula IV zur Algebra (Descartes: *Regulae ad directionem ingenii*, hgg. von L. Gäbe, Hamburg 1973, 168–174).

36 Exemplarisch bezieht sich Descartes auf die Darstellung der Dialektik des Aristoteles (AT 3, 185), d.h. in diesem Fall genauer: von Teilen des Organon, die Sebastião do Couto im Rahmen der Commentarii Collegii Conimbricensis bearbeitet hatte (zuerst Coimbra 1606), oder (11. Nov. 1640, AT 3, 233) auf die wiederholt aufgelegte *Summa philosophica quadripartita de rebus dialecticis, moralibus, physicis et metaphysicis* des Zisterziensers Eustache de Saint-Paul, zuerst Paris 1614.

tetischen Philosophie getadelt.[37] Stets wird der Geist in den Bahnen gehalten, die bereits beschritten wurden; die Einsicht, die ein Leser gewinnt, ist aus dem Abwägen anderer Einsichten (die damit eines partikulären und provisorischen Charakters überführt werden) heraus gewonnen. In seiner Ablehnung des Textstudiums als Weg zur Erkenntnis ähnelt die Einstellung Descartes' deutlich derjenigen Galileis. Diese Ablehnung hat Gründe, denn der menschliche Geist war ganz offensichtlich in der Lage, mit seiner Vernunft nicht nur Auffassungen anderer miteinander zu vergleichen, sondern die Realität zu erfassen, wenn er sich dabei bestimmter Methoden bediente.

Es kommt an dieser Stelle nicht darauf an, auf die vielen konzeptionellen Unterschiede einzugehen, die zwischen diesen Vertretern eines „modernen" Philosophierens bestehen, oder auch die Liste um andere (etwa Francis Bacon) zu verlängern,[38] sondern lediglich auf diese Asymmetrie hinzuweisen, die eine Reihe von Forschern, Gelehrten und Philosophen proklamierten, ohne Zweifel beeindruckt von Galileis wissenschaftlichen Traktaten (besonders des polemischen *Saggiatore*), der Keplerschen Astronomie und der spezifischen Form der Rezeption des Copernicus nach 1600. Sie lässt die Gegenwart nicht mehr als Fortsetzung des Vorangegangenen, sondern als eine eigenständige Gestalt erscheinen. Dadurch aber wird das, was gewesen ist, zu Vergangenheit im eminenten Sinne: ein *fremder* Gegenstand.

Auf philosophiehistorischem Gebiet hat dies vielleicht keiner deutlicher zum Ausdruck gebracht als der Autor eines historischen Abrégé, der der zweiten Auflage des voluminösen *Système de philosophie*[39] von Pierre Syl-

---

37 F. Patrizi, *Discussionum peripateticarum tomi IV*. Basel 1581, I, xiii, 165–168. Der 1. Band wurde bereits 1571 publiziert.

38 Die vielfältigen Interdependenzen zwischen Wissenschaften und Geschichte um 1600 und den verschiedenen Formen der Gelehrsamkeit im Zeitalter der Wissenschaften hat Anthony Grafton in vielen Publikationen detailliert untersucht; knapp zur hier gemeinten Konstellation: *Bring out Your Dead. The Past as Revelation*, Cambridge/ Mass. 2001, 97–107.

39 Die Arbeit am *Système* wurde 1680 abgeschlossen, die Druckgenehmigung erst zehn Jahre später erteilt (Paris 1690); hier zitiert nach der 2. Auflage unter dem Titel *Cours entier de philosophie ou système général selon les principes de M. Descartes*. Amsterdam 1691, die den philosophiegeschichtlichen *Discours sur la philosophie ancienne et moderne* enthält. Dessen Verfasserschaft ist freilich umstritten: Gregorio Piaia (in: Storia delle storie generali della filosofia, a cura di Gio-

vain Regis, des ebenso angesehenen wie angefeindeten Kommentators Descartes' in Paris, vorangestellt war. Aufgabe dieser vergleichsweise knappen Abhandlung war vor allem, den Leser darauf aufmerksam zu machen, dass es sich bei der Philosophie des Descartes um etwas prinzipiell Neues handelte. Polemisch gemeint waren damit die Verehrer der Antike, die entweder schlichtweg leugneten, dass der menschliche Geist auf seinem bisher höchsten Punkt angelangt sei, oder aber in Abrede stellten, dass dies als eine genuine Leistung der Copernicus, Galilei, Descartes und manch anderer anzusehen sei. Was neu erscheine, sei nichts als eine Wiederentdeckung von etwas, was die Antike bereits entwickelt habe. Regis – bzw. der jüngere Pierre Costa – hält beides für derart abwegig, dass es ihm genügt, mit einzelnen Bemerkungen die Haltlosigkeit dessen aufzuzeigen. Denn der Blick über die Geschichte der Philosophie zeigt: Über die von Platon und Aristoteles gelegten Ansätze sei das Wissen bis zur jüngeren Vergangenheit kaum hinausgekommen.[40] Auf diesem Gebiet ist eine *querelle des anciens et des modernes* somit entschieden und beendet.[41]

---

vanni Santinello, vol. 2, Bresca 1979, 90–99) schreibt ihn dem eine Generation jüngeren Protestanten Pierre Costa zu. Dies scheint u.a. der hohen Wertschätzung Gassendis wegen alles andere als abwegig.

40 P. S. Regis, *Cours entier* [...]. Amsterdam 1691, F2^{v}: „Si nous comparons maintenant la philosophie ancienne avec la moderne par rapport à l'étendue des connaissances, celle-ci est sans contredit préferable à celle-là: Car la philosophie ancienne n'a fait aucun progés dans la connoissance de la verité depuis Aristote, elle a été toûjours renfermée dans les notions fort générales, au lieu que la philosophie moderne remplit l'esprit d'une infinité de connoissances particuliéres, & c'est ce qui prouve invinciblement qu'elle est fondée sur de meilleurs principes."

41 Bloch: *La philosophie* [s. FN 13], 41, FN 66, zitiert aus Charles Perrault, *Les hommes illustres qui ont paru en France pendant le XVIIe siècle*, Paris 1701, I, 133f., die für das im *Discours* angesprochene Problem einschlägige Formulierung des Gegensatzes zwischen *modernes* und *anciens*: „L'un vouloit que tous ceux qui l'avoient devancé n'eussent presque rien connu dans les choses de la Nature; l'autre taschoit à faire voir par de favorables interprétations que les Anciens avaient pensé les mesmes choses qu'on regardoit comme nouvelles." Man könnte bereits auf die Vorrede in dem zuerst 1671 erschienenen 1. Teil des *Traité de physique* von Jacques Rohault verweisen, der Lehrer von Regis gewesen ist. Rohault stellte darin nicht nur die enormen Fortschritte in der Naturphilosophie, die durch Descartes ermöglicht worden waren, ins Licht, sondern wies

Am *Discour* überrascht, dass unter den Heroen der neuen Art zu philosophieren neben Descartes, Galilei und Copernicus auch Gassendi genannt ist. Dies nicht nur der Abneigung zwischen Gassendisten und Cartesianern wegen, sondern auch deshalb, weil Gassendi jedenfalls nicht den Anschein zu erwecken suchte, einen radikalen Bruch mit der Vergangenheit zu vollziehen.[42] Im Gegenteil: Sowohl in seinen publizierten Werken wie in den Briefen war er eher darauf bedacht, derartige Härten und Provokationen zu vermeiden. Sein großes Epikur-Projekt war – bereits die Wahl des Lateinischen zeigt es – alles andere als Ausdruck einer Emanzipation von den *antiqui*.

Es war ein Produkt der Abgrenzung von denen, die als „*recentiores*" zu gelten hatten, den mittelalterlichen und zeitgenössischen Scholastikern.[43] Damit nahm Gassendi Motive auf, die in der 1. Hälfte des 17. Jahrhunderts keineswegs neu waren.

3.

Grundsätzliche Kritik an Aristoteles, genauer gesagt an der Sterilität peripatetischer Philosophie, hatte bspw. Petrus Ramus geübt. Wahlweise belustigte oder ärgerte sich Galilei über die Aristoteliker seiner Zeit und beklagte die scheinbar unauflösliche Verbindung zwischen Theologie und Aristotelismus, wogegen wiederum Marin Mersenne protestierte.[44]

---

auch auf die Gründe für ihren Niedergang nach Aristoteles hin. Dazu zählt an erster Stelle die Überschätzung der Rolle von Autoritäten allgemein, speziell die allzu starke Verehrung des Aristoteles. Rohault, *Traité de physique*, Paris 1705, Aiij[a/b].

42 Vgl. Bloch: *La philosophie*, 40–49, sowie den umsichtigen Aufsatz von S. Mazauric, *À propos des anciens et des modernes: Descartes versus Gassendi*, in: Gassendi et la modernité, sous la direction de Sylvie Taussig, Brepols 2008, 499–517.

43 Vgl. die Polemik gegen Thomisten, Scotisten und Nominalisten in *Exerc.* I 2, op. III, 112[a].

44 M. Mersenne, *Quaestiones celeberrimae in Genesin*, Paris 1623, praef., macht die Brisanz des Streites um Aristoteles im Zusammenhang der neueren Naturphilosophie und Wissenschaften deutlich und versucht unmissverständlich, die Autorität der göttlichen Offenbarung bzw. der Wahrheit von der Autorität des Aristoteles zu unterscheiden: „plurimas vero quaestiones, quae alioquin curiosae videri possint, etiam agitasse, ut ostenderem Campanellae, Bruni, Telesii, Kepleri, Galilaei, Gilberti et aliorum recentiorum discipulis falsum esse, quod aiunt, doctores videlicet catholicos et theologos solum Aristotelem sequi et in

Justus Lipsius, selbst eher Eklektiker denn getreuer Anhänger der Stoa, favorisierte die Philosophie Senecas gegenüber der des Aristoteles.[45] In der Sympathie zu den Stoikern war ihm Juan Luis Vives vorausgegangen, dessen Abhandlung von den Ursprüngen der Philosophie[46] Aristoteles wie den Peripatetikern zwar ausgesprochen hohe Wertschätzung entgegenbrachte, aber die Tätigkeit des Philosophierens so weit fasste, dass sie als gemeinsames Gut der gesamten Menschheit zu gelten hatte, das nicht erst mit Thales oder gar mit Aristoteles in Erscheinung getreten war. Und bereits aus dem Programm einer Synthese aller bekannten Denkrichtungen, das Giovanni Pico della Mirandola als Diskussionsgrundlage für eine Art Weltkongress der Philosophen formuliert hatte,[47] ließ sich ersehen, dass Aristoteles eben nicht als der verstanden werden konnte, als den Averroes ihn gepriesen hatte, als Inbegriff alldessen, was überhaupt zu wissen möglich war, so dass Erkenntnis sich

---

eius verba iurare, licet experientiae atque phaenomena contrarium evincant: enimvero theologi nunquam ulli authori assentiuntur, si ratione careat, quippe qui soli Deo, ut supremo veritatis authori firmiter adhaerent et omnibus credunt, quae Deus per se vel per ecclesiam revelat atque credenda proponit, parati verbi gratia terrae motum, coeli quietem, solis, planetarum et stellarum elementa 4 vel etiam plura [...] vel atomos eorumque panspermia et compositionem [...] tollere, si illud scripturae sacrae veritati, ob quam omnia condita fuisse videntur, in quantum ad ipsum Deum veritatis patrem refertur, magis convenire iudicaverint."

45 Zu nennen sind dessen *De constantia* (ed. pr.: 1584), *Manuductio ad Stoicam philosophiam* (ed. pr.: 1604) *Physiologia Stoicorum* (ed. pr.: 1604). Lipsius ist Gassendi seit Anfang der 20er Jahre bekannt gewesen, vgl. Brief vom 08.04.1621, op. VI, 2[a]. — Zu Lipsius als Philosophiehistoriker vgl. M. I. Parente, *La storia della filosofia antica nella* Manuductio in Stoicam philosophiam *di Giusto Lipsio,* in: Annali della Scuola Normale Superiore di Pisa, Classe di lettere e filosofia s. III 16 (1986), 45–64; J. Lagrée, *Juste Lipse. La Restauration du stoïcisme,* Paris 2002, bes. 21–34. Zum Neustoizismus vgl. G. Abel, *Stoizismus und frühe Neuzeit,* Berlin/ New York 1978.

46 *De initiis, sectis et laudibus philosophiae* (ed. pr.: 1519), hier zitiert nach J. L. Vives: *Selected Works I: Early Writings,* ed. by C. Matheeussen, C. Fantazzi, E. George, Leiden 1987, 6–57. Zu den Stoikern § 37, S. 40: „Nullum veriorem hoc sapiente Christianum fore puto persuasis ei praeceptis nostrae religionis; quo faciliusne sit alter assensurus haud sciam."

47 Ioannes Pico Mirandula, *Conclusiones nongentae,* in: Opera omnia I. Basel 1557 (ND Hildesheim 1969), 63–113.

im Grunde als Interpretation der aristotelischen Schriften vollziehen musste. Aristoteles repräsentierte vielmehr nur eine Stimme antiken Philosophierens, eine Richtung unter anderen, ohne Exklusivitätsanspruch. Fällt ein solcher, so kann der Blick auf eine andere, als richtig erkannte Methode eröffnet sein.

Aus einem dogmatischen Schlummer kann man allerdings auch erwachen, ohne sogleich *das* Richtige zu ergreifen, sondern *vieles* Richtige bemerken. Gelegenheit bietet dazu das Feld der Geschichte.[48] Im Vorwort zu seinen *Exercitationes paradoxicae* hat Gassendi neben Ramus Vives und Pico als diejenigen genannt, die seine Lösung von der Schulphilosophie motivierten und ihn somit die philosophische Freiheit gewinnen ließen.[49] Solche Freiheit besteht darin, aus dem Vielen, was es an Philosophien bereits gab, auszuwählen.[50] In dieser Einstellung gleicht er den Lesern des Diogenes Laertius, Vives und Lipsius.

Eklektizismus ist eine andere Form der Distanzierung von der Vergangenheit als die von Descartes oder Regis beschriebene, denn im Unter-

---

48 In diesem Sinne äußert sich Gassendi bspw. in dem Brief vom 8. März 1630 an Jacob Gool (Golius), dem er von seinem Epikur-Projekt berichtet; beim Vergleichen der unterschiedlichen Auffassungen der einzelnen Philosophen sei ihm deren Größe deutlich geworden – und auch, wie viele Gemeinsamkeiten zwischen ihnen bestehen: „Quod caput est, pervideo, nisi prorsus hallucinor, maiorem fuisse virorum tantorum conspirationem inter se quam hominum vulgus opinetur. Verborum et plerumque dissidium, at quod res ipsas attinet, maxima est in maximis etiam celeberrimisque argumentis eorum consonantia." (Op. VI, 32[b]). In *Synt.* lib. prooem. (Op. I, 29[b]–30[a]) heißt es entsprechend: „Occasione hac interim insinuo (quod et nunquam non contestatus sum) nulli me sectae nomen dare, qui omnibus honorem habeo, et nunc hanc, nunc illam, si quid habere prae caeteris probabile videatur, sequor. Sola nempe est orthodoxa [...] catholica, apostolica, romana religio, cui unice haereo."

49 Op. III, 99.

50 Zum Eklektizismus vgl. W. Schmidt-Biggemann, *Theodizee und Tatsachen. Das philosophische Profil der deutschen Aufklärung*, Frankfurt/ M. 1988, 203–222; ders.: *Apokalypse und Philologie. Wissensgeschichten und Weltentwürfe der Frühen Neuzeit.* Göttingen 2007, 233–235. Zur Begriffsgeschichte der „libertas philosophandi" vgl. M. Muccillio, *La vita e le opere di Aristotele nelle „Discussiones Peripateticae" di Francesco Patrizi da Cherso*, in: Rinascimento 21 (1981), 53–119, hier 106–108 FN 2; zur Bedeutung jener libertas philosophandi für Gassendi vgl. Gregory: *Genèse*, 158–166.

schied zu ihr ist sie unmittelbar an Vergangenheit gebunden: Sie ist deren Reflexion.

Dass der Eklektizismus zuerst mit einem sonst unbekannten Autor namens Potamon aus Alexandria verknüpft ist,[51] erscheint insofern aufschlussreich: Er setzt die Präsenz des Gewesenen voraus, das sich in der Vielfalt der Überlieferungen der Schulen präsentiert, wie sie eine Bibliothek bietet. ‚Typus' des Eklektikers ist nicht der systematische Philosoph, sondern der Gelehrte. Weil er nirgendwo dazugehört, besteht seine Aufgabe darin, das jeweils Wahre im Stoff des Tradierten erst zu finden, und genau dies qualifiziert ihn, im Unterschied zu denen, die auf eine Richtung eingeschworen sind, zum eigentlichen Liebhaber der Weisheit.[52] Die *Historisierung* philosophischen Denkens wird so zur Bedingung einer spezifisch philosophischen Tätigkeit, derjenigen der *freien* Suche nach dem Ziel menschlichen Lebens. Für den Eklektizismus ist gerade diese Verknüpfung historischer Gelehrsamkeit mit einer praktischen Ausrichtung des Denkens konstitutiv. Niemand zeigt dies deutlicher als Montaigne,[53] aber sie prägt unübersehbar bspw. Lipsius und Gassendi auch dort, wo die Arbeit am Detail von Texten den Eindruck der Pedanterie oder der selbstzwecklichen Gelehrtheit erwecken könnte.

Als Gassendi unter dem Eindruck des Aristoteleskritikers Ramus und der Humanisten Pico und Vives, die ihn Weite und Verschiedenheiten philosophischer Reflexionen in der Vergangenheit wahrzunehmen lehrten, die Fixierung auf einen durch Thomas von Aquino geprägten Aristotelismus der Gegenwart überwand, war ihm das Standardwerk historischer Kritik an Aristoteles noch unbekannt, das Francesco Patrizi 1581 publiziert hatte – ein Werk, das zum Vergleich mit den Epikur-Studien

51 Diog. Laert., prooem. 21; vgl. J. Lipsius, *Manuductio ad Stoicam Philosophiam* I, diss. v; in: Opera omnia IV/2, Wesel 1675, ND Hildesheim 2003, 633.

52 Vgl. die Empfehlung unvoreingenommen eklektischen Suchens und Kombinierens auf Grund der Unvermeidlichkeit des Irrtums bei Johannes Gerardus Vossius, *De philosophia et philosophorum sectis*, Den Haag 1658, lib. II, c. 21, S. 110: „Quod si nemo est erroris expers, non tam videndum, quis aliquid dicat, quam quid aliquis dicat."

53 Vgl. z.B. den diesem Thema gewidmeten 26. Essai des 1. Bandes (Montaigne: *Essais* I, éd. par P. Michel, Paris 1965, bes. 224f.): Der Sinn der Aneignung von verschiedenen Meinungen, die deshalb die Freiheit gerade nicht beschränkt – „qui suit un autre, il ne suit rien" – besteht darin, besser und weiser zu werden: „Le gain de notre étude, c'est en être devenu meilleur et plus sage."

Gassendis deswegen herausfordert, weil es zu den Büchern gehörte, die er nachweislich studiert, aber unerwähnt gelassen hatte.[54] Patrizis *Discussiones Peripateticae* breiteten nicht nur eine mit vielen Registern gespielte fulminante Kritik an Aristoteles aus, sie waren –und sind – paradigmatisch für eine Kritik, die konsequent historisch vorging.
Gestützt auf eine immense Gelehrsamkeit, die ihn die Geschichte der peripatetischen Philosophie philologisch und historisch zu analysieren gestattete, hatte Patrizi nachgewiesen, dass es auf einem prinzipiellen Missverständnis sowohl der genuin aristotelischen Unterweisung wie auch des überkommenen *corpus Aristotelicum* beruhte, wenn sie ausgelegt wurden, wie dies erst unter dem Einfluss *des* Kommentators bei den lateinischen Autoren üblich geworden war: als ein geradezu unfehlbares Orakel.[55] Seine *Discussiones Peripateticae* schlugen eine andere, eine der

54 Vgl. Joy: *Gassendi* [s. FN 13], 32f., 42, 240, FN 32.

55 Nachdem er auf die Bemerkungen über die Aufgabe des Kommentators in den Kategorienkommentaren des Ioannes Philoponos – von ihm Ammonios Hermeiou zugeschrieben – (CAG XIII/1, 6) und Simplikios' hingewiesen hat, die eine unbefangene Prüfung (κρίσις ἀδέκατος) der Gedanken, aber keine sektiererische Anhänglichkeit gefordert hatten ([...] ὡς εἰς τὴν αἵρεσιν ἑαυτὸν ἐγγράψαντα τοῦ φιλοσόφου, Simplikios, *In Cat.*, CAG VIII, 7), fährt er fort: „Contrariam huic sententiam secuti sunt Averrois atque ab eo profecti Latini nominis philosophi, qui omnia Aristoteles dicta, omnes sententias, omnes dogmata, non nisi verissima, non nisi veluti ex tripode profecta oracula excepe-runt." Patrizi, *Discussiones* I xi, 151. Die Geschichte der aristotelischen Philosophie thematisiert Patrizi S. 145–163. — Stellen, auf die sich Patrizi bei Averroes beziehen dürfte, hat Lipsius später zitiert: (1) gekürzt und geringfügig verändert aus dem Prooemium des *Physikkommentars* nach der translatio nova (vgl.: Aristotelis opera cum Averrois commentariis IV, Venedig 1562, 4^{b}G–5^{a}E): „Aristoteles tres scientias invenit, logicam, naturalem, divinam, et nullus error inventus est usque ad hoc tempus, quod est mille et quingentorum annorum. Et talem esse unum hominem, potius est miraculosum quam humanum", (2) aus dem Kommentar zu *De anima* (III 14, ed. Crawford. Cambridge/ Mass. 1953, 433): „Aristoteles est regula et exemplar, quod natura invenit ad demonstrandam ultimam perfectionem humanam", schließlich (3), aus der *Destructio destructionis* I iii: „Aristotelis doctrina est summa veritas, quoniam eius intellectus fuit finis humani intellectus. Quare bene dicitur, quod fuit creatus et datus nobis divina providentia, ut sciremus, quidquid potest sciri" (Lipsius, *Manuductio* I, diss. iv, S. 631). Darüber hinaus kann auf folgende Passage der Kommentierung von *Meteor.* III 3, 373a19–32 verwiesen werden, an der Averroes die außerordentliche Kürze Aristoteles' verteidigt: „Gloria sit ei, qui ipsam [sc.: scien-

konkreten Person Aristoteles entsprechende und darüber hinaus den problematischen Zustand der Überlieferung berücksichtigende Art der Interpretation vor. Um festzustellen, was überhaupt zu den Lehren des Stagiriten gehörte, waren die ausufernden Kommentare untauglich; allein anhand der Texte des Aristoteles konnte dies entschieden werden. Damit änderten sich auch die Lesegewohnheiten: An die Stelle einer auf wenige Bücher und Passagen beschränkten Lektüre hatte die des ganzen Aristoteles zu treten. Zu bestimmten Auffassungen galt es Stellen zu sammeln und untereinander zu vergleichen, die belegen konnten, dass dies und jenes tatsächlich des Aristoteles Ansichten gewesen waren. Nur singulär bezeugte Meinungen waren mindestens verdächtig, und gänzlich außerhalb der Betrachtung mussten solche Lehren bleiben, die sich aus dem *corpus Aristotelicum* gar nicht erheben ließen. Das Prinzip lautete schlicht, Aristoteles aus sich selbst heraus zu interpretieren.[56] Dabei kamen Einstellungen zum Vorschein, die mit dem Bild des allwissenden Aristoteles nicht harmonierten, so der hypothetische Charakter mancher naturphilosophischer Aussagen, generell die Diskrepanz zwischen den Anforderungen an eine beweisende Wissenschaft, wie sie die *Analytica posteriora* aufgestellt hatten, und dem, was bspw. *Meteorologica* und *De caelo* faktisch bieten. In der fundamentalen Kritik, der er den ‚Aristotelismus' unterzog, zeigte Patrizi die Divergenzen, die zwischen dem Aus-

---

tiam] determinavit ab aliis in perfectione humana, et fuit id, quod cognitum ab aliis hominibus cum longa perscrutatione et difficultate maxima et multa sollicitudine, et id, quod est notum aliis faciliter est diversum ab eo, quia ipse novit. Et ideo multoties accidunt expositoribus difficultates in dictis huius viri, donec declaretur post longum tempus veritas sermonis eius, et quantum debilis fuit speculatio aliorum hominum in comparatione ad speculationem eius." (Aristotelis opera V, 452 A-B). Diese Stellen prägten bis Ernest Renan und Étienne Gilson nachhaltig das Bild des Averroes.

56 „[...] ut Aristotelis dogmata ex ipsiusmet verbis atque sententiis colligamus." Patrizi: *Discussiones...* I, xiii, 173. Dies setzt selbstverständlich die höhere Kritik voraus; Kriterien für die Echtheit stellt Patrizi in I iv, 37–38 auf. Der Grundsatz, jeder Autor sei sein geeignetster Interpret, geht bekanntlich auf die antike Homerphilologie zurück; er findet sich in den *Quaestiones Homericae* des Porphyrios (ed. Schrader, 297,16): ἀξιῶν δὲ ἐγὼ Ὅμηρον ἐξ Ὁμήρου σαφηνίζειν αὐτὸν ἐξηγούμενον ἑαυτὸν ὑποδείκνυον. Vgl. R. Pfeiffer, *Geschichte der Klassischen Philologie. Von den Anfängen bis zum Ende des Hellenismus*, München 1978, 276.

gangspunkt und den unterschiedlichen Richtungen seiner Kommentatoren bis in die Gegenwart bestanden.
Ein wichtiges Ergebnis dieser kritischen Bestandsaufnahme resultierte aus dem, in den Zusammenhang des philosophischen Denkens wieder eingeordneten und insofern ‚historisierten' Aristoteles, der weder die Vollendung des Wissens repräsentierte, noch als dessen Ursprung angesehen werden konnte, vielmehr ein Autor war, der vereinnahmte, was vor ihm gedacht worden war, sich auf der anderen Seite aber oft in Widerspruch zu älteren Lehren, namentlich zu denen Platons setzte,[57] ein Autor überdies, der wenig Sorgfalt auf die eigenen Texte verwandte[58] – und der, wie Patrizi mit einer Neigung zu Klatsch und desavouierenden Details bemerkte, die bereits antike Traktate transportiert hatten, in denen sich die unterschiedlichen Schulen gegenseitig zu demontieren trachteten, stotterte und kleine Augen hatte: ein sicheres Zeichen von Kleinkariertheit und mangelndem Großmut.[59]
Mit allen Mitteln zerstörte Patrizi das Klischee, das insbesondere die lateinische Philosophie seit Beginn des 13. Jahrhunderts unter dem Einfluss von Averroes und Alexander von Aphrodisias von Aristoteles aufgebaut hatte. Der von seinen Kommentatoren getrennte Philosoph verdiente im Unterschied zu ihnen zwar die Bezeichnung eines Philosophen, hatte sich aber oft geirrt und die Meinungen seiner Vorläufer entstellt. Die daraus erwachsenen Schäden waren, so gab Patrizi zu verstehen, nicht in der Weise zu heilen, dass sie auf dem Weg des Herausstellens der Übereinstimmungen zwischen Aristoteles und besonders Platon gleichsam überdeckt wurden.[60] Auch gegen ein solches interpretatori-

57 Dies thematisieren die Bände 2 und 3 der *Discussiones*.

58 *Discussiones* III i, 292: „Aristotelicos libros fere omnes tumultuario quodam opere ab eo conscriptos, nec satis a se ante obitum revisos, aut castigatos, castigandosque relictos Theophrasto acri veheret in eum odio."

59 *Discussiones* I i, 11: „Fuit autem Aristoteles lingua balbus, cruribus tenuibus, parvis oculis [...] quibus quidem signis, si physionomicam eius sequamur, μικροψυχίαν quandam et pusillanimitatem ex oculorum parvitate coniicere licet." Belege für diese Schilderung des Äußeren sind Plutarch, *Quomodo adolescens poetas audire debeat* $26^{B}6$; Diog. Laert. V i; vgl. (Ps.) Aristoteles, *Physiol.* 3, $808^{a}29$-31.

60 Zum Hintergrund, insbesondere Plethons Polemik und den nachfolgenden Schriften, vgl. Muccillio: *La vita e le opere,* 61–69.

sches Prinzip, das mehr oder weniger ausdrücklich bereits die neuplatonischen Kommentatoren der Antike angewandt hatten und das im Florentiner Platonismus gleichsam Standard geworden war, richtete sich Patrizis neue Art, Aristoteles zu lesen.[61] Der Einklang (*concordia*) nämlich, der zwischen Aristoteles und seinen Vorläufern bestand, war kein hermeneutisches Prinzip im Dienste einer die Unterschiede aufhebenden *philosophia perennis*, sondern charakterisierte eine Reihe von Aussagen, die Aristoteles sich angeeignet und in einen anderen Zusammenhang eingefügt hatte. Übereinstimmungen mit Platon erschienen insofern nicht als Indiz der platonischen Fundierung seines Denkens, sondern lediglich als Adaptionen von Auffassungen. Dass diese Aneignung fremder Gedanken häufig flankiert war von bissigen Bemerkungen und damit die Unlauterkeit des Philosophen illustrieren konnte, war nur die eine – und für Patrizi zweifellos alles andere als bedeutungslose – Seite. Auch die Abweichungen des Aristoteles von seinen Vorgängern befanden sich auf dieser Seite, die sehr zum Schaden wiederum für eine Philosophie erfolgten, die theologisch hätte fruchtbar sein können. Auf der anderen Seite stand die methodologisch grundlegende Einsicht, dass es sich in beiden Fällen um Beziehungen zwischen in Texten dokumentierten Auffassungen handelte. Das Ergebnis seiner peniblen Überprüfung von Konvergenzen und Divergenzen des aristotelischen Denkens mit dem seiner Vorgänger glich im Vergleich bspw. zu dem Bild, das Fonsecas Metaphysikkommentar[62] oder der Physikkommentar Benito Pereiras[63] entwarfen, eher einem Trümmerhaufen, denn es zeigte, dass Aristoteles nur *eine* Figur in der Geschichte der Philosophie gewesen war, keine sonderlich große, keine sympathische überdies; seine Lehren waren, richtig verstanden, und das heißt: sie waren ihrem Wortlaut gemäß, in

---

61 Vgl. *Discussiones* III i, 292, übernommen in das Geleitwort zur *Nova de universis philosophia* [...], Ferrara 1591, I,v^{b}.

62 P. Fonseca, *Commentariorum in libros metaphysicorum Aristotelis tomus I–tomus IV*, Rom u.a. 1577–1612; Köln 1615–1629.

63 B. Pereirus, *De communibus omnium rerum naturalium principiis et affectionibus libri quindecim, Rom* 1576, Paris 1579, Lyon 1585 usw. Zur philosophiegeschichtlichen Bedeutung vgl. P. R. Blum, *Benedictus Pererius: Renaissance Culture at the Origins of Jesuit Science*, in: Science and Education 15 (2006), 279–304.

der Antike übertroffen worden[64] und zudem mit den christlichen Auffassungen von Gott als dem Schöpfer der Welt unvereinbar.

4.

Hinsichtlich Aristoteles' trieb Patrizi massiven Traditionsabbau, eine hinreichende Bedingung wissenschaftlicher Objektivität. Erst nach Suspendierung der Geltungsansprüche, die jede der philosophischen Schulen erhebt, lässt sich der zu allen äquidistante Blick gewinnen. Freilich wurde dies kompensiert durch die Konstruktion einer Vorgeschichte, die den Ausgangspunkt der philosophischen Tradition bis auf Zoroaster zurückverlegte.[65] Gassendis kritische Auseinandersetzung mit Aristoteles, die er wegen drohender Konflikte abbrach, verfolgte ein ähnliches Ziel wie eine Reihe von Kritikern des herrschenden Aristotelismus, zu denen auch Patrizi gehörte. Die Kompensation aber erfolgte auf eine von dem Weg, den der Professor für platonische Philosophie eingeschlagen hatte, recht verschiedene Weise. Denn Gassendis Interesse richtete sich nicht auf einen „alten", sondern einen Philosophen, der *jünger* als Aristoteles war. Die Restaurierung des Epikur hat so mindestens indirekt die Funktion einer Kritik an Aristoteles bzw. dem gegenwärtig herrschenden Aristotelismus. Die Methoden allerdings, die er einsetzte, um aus dem fragmentarischen Textcorpus den Philosophen von Rang erstehen zu lassen, ähnelten – wie auch Lipsius' Rehabilitation der Stoiker – denen Patrizis historischer und kritischer Aristoteleslektüre.

Zunächst hieß das, die historische Gestalt des Epikur aus den Traditionen herauszuschälen, die meist ein negatives oder verzerrtes Bild von dem heiteren „Gartenphilosophen" gezeichnet hatten. Traditionskritik erbrachte deshalb bei Patrizi und Gassendi ein je spezifisch anderes Resultat: einmal den auf eine historische Größe reduzierten Aristoteles, einmal den von den entstellenden Übermalungen gereinigten Epikur, der sich – ganz im Unterschied zu jenem – als außergewöhnlich bescheiden erwies, von immensem Fleiß und beeindruckender Güte war. Wie bei Patrizi diente die Biographie dazu, Licht nicht nur auf den Philoso-

64 So summarisch am Anfang des 4. Bandes der *Discussiones* (S. 364) festgestellt.

65 Diese *prisca philosophia*, die zugleich die höchsten Geheimnisse der Theologie, das drei-eine Prinzip erfasst, zu der weder Peripatetiker, noch Epikureer und Stoiker einen Zugang hatten, hat Patrizi u.a. in II ix seiner *Nova de universis philosophia* (II, 18a–20b) skizziert und chronologisch zu situieren unternommen.

phen, sondern auf die Philosophie zu werfen – was im Falle Epikurs freilich bereits Diogenes Laertius praktiziert hatte.[66] Gassendi begnügte sich aber nicht damit, Epikur von den ihm zugeschriebenen Makeln zu befreien und in ein günstiges Licht zu setzen. Seine *vita Epicuri* trug alles verfügbare Material zusammen, um ein möglichst gesichertes und präzises Wissen von exakten biographischen Daten, mittels Testimonien über die bei Diogenes nur aufgezählten Werke, schließlich auch die Geschichte des antiken Epikureismus zu versammeln. Bei der Diskussion der Vorwürfe ließ er es nicht damit bewenden, sie zurückzuweisen, sondern nach deren Motiven zu suchen, also die Quellen auf ihre Glaubwürdigkeit hin zu prüfen. Darüber hinaus zeigte er, dass viele der Einstellungen, die an Epikur getadelt wurden, wie die ihm nachgesagte Feindschaft spezialisiertem Forschen gegenüber, keineswegs auf Epikur beschränkt, sondern auch anderen Philosophen eigen waren.
Es hieß weiterhin, die Auffassungen Epikurs sachgerecht zu rekonstruieren. Traditionsabbau als Bedingung wissenschaftlicher Objektivität bezieht sich nicht nur auf die Suspendierung der exklusiven Geltungsansprüche, die die Schulen erheben, die den für die neuzeitlichen Philosophiegeschichten – aber auch für Gassendis *Syntagma philosophicum* – charakteristischen Eklektizismus zur Folge hat, sondern auch auf Interpretationskontexte, die der betrachteten Philosophie fremd sind. Das ent-

66 Diog. Laert., X, 3–8 bietet einige Verleumdungen und Nachrichten, die geeignet sind, das Ansehen zu schmälern, wozu auch die despektierlichen Bezeichnungen anderer Philosophen zählen, geht dann aber nach der Feststellung, dies sei ‚abwegiges Gerede' (μεμήνασι δ'οὗτοι) dazu über, die unübertreffliche Wohlgesinntheit gegen jeden (ἀνυπέρβλετος πρὸς πάντας εὐγνωμοσύνη), seine Anerkennung, seine Standfestigkeit und Bescheidenheit hervorzuheben (9–14). Darauf folgt die eigentliche Biographie und der imposante Katalog der Schriften, die qualitativ von der Vielschreiberei des Chrysipp abgesetzt wird (15–28). Gassendi hält sich in VME I–II (Op. V, 173–191) im Wesentlichen an den in den Kapiteln 15–28 ausgebreiteten Stoff, der freilich anders arrangiert und v.a. durch Stellen aus der antiken Literatur angereichert wird, erweitert sie so zu einer aus den Quellen gesicherten Biographie. Hinzugefügt ist eine Liste bedeutender Epikureer vom Nachfolger Epikurs Hermachos bis in die Antoninerzeit. VME III–VIII schließen an die Kapitel 3–8 des Diogenes Laertios an, sie unterziehen die herabsetzenden Äußerungen insbesondere der Stoiker, Plutarchs und der Kirchenväter einer kritischen Prüfung und widerlegen sie im Einzelnen. In ähnlicher Weise war Lipsius in der *Manuductio* I xiv–xix (665–682) vorgegangen.

spricht dem interpretatorischen Prinzip *dogmata ex propriis verbis atque sententiis colligere*, das Patrizi auf Aristoteles angewandt hatte. Dies spielt bspw. eine Rolle in der Rekonstruktion der Atom- und Bewegungslehre Epikurs, die aus aristotelischer Sicht auf Grund des Kontinuitätsbegriffes (– der den Aufbau von Größen aus Teilen, die als unteilbar im Sinne des dimensionslosen Punktes gelten sollten, ausschloss –) und aufgrund der Verknüpfung von Ortsbewegung und Widerstand des Mediums als absurd gelten musste.[67] Demgegenüber machte Gassendi darauf aufmerksam, dass die Atomtheorie Epikurs auf einem Begriff des Atoms basiert, der physikalisch, aber nicht mathematisch ist – Atome sind Körper und unteilbar insofern, als sie diese physikalische Eigenschaft besitzen. Deshalb werden die Widerstände gegen die Atomtheorie, die auf den Aporien aufbauen, in die eine Konstitution endlicher Größen aus unendlich vielen Teilen führen würden, hinfällig.[68] Hier und an anderen Stellen wird deutlich, dass nicht einfach eine atomistische Position, sondern der im Zuge der Auseinandersetzung mit der Kritik Aristoteles' raffinierte Atomismus Epikurs rekonstruiert wird – die Kritik also, die bereits auf Kritik reagiert hat und die von den Einwänden des Aristoteles deshalb nicht ohne Weiteres getroffen wird.

---

67 Vgl. Epikur, An Herodot, 46, 61: Epikur argumentiert hier, dass Körper sich im Leeren bewegen können, ohne dass ihre Geschwindigkeit unendlich groß sein würde, wohl aber ist sie eine Maximalgeschwindigkeit, die sich in unfassbar kurzer Zeit vollzieht: ἐν ἀπερινοήτῳ χρόνῳ. Diese Geschwindigkeit ist für alle gleich: ἰσοταχύς. Dies bezieht sich kritisch auf Arist., *Phys*. IV 8, 215^a24–216^a21. Ausführlichere Darstellung in PSE II s. 1, c. 8 (Op. III, 17b–18b).

68 Vgl. z.B. Arist., *Phys*. I 4, 187^b33f.; Epikur hatte auch an dieser Stelle die Kritik des Aristoteles berücksichtigt (An Herodot 56–57), was bereits Galen (*De elem*. I; Kühn I, 419) ausdrücklich bemerkt hatte: ἀπαθῆ δ' ὑποτίθενται τὰ σώματ' εἶναι τὰ πρῶτά τινες μὲν αὐτῶν ὑπὸ σκληρότητος ἄθραυστα, καθάπερ οἱ περὶ τὸν Ἐπίκουρον, ἔνιοι δ' ὑπὸ σμικρότητος ἀδιαίρετα, καθάπερ οἱ περὶ τὸν Λεύκιππον. Vgl. auch Simplikios, *In phys*. (CAG 10, 925,13–25). Gassendi führt in *Synt*. II, s. 1, l. iii (Op. I, 256a–258b) die unterschiedlichen Auffassungen über den Unterschied zwischen dem älteren Atomismus und Epikur an, diskutiert verschiedene Interpretationsmöglichkeiten – bis hin zu dem Quasiatomismus Descartes' –, stellt dann allerdings fest, dass die einzige Interpretationsmöglichkeit in der Annahme von „insectibilia physica" bestünde (258^b). Eine Diskussion der Auffassung Epikurs von den Minima, die weitaus subtiler ist als an dieser Stelle der Anschein erweckt wird, bietet H. J. Krämer, *Platonismus und Hellenistische Philosophie*, Berlin/ New York 1971, 231–332.

Traditionsabbau erscheint bei Gassendi noch an einer anderen Stelle, und zwar gegenüber den im Humanismus unternommenen Anläufen der Rehabilitation Epikurs: Erinnert sei nur an so bekannte Beispiele wie Lorenzo Vallas *De voluptate sive de summo bono*,[69] an Erasmus' die *Colloquia familiaria* krönenden *Epicureus*, dessen These, dass der ein echter Anhänger Epikurs sei, der fromm und heilig lebe, von dem Epikur, der das Gerüst der neuen Philosophie des *Syntagma* bildete, so weit nicht entfernt war. Für Gassendis gelehrte Arbeit an Epikur spielten die Bücher des Nicolaus Hill,[70] David van Goorle,[71] Sébastien Basson[72] oder Daniel Sennerts *Hypomnemata physica*[73] unmittelbar keine Rolle, die wenig zuvor aus ähnlichen Motiven wie er selbst atomistische Lehren zu Ansehen gebracht hatten.

Ein solcher „negativer" Befund ist schwer zu interpretieren, da er viele Gründe haben kann und die Gefahr des Fehlgriffs besonders groß erscheint. Deshalb kann abschließend nur im Sinne einer Vermutung geäußert werden, dass diese Ausblendung der Vorgeschichte des eigenen Epikur-Projektes – Epikur *war* im Grunde kein hinter Missverständnissen und Vorurteilen völlig verborgener Autor mehr, und Gassendi wuss-

---

69 Die Einleitung von Eckhard Keßler zur zweisprachigen Edition (Lorenzo Valla: *Von der Lust oder vom wahren Guten, München* 2004) bietet u.a. einen Abriss der Epikur-Adaptionen auf moralphilosophischem Gebiet in der frühen Neuzeit (x–xx); vgl. v.a. H. Jones, *The Epicurean Traditon*, London/ New York 2001, 117–185 zu Mittelalter bis Gassendi; E. Garin, *Ricerche sull' epicurismo del quattrocento,* in: Epicurea. In memoriam Hectoris Bignone, Genova 1959, 217–231.

70 N. Hill, *Philosophia Epicurea, Democritiana, Theophrastica proposita simpliciter, non edocta.* Eine erste Auflage erschien 1601 in Paris, eine zweite 1619 in Genf. Von diesem einst viel gelesenen, freilich ziemlich chaotisch wirkenden Text, der aus einer Sammlung von 509 Sentenzen besteht, die nur zum Teil direkt „atomistisch" genannt werden können und starke alchimistische Einflüsse zeigen, bereitet der Philosophiehistoriker Lutz Bergemann eine kommentierte Edition vor, der den Vf. allererst auf Hill aufmerksam gemacht hat.

71 D. Gorlaeus, *Exercitationes philosophicae quibus universa fere discutitur philosophica theoretica et plurima ac praecipue dogmata peripateticorum evertuntur,* Lyon 1620. Vgl. C. Lüthy, *David Gorlaeus' Atomism, or: The Marriage of Protestant Metaphysics with Italian Natural Philosophy*, in: Late Medieval and Early Modern Corpuscular Matter Theories, ed. by C. Lüthy, J. E. Murdoch, W. Royall, Leiden 2001, 245–289.

72 S. Basson, *Philosophiae naturalis adversus Aristotelem libri XII*, Genf 1621.

73 D. Sennert, *Hypomnemata physica,* Frankfurt/ M. 1636, bes. hyp. III, p. 86–146.

te das, nicht zuletzt auf Grund der Sympathien, die ihm deswegen entgegengebracht wurden – dadurch motiviert war, dass sie das Programm der Restauration einer *antiken* Philosophie in Frage gestellt und eher in die Nähe einer Traditionsgeschichte gebracht hätte. Gassendi aber ging es offenkundig nicht darum, die Aktualität Epikurs auf diesem Wege zu belegen. Der Kontext, in dem er Epikur als eine für die Gegenwart attraktive Philosophie wiederherstellte, war die Antike. Oder anders ausgedrückt: Gassendi unternahm nicht den historiographisch reizvollen (weil subversiven) Versuch, die latente Präsenz epikureischer Gedanken dort freizulegen, wo man sie nicht vermutete, oder mindestens das Interesse hervorzuheben, das atomistische Gedanken mittlerweile zweifellos fanden.

Dies wird deutlicher, führt man sich vor Augen, dass sich Gassendis Hauptwerk über Epikur zunächst in der Form eines Kommentars präsentierte. Nun ist der Kommentar eine ausgesprochen prekäre Art von Texten, die sich vor allem dadurch auszeichnet, dass sie gegenüber einem bestimmten anderen Text sekundär ist, zu dessen besserem Verständnis sie beiträgt. Diese war bisher in erster Linie auf Texte aristotelischer, aber auch platonischer Herkunft angewandt worden und hatten deren bleibende Aktualität und damit deren Dominanz über die Zeiten hinweg gesichert.[74] Die Leser der drei stattlichen Bände der *Animadver-*

74 Die Kommentierung platonischer Schriften beginnt laut Proklos (*In Ti.* I, 76, ed. Diels) mit dem Timaeus-Kommentar des Mittelplatonikers Krantor von Soloi (ca. 340–275 a. Chr.); zur Platonexegese des 2. Jh. p. Chr. vgl. die schöne Detailstudie von B. Reis, *Der Platoniker Albinos und sein sogenannter Prologos. Prolegomena, Überlieferungsgeschichte, kritische Edition und Übersetzung,* Wiesbaden 1999, bes. 105–155; zu Methoden der Platonexegese des Neuplatonismus bes. I. Hadot, *Commentaire,* in: Simplicius. Commentaire sur les Catégories. Traduction commentée sous la direction de Ilsetraut Hadot. Fasc. 1, Leiden 1990, 29–34; vgl. auch die tiefgründige und gelehrte Behandlung des Parmenideskommentars des Proklos bei G. Radke, *Das Lächeln des Parmenides. Proklos' Interpretationen zur Platonischen Dialogform,* Berlin/ New York 2006. Zur Aristoteleskommentierung vgl. den gesamten Abschnitt „Aristote de Stagire" im *Dictionnaire des philosophes antiques* I; weiterhin: R. Sorabji, *The Ancient Commentators on Aristotle,* in: Aristotle Transformed. The Ancient Commentators and Their Influence, ed. by R. Sorabji, Ithaca 1990, 1–30; C. D'Ancona, *Commenting on Aristotle: From Late Antiquity to the Arab Aristotelianism,* in: Der Kommentar in Antike und Mittelalter, hgg. von W. Geerlings, C. Schulze, Leiden 2002, 201–251. Ein Repertorium mittelalterlicher lateinischer Aristoteleskommentare bietet Charles Lohr in einer

siones dürften sich an Meisterleistungen dieses Genres erinnert haben, an die Platon- bzw. Aristoteleskommentare der dem Platonismus zugehörigen Proklos und Simplikios, den Kommentar des Averroes zu *De anima* oder zur Metaphysik des Petrus Fonseca, oder auch an die Aristoteleskommentare des Jesuitenkollegs zu Coimbra. Zwar wurde der kommentierte Text nicht, wie bei diesen, in Abschnitte (*lemmata, textus*) zerlegt, sondern den Erläuterungen (*animadversiones*) vorangestellt, auf den mittels Seiten- und Zeilenangaben verwiesen wurde. Aber abgesehen von diesem etwas umständlichen Verfahren, da die philosophische Rekonstruktion zu viel Platz erforderte und wiederum durch Indices erschlossen werden musste, erhob Gassendi mit der Kommentierung den Gartenphilosophen in den Rang eines Meisterdenkers, eines Philosophen also, dessen (freilich dürftige) Überlieferung einer Form der Texterklärung unterzogen wurde, die paradigmatisch an den ‚Leuchten der Philosophie', Aristoteles und Platon, erprobt worden war. Dies erscheint umso auffälliger, zieht man in Betracht, dass Epikurs Texte sich von denen der beiden genannten durch eine Klarheit auszeichnen, die Erläuterungen geradezu überflüssig erscheinen lassen. Auf diese, ihm sympathische und dem änigmatischen Duktus Pythagoras', Platons und Aristoteles' kontrastierte Art der Darstellung, die eine Kommentierung unmittelbar erforderlich macht, hat Gassendi wiederholt hingewiesen.[75]

Artikelserie in Traditio 23–30 (1967–1974) unter dem Titel *Medieval Latin Aristotle Commentaries*, für Autoren zwischen 1500 und 1650 ders.: *Latin Aristotle Commentaries: II. Renaissance Authors*. Firenze 1988. Einen vorzüglichen Überblick über die gegenwärtige Forschungslage zu philosophischen Kommentaren bietet die Artikelserie von G. Guldentops, A. Speer u.a.: *Philosophische Kommentare im Mittelalter – Zugänge und Orientierungen,* in: Allgemeine Zeitschrift für Philosophie 32 (2007), 157–177; 259-290; 33 (2008), 31–57; zu den verschiedenen Facetten der Kommentierung bis hin zu dem von Martin Mulsow beleuchteten Gebiet des „Ioco-Seriösen" seit dem Humanismus vgl. *Der Kommentar in der Frühen Neuzeit*, hgg. von R. Häfner, M. Völkel, Tübingen 2006.

75 Diog. Laert., X 13: σαφὴς δ᾽ ἦν οὕτως, ὡς [...] ἀξιοῖ μηδὲν ἄλλο ἢ σαφήνειαν ἀπαιτεῖν. Vgl. Seneca, ep. 21, 8; von Gassendi unterstrichen in *Anim*. I, 2; VME VIII, 9 (Op. V, 232^{b}–234^{b}), und in *Synt*. (Op. I, 14^{a}–16^{a}); vgl. z.B. auch Jean-Baptist Du Hamel: *De consensu veteris et novae philosophiae*, Nürnberg 1681, 642: „Habet id commodi philosophia Epicuri, quod intellectu non sit difficilis nec multitudine terminorum involuta". Dem entspricht, dass der Adept des Epikureismus lediglich Kernsätze bzw. Grundlinien der Lehre verinnerlichen muss, während sich insbesondere der Platonismus tendenziell als religiös konnotier-

Freilich: Vergleicht man jene Kommentare mit denen Gassendis, so fallen sogleich eine Reihe von Unterschieden ins Auge. Anders als bei den genannten Beispielen spielt hier nicht ausschließlich die Erörterung inhaltlicher, philosophischer Aspekte eine Rolle. Es sind auch die Verbesserungen am unsicheren und fehlerhaften Text, die Teil der Kommentierung sind.

Gerade dies wurde mit der Bezeichnung *animadversiones* signalisiert. Bei solchen handelt es sich eben nicht um einen fortlaufenden philosophischen „*commentarius*", sondern um eher an die Form der Scholien erinnernde Bemerkungen, mit denen Philologen wie Julius Caesar Scaliger, Lipsius oder Claude Saumaise (Salmasius) bspw. auf Fehler in der Überlieferung oder aus anderen Gründen bemerkenswerte Stellen aufmerksam machten.[76] Wenngleich das Ausmaß der Bemerkungen diese Form an die Grenze ihrer Praktikabilität brachte, so verdeutlicht die Tatsache ihrer Verwendung, dass Gassendi auch in rein philosophischen Passagen den *Text* des Diogenes Laertius behandelte. Die *animadversiones* befanden sich gewissermaßen in der Mitte zwischen kritischen Anmerkungen rein philologischer Natur (*notae*) und einem philosophischen Kommentar, der

---

tes Kommentieren vollzieht; vgl. dazu M. Erler, *Interpretieren als Gottesdienst. Proklos' Hymnen vor dem Hintergrund seines Kratylos-Kommentars,* in: Proclus et son influence. Actes du Colloque de Neuchâtel Juin 1985, Zürich 1987, 179–217; I. Hadot, *Der fortlaufende philosophische Kommentar,* in: Der Kommentar in Antike und Mittelalter. Beiträge zu seiner Erforschung, hgg. von W. Geerlings, C. Schulze, Leiden 2002, 183–199, bes. 198f. Dass die Verehrung Epikurs als eines Heros, ja als einer Gottheit (Lucr. V 8) sich u.a. im Memorieren und Tradieren seiner Texte vollzog, haben Erler (*Epicurus as* deus mortalis. Homoiosis theoi *and Epicurean Self,* in: Traditions of Theology. Studies in Hellenistic Theology, its Background and Aftermath, hgg. von D. Frede, A. Laks, Leiden 2002, 159–181) und Baltes (*Nachfolge Epikurs.* Imitatio Epicuri, in: ders.: ΕΠΙΝΟΗΜΑΤΑ. Kleine Schriften zur antiken Philosophie und Homerischen Dichtung, hgg. von M.-L. Lakmann, München 2005, 111–133) gezeigt. — Der Philologe des 20. Jahrhunderts freilich hat auf jene Klarheit einen anderen Blick und beklagt den Stil Epikurs als schwer verständlich, was die Konsultation des Lukrez und anderer Interpreten unumgänglich mache: So Peter von der Mühll in der Vorrede seiner Epikuredition (*Epicuri epistulae tres et ratae sententiae.* Leipzig 1922, Stuttgart [2]1975, iii sq.).

76 J. C. Scaliger, *Animadversiones in historias Theophrasti,* Lyon 1584; J. Lipsius, *Animadversiones in tragoedias quae L. Annaeo Senecae tribuuntur,* Lyon 1584; C. Saumaise, *Notae et animadversiones in Epictetum et Simplicium,* Lyon 1640.

auf die Rechtfertigung der Lehren (*dogmata*) abzielte und dies, wie etwa die Aristoteleskommentare der *Conimbricenses*, in der Auseinandersetzung mit im Laufe der Zeit vorgebrachten Einwänden tat. Gassendi hingegen transportierte keine interpretativen Traditionen, sondern korrigierte den Text, tat aber auch alles, um das, was in ihm gesagt war, vor missverständlichen Interpretationen zu schützen und sie somit so plausibel wie möglich erscheinen zu lassen. Das aber hieß nicht, worauf schon hingewiesen wurde, sich mit allen Positionen Epikurs zu identifizieren.[77] Die „zerdehnte Situation", um den von Jan Assmann verwendeten Ausdruck aufzugreifen,[78] wird in einer solchen philologischen Art der Kommentierung also nicht durch Tradition gefüllt, so dass der Kommentar als deren letzter Ausläufer erscheint, sondern die Größe des Abstands zwischen Text und Leser wird sichtbar gemacht.

Insofern ist das Epikur-Projekt Gassendis nun doch in einem präzisen Sinne Dokument der Verwissenschaftlichung der Antike.
Zwar verfügte Gassendi als ein Schüler des Epikur auch über die Fähigkeit, einem interessierten Gebildeten wie dem hohen Beamten Louis-Emmanuel Valois im Stile eines Protreptikos diese Philosophie nahe zu bringen; die Veröffentlichung der lateinischen Briefsammlung zeigt, dass der „private" Gassendi Teil des Autors einer stattlichen Werkausgabe sein sollte. Aber der Weg zu Epikur, der nach den *Animadversiones* zu gehen war, stellte sich doch grundlegend anders dar als der, den jene Briefe beschreiten oder den Erasmus in seinen *Colloquia* beschritten hatte. Es war der Weg, der durch eine Unzahl von Belegstellen, durch Emendationen des verdorbenen Textes und Beobachtungen an Sprachgebrauch und Terminologie zu einem adäquaten Verständnis der Philosophie des Epikur führte. Auch dessen Garten bei Athen musste, wie es bei Warburg heißt, von Alexandria aus erobert werden.

---

77 Vgl. *Anim.* I, 102: „videri nempe non iam esse opus inscribendum *notas*, ne criticum merum viderar agere, sed potius *animadversiones*, quatenus hac voce intelligi possunt tum ipsae considerationes observationesque in Epicuri placita, unde illa evadere enucleatoria valeant; tum etiam non tam depravati textus castigationes correctionesque quam reprehensiones et redargutiones eorum dogmatum, quae cum germana pietate sacraque religione pugnant."

78 J. Assmann, *Text und Kommentar. Einführung*, in: Text und Kommentar. Archäologie der literarischen Kommunikation IV, hgg. von J. Assmann, B. Gladigow, München 1995, 9–33.

Der Koran – ein Kommentar ohne Text?

CATHERINA WENZEL

1. Franz Rosenzweig als Anlass

Mein Titel *Der Koran – ein Kommentar ohne Text?* ist durch Franz Rosenzweigs Überlegungen zum Islam in *Der Stern der Erlösung* veranlasst. Er schreibt dort:

> „Muhamed hat den Gedanken der Offenbarung vorgefunden und übernommen, wie man ein Vorgefundenes übernimmt, nämlich ohne es aus seinen Voraussetzungen zu erzeugen. Der Koran ist ein ‚Talmud', dem keine ‚Schrift', ein ‚Neues' Testament, dem kein ‚Altes' zugrunde liegt. [...] [D]er Koran ist ein Wunder in sich selbst, [...] während sowohl der Talmud wie das Neue Testament ihre göttliche Herkunft theoretisch beglaubigen durch den Zusammenhang mit dem ‚Alten Testament', der Talmud durch die behauptete durchgängige logische Ableitbarkeit daraus, das Neue Testament durch den behaupteten durchgängigen historischen Erfüllungscharakter ihm gegenüber."[1]

Franz Rosenzweig qualifiziert das koranische Offenbarungskonzept als religiös also ‚heidnisch' und ‚weltfromm', weil es keine innere Umkehr fordert, sondern lediglich die Ergebnisse der Vorgänger als Dogma rezipiert. Im Islam, so argumentiert Rosenzweig, geht es wie in einem pantheistischen System um die Aufhebung der Trennung von Welt und Gott, die dazu führt, dass entweder das Göttliche in der Welt oder das Weltliche in Gott verschwindet. Hier kann man Rosenzweigs Nähe zu Hegel in der Deutung des Islams sehen.[2] Sein Begriff der Religion ist negativ aufgeladen, und fungiert quasi als das Gegenteil zur Offenbarung.[3] Und wie der Hegelsche Idealismus stets in Rosenzweigs Denken präsent

1 F. Rosenzweig, F., *Der Stern der Erlösung*, Frankfurt/ M. 1988, 129.

2 Vgl. Y. Schwartz, *Die entfremdete Nähe. Rosenzweiges Blick auf den Islam*, in: F. Rosenzweig, ‚Innerlich bleibt die Welt eine'. Ausgewählte Schriften zum Islam, hgg., eingeleitet und mit einem Nachwort von G. Palmer und Y. Schwartz, Berlin 2003, 122. Vgl. G. W. F. Hegel, *Vorlesungen über die Ästhetik* I, in: Werke in 20 Bänden, Frankfurt/ M. 1970, XIII, 415.

3 Vgl. F. Rosenzweig, *‚Innerlich bleibt die Welt eine'*, 102.

ist, behandelt auch er den Islam wie Hegel als das Andere, das Fremde, dem er sich dennoch zugleich nah fühlt.[4] Obwohl Rosenzweig während des Ersten Weltkriegs in Mazedonien stationiert war und sich dort mit dem Islam beschäftigte,[5] muss man seine Argumente vor allem im Kontext seiner religionsphilosophischen Auseinandersetzung mit dem Hegelschen Idealismus und dem protestantischen Christentum zu verstehen suchen. So schreibt er z. B.:

> „Indem also Muhamed die Begriffe der Offenbarung äußerlich übernahm, blieb er in den Grundbegriffen der Schöpfung mit Notwendigkeit am Heidentum kleben".[6]

Im System von *Der Stern der Erlösung* hat der Islam jedenfalls zumeist die Funktion der Negation zu erfüllen.

Dass Franz Rosenzweig damit dem Koran nicht gerecht wird und wahrscheinlich auch gar nicht gerecht werden möchte, ist das eine. Das andere ist – und deswegen sind seine Äußerungen für mich interessant – , dass in letzter Zeit sowohl Islamwissenschaftler, als auch muslimische Gelehrte das Textsein des Korans zur Disposition stellen, obgleich mir kein anderer heiliger Text bekannt ist, der so selbstreferentiell ist und ständig seine eigene textuelle Verfasstheit thematisiert. Schwört doch der Koran bei sich selbst, beim Buch, der Schrift oder bei der Erinnerung.[7]:

> „Und so schwöre ich bei den Untergangsstätten der Sterne und siehe, wahrlich, das ist ein großer Schwur, wenn ihr es wüßtet, siehe es ist wahrlich ein edler Vortrag (Koran) in einem verborgenen Buch."[8]

Im Folgenden frage ich deshalb, 1. ob und in welchem Sinne man vom Koran als von einem Text sprechen kann oder ob er nicht vielleicht doch

4 Vgl. Y. Schwartz, *Die entfremdete Nähe*,123.

5 Vgl. G. Palmer, *Einleitung*, in: F. Rosenzweig, ‚Innerlich bleibt die Welt eine', 10f (vgl. FN 2).

6 F. Rosenzweig, *‚Innerlich bleibt die Welt eine'*, 81.

7 Vgl. die sureneinleitenden Schwüre bei der Schrift, bei dem Koran (Q 36,2; 38,1; 50,1), bei dem Buch (Q 43,2; 44,2), bei der Erinnerung (Q 37,3; 77,5) u. ä. Ich zitiere die Suren des Koran hier mit der Abkürzung Q, verwende aber im Text die vereinfachte deutsche Schreibweise: Koran.

8 Q 56,75–78. Aus: Der Koran. Aus dem Arabischen, übers. von Max Henning, Einleitung von E. Werner und K. Rudolph, Wiesbaden 1979. Die Koranzitate sind, wenn nicht anders vermerkt, dieser Ausgabe entnommen.

eher ein Kommentar zu etwas Unbestimmten ist? 2. ob der Koran nicht vor allem etwas Mündliches ist, wie Navid Kermani[9] nahelegt oder ob man ihn 3. nicht besser als eine Sammlung geschichtlicher Reden ansehen sollte, wie es Ömer Özsoy[10] vorschlägt.

2. Offenbarung oder Veröffentlichungen aus dem himmlischen Buch

Die Anselmsche Frage *Cur Deus Homo?* ist unter islamischen Gelehrten die Erforschung der *'asbāb an-nuzūl*, der Gründe oder Anlässe, zu denen Teile des Korans offenbart wurden. Es gibt verschiedene Worte, mit denen die Mitteilungen Gottes an einen Menschen ausgedrückt werden: z. B. *waḥy*, was die dem Propheten übermittelte Offenbarung meint.[11] Es ist schon in vorkoranischer Zeit nachweisbar und wird auch im Koran nicht nur auf die koranische Offenbarungen bezogen. Es kann auch die verwirrenden Eingebungen der Satane und Dschinnen,[12] die göttlichen Mitteilungen an frühere Propheten wie Noah, Abraham, Mose, Isaak und Jacob[13] ebenso meinen, wie die Offenbarungen an den Propheten Muhammad.[14] Sehr spezifisch für das koranische Offenbarungskonzept ist dagegen das semantische Feld, das durch die arabischen Begriffe *tanzīl* und *'inzāl* konstituiert wird.[15] Stefan Wild schreibt, daß der Gebrauch

---

9 Vgl. N. Kermani, *Gott ist schön. Das ästhetische Erleben des Koran*, München 2000.

10 Ö. Özsoy, *Die Geschichtlichkeit der koranischen Rede und das Problem der ursprünglichen Bedeutung von geschichtlicher Rede*, in: Alter Text – neuer Kontext. Zur Koranhermeneutik in der Türkei heute. Ausgewählte Texte, übersetzt und kommentiert von Felix Körner, Freiburg/ Basel/ Wien, 78–98.

11 Vgl. die Verwendung des substantivierten Verbs: Q 11,37; 20,114; 21,45; 23,27; 42,51; 53,4; vgl. dazu auch Th. Nöldeke, *Geschichte des Qorans, bearbeitet von Friedrich Schwally*, Bd. I, Hildesheim, New York 1961 (Nachdruck der 2. Auflage Leipzig 1909), 21; vgl. *A Concordance of the Qur'an* , ed. by Hanna E. Kassis, Berkeley 1983, 1264–1266.

12 Q 6,112 ; 6,121.

13 Q 42,52.

14 Q 4,163; 7,160; 10,78; 20,77. Oder man verwendet den Ausdruck, um einen göttlichen Befehl auszudrücken: vgl. Q 6,50; 6,106; 6,145; 10,15; 29,45; 33,2. Zur Verwendung von furqan = Erlösung, Unterscheidung vgl. Nöldeke, *Geschichte des Qorans*, 8.

15 Vgl. H. Wehr, *Arabisches Wörterbuch für die Schriftsprache der Gegenwart, arabisch-deutsch, mit Supplement*, Wiesbaden [4]1977:

von Wörtern, die von der Wurzel *nzl* abgeleitet sind, ein beträchtliches intertextuelles Kontinuum bilden:

> „As far as i can see, they are intimately linked to the time(s) of revelation, and they finally lead up to a specific concept of God's speaking to man. [...] The concepts of nuzūl, tanzīl, etc. are the very heart of the divine origin of Islamic religion: ‚Without this initial act on the part of god, there could be no religion in the Islamic sense of the word'."[16]

Die Verben sind in der Regel mit Substantiven verbunden, die auf einen geoffenbarten Text verweisen:[17] Koran, Buch (Schrift), Sure, Zeichen, Erinnerung, Unterscheidung,[18] Gebot Gottes, Weisheit oder Rechtleitung. Nach der Prophetenbiographie des Ibn Ishak gehörte *nazzala* (IV) zum Sprachgebrauch arabisch sprechender Juden, die Muhammad entgegnet haben sollen: Uns ist nicht bekannt, daß Gott irgendetwas nach Mose herabgesandt hat.[19] Und die ultimative Zurückweisung des Prophetenanspruchs Muhammads sollen die medinischen Juden so formuliert haben: Allah hat nichts herabgesandt.[20]

Wenn aber etwas herabgesandt wurde, dann kommt es stets von oben, vom Himmel auf die Erde hinab. Im Koran wird dieser Transfer so vorgestellt, daß Gott sendet aber nicht selbst Gegenstand des Herabsendens ist. Wie Franz Rosenzweig richtig beobachtet hat, offenbart Gott sich nicht selbst, denn das Wort *herabsenden* – so argumentieren später mus-

---

- nuzūl: Infinitiv des Verbs nzl im 1. Stamm: herabkommen, absteigen, Landung;

- tanzîl: Verbalnomen im 2. Stamm, meint auch das Ergebnis, nicht nur den Prozess, also auch den Inhalt, kann dementsprechend auch mit Herabsendung oder Inspiration übersetzt werden. Das Wort kommt 15mal im Koran vor: Q 17,106; 20,4; 25,25; 26,192; 32,2; 36,5; 39,1; 40,2; 41,2; 41,42; 45,2; 46,2; 56,80; 69,43; 76,23.

- 'inzāl (IV), beides je Infinitive für herabsenden, nach Wehr auch noch: Herabbringen, Stapellauf.

16 St. Wild, *'We have sent down to thee the book with the truth ...' Spatial and temporal implications of the Qur'anic concepts of nuzūl, tanzīl, and 'inzāl*, in: The Qur'an as Text, ed. by St. Wild, Leiden/ New York/ Köln 1996, 140.

17 Vgl. St. Wild, *'We have sent down...*, 139; vgl. *Concordance of the Qur'an*, 879–883.

18 Furqan.

19 Vgl. Abd el-Malik Ibn Hischam, *Das Leben Mohammed's nach Mohammed Ibn Ishak*. Aus dem Arabischen übersetzt von Gustav Weil, Bd. 1, Stuttgart 1864.

20 Q 67,9.

limische Gelehrte – beinhaltet eine Bewegung, einen Ortswechsel, und das kann man nur von Körpern aussagen. Zudem differenziert der Koran nicht zwischen einem Himmel in einem physischen und in einem spirituellen Sinne, wie im Englischen.[21] Deshalb denkt man sich, dass sich der geoffenbarte Text in einer Urschrift im Himmel, der Mutter des Buches befindet.[22] In Q 3,7 werden die Koranverse geradezu mit den Versen in der Urschrift identifiziert, wobei dies nur für die eindeutigen Verse gilt.[23] Die Urschrift steht nach Q 85,22 auf wohlverwahrten Tafeln (fī lauḥin maḥfūẓin).

Diese zuletzt genannte Stelle hat eine enge intertextuelle Beziehung zu Ex 24,12, da auch dort von den Tafeln die Rede ist, die Mose oben auf dem Berge von Gott übergeben werden:

> „Der Herr sprach zu Mose: Komm herauf zu mir auf den Berg und bleib hier! Ich will dir die Steintafeln übergeben, die Weisung und die Gebote, die ich aufgeschrieben habe. Du sollst das Volk darin unterweisen."[24]

Weitere religionsgeschichtliche Parallelen hinsichtlich der Verortung der Schrift vor ihrer Veröffentlichung gibt es neben Henoch 93,2 und mehreren Erwähnungen im Buch der Jubiläen, auch bei den Elchasaiten.[25] Das Buch Elchasai war bei mehreren judenchristlichen Gruppierungen in

---

21 Eine Differenz, wie wir sie im Englischen zwischen heaven und sky haben, gibt es nicht. Vgl. St. Wild, *'We have sent down...*, 142. Der Koran spricht ebenso häufig davon, dass Gott den Regen herabsendet, er schickt sein göttliches Wort, aber auch Strafe; oder es wird auf die alttestamentliche Sinaitradition rekurriert und berichtet, dass Gott Manna und Wachteln herabsendet oder er greift in die Geschichte ein, indem er seine Engel, Boten und Propheten sendet und auch mal seine Autorität (sultan).

22 Umm al-kitab, vgl. Q 3,7; 13,39; 43,4; 56,77.

23 Das gilt nach Paret und Horowitz nur für die Verse, die als eindeutig gelten und nicht ausgelegt zu werden brauchen.

24 Wenn nicht anders vermerkt, zitiere ich die Bibel nach der Einheitsübersetzung.

25 Vgl. A. G. Hoffmann, *Das Buch Henoch in vollständiger Uebersetzung mit fortlaufendem Commentar*, Jena 1833–1833: Hen 47,3: „Zu dieser Zeit sah ich das Haupt der Tage, während es saß auf dem Throne seiner Herrlichkeit; das Buch des Lebens ward geöffnet in seiner Gegenwart, und alle die Mächte, welche über den Himmeln waren, standen um und vor ihm." Hen 93,2: „was mir in dem himmlischen Gesichte gezeigt worden ist, und was ich durch das Wort der Engel weiß, und aus den himmlischen Tafeln gelernt habe."

Gebrauch, bezeugt von Hippolyt, Epiphanius und Origines.[26] Hippolyt berichtet, daß ein gewisser Alkibiades sich nach Rom begab und dabei ein Buch mitbrachte.

> „Von dem behauptete er, es habe Elchasai, ein gerechter Mann, aus Seres im Partherlande bekommen und es an einen gewissen Sobiai weitergegeben. Besorgt habe es ein Engel; dessen Länge betrug 24 Schoinen = 96 Meilen (, seine Breite vier Schoinen, die Entfernung von Schulter zu Schulter sechs Schoinen, seine Fußspuren $1^1/_2$ Schoinen = 14 Meilen in der Länge, $1^1/_2$ Schoinen in der Breite und einen halben Schoinos[27] in der Höhe."[28]

Epiphanius überliefert in seiner Beschreibung damaliger Häresien ferner:

> „‚Und woher', sprach er, ‚wußte ich die Maße?' – ‚Davon', antwortete er, ‚daß ich an den Bergen sah, wie ihre Köpfe heranreichten, und nachdem ich das Maß des Berges festgestellt hatte, kannte ich auch die Maße Christi und des Heiligen Geistes."[29]

Nicht nur, dass es hier ganz offensichtlich um ein himmlisches Buch geht das vermittelt von einem Engel auf die Erde gegeben wurde, der Engel muss auch entsprechend groß sein, damit er an die göttliche Sphäre heranreicht und der Transport auf sicherem Wege erfolgen kann. Ebenfalls auffällig ist, dass in einer sehr frühen Schilderung von der Berufung Muhammads bei at-Tayalisi auch von zwei Engeln die Rede ist, die entsprechend groß gedacht sind, während später nur noch von Gabriel gesprochen wird:

---

26 Die Überlieferung eines Wortspiels macht außerdem wahrscheinlich, dass das Buch Elchasai ursprünglich in aramäischer Sprache geschrieben war. Vgl. Nöldeke, *Geschichte des Qorans*, 8: Muhammads Anhänger wurden von den Ungläubigen Sabier genannt, was auf die Mandäer oder Elkasaiten bezogen werden kann. Bei der Identifizierung vermeintlich vertrauter Elemente ist generell Vorsicht geboten. Nach Francois de Blois sind die im Koran erscheinenden nasâra keine orthodoxen Christen, sondern Judenchristen, die in der Spätantike an der Peripherie des byzantinischen Reiches weiter bestanden. Bei durchlässigen religiösen Grenzen dürfen christliche Faktoren bei der Entstehungsgeschichte des Korans nicht übergangen werden.

27 Ein Schoinos = 6,3 km (das ist eine ägyptische Einheit - atur).

28 Hippolyt, Ref. 9,13, in: J. Irmscher, *Das Buch des Elchasai*, in: E. Hennecke/ W. Schneemelcher, *Neutestamentliche Apokryphen, Bd. II, Apostolisches, Apokalypsen und Verwandtes*, Tübingen [5]1989, 621.

29 Epiphanius, haer. 30,17,7.

„Dann sah er an einem anderen Tag Gabriel gegen die Sonne, mit seinem einen Flügel im Osten, mit seinem anderen Flügel im Westen, und er war durchzuckt von Angst vor ihm. ... Als er umkehren wollte, waren Gabriel und auch Michael da. Gabriel kam auf die Erde, Michael blieb zwischen Himmel und Erde."[30]

Wenn meine Vermutung stimmt, dann wäre hier die Buchsendung und die Berufung des Propheten konzeptionell in ein enges Verhältnis gebracht. Im Falle des Korans ist es erst ein anonymer Gesandter, dann Gabriel, der das Wort zum Propheten bringt und ihn das Rezitieren lehrt.[31]

Bei der Übertragung aus dem himmlischen Buch wird der Text entweder von einem Mittler oder vom Propheten in die Zungen der jeweiligen Hörer übersetzt.[32] Im Buch Exodus und im Bericht des Hippolyt werden die Tafeln oder das Buch als Ganzes herabgegeben und sie liegen dann in schriftlicher Form vor. Das aber ist im Falle des Korans anders. Stellten doch Muhammads Gegner sehr gezielt die Frage danach, warum der Koran eben nicht auf einmal herabgesandt wurde, wie die Tora, das Evangelium oder die Psalmen.[33]

Und es sprechen, die da leugnen:
,Wär ihm nur zugesandt der Koran
Auf einmal als Ganzes!'
Wir aber sandten so ihn einzeln,
Damit zu kräftigen dein Herz
und sangen ihn dir sangweis.[34]

Koranexegeten haben sich also u. a. damit zu beschäftigen, was denn die erste und was schließlich die letzte himmlische Sendung gewesen sein mag und wie oft Gott seine Botschaften transferiert hat.[35]

„Einige behaupten, der Prophet habe den Qoran in einzelnen Buchstaben und Versen [...] erhalten [...]. Nach anderen sollen jedesmal ein oder zwei

30 H. Birkeland, *The Legend of the Opening of Muhammed's Breast*, Oslo 1955 (deutsche Übersetzung von C.W.).

31 Q, 2,97; 2,98; 66,4 (Gabriel wird insgesamt nur diese dreimal erwähnt).

32 Q 14,4.

33 Vgl. St. Wild, S., *'We have sent down...*, 146f. Vgl. Q 3,3.

34 Q 25,32 in der Übersetzung von Friedrich Rückert.

35 Zum Verhältnis des ganzen Korans zu den einzelnen Teilen vgl. A. Shnizer, *Sacrality and Collection*, in: The Blackwell Companion to the Qur'ān, ed. by A. Rippin, Oxford 2006, 160–165.

> Verse, nach anderen ein bis fünf oder noch mehr, nach andern fünf bis zehn oder mehr oder weniger [...] geoffenbart worden sein. Dazu kommt noch, daß es von manchen Suren heißt, sie seien auf einmal vom Himmel herabgekommen, z. B. von Sure 6"[36].

Dass der allmächtige Gott sich herablässt, um auf ganz temporale Anlässe zu antworten, hat die islamischen Theologen nicht beunruhigt.[37] Ihre Überlegungen waren vielmehr stets aufs Engste an die Biographie des Propheten Muhammad verknüpft, der die Offenbarungen zugeordnet wurden.

Die Chronologien sind nicht nur Formen historisch-kritischen Umgangs mit dem heiligen Text, sondern darüber hinaus ganz entscheidend wegen des Rechtsprinzips der Abrogation. Stefan Wild macht darauf aufmerksam, dass es für islamische Theologen manchmal schwer ist, die Bedeutungen von *nuzūl, tanzîl* und *'inzāl* festzulegen, dass man sich zuweilen damit behilft, das Ganze als metaphorische Rede zu deuten. Er selbst nimmt Abstand davon, das himmlische Buch zu dechiffrieren und schließt seine Untersuchung mit dem Fazit: „And after all, if we do not study the Qur'an as it was sent down – do we study the Qur'an?"[38] Das ist sehr sympathisch, aber wer sich für die Genese von Texten interessiert, wird sich mit der Antwort, der Koran sei vom Himmel herabgeschickt worden, nicht so ganz zufrieden geben. Ich versuche daher in einem erneuten Arbeitsgang die Fakten und Methoden zu sondieren und über den Prozess des Verschriftens noch einmal einen anderen Gedankenweg aufzuzeigen.

---

36 Nöldeke, *Geschichte des Qorans*, 29.

37 Vgl. Nöldeke, *Geschichte des Qorans,* 5: „Da er nicht imstande war, Geistliches und Weltliches scharf auseinanderzuhalten, gebrauchte er die Autorität des Qorans oft, um Dinge anzuordnen, die nichts mit der Religion zu tun hatten. Man darf aber bei der Beurteilung dieser Tatsache nicht übersehen, daß für seine Zeit Religion und Gesellschaftsordnung noch enge miteinander verbunden waren, und daß das Herabziehen Gottes in die allermenschlichste Angelegenheiten auf der anderen Seite das Alltagsleben in eine höhere, göttliche Sphäre erhebt."

38 St. Wild, *'We have sent down...*, 153.

3. Vom Koran zur Schrift

Die Sprache des Korans ist ähnlich und zugleich verschieden von der des vorislamischen Arabiens, sowohl hinsichtlich der gesprochenen Dialekte als auch hinsichtlich der Sprache der Poeten.[39] Mustansir Sir sagt:

> „Thus, the language of the Qur'an is best viewed as a vehicle for the expression of a set of philosophical, religious, and cultural perspectives that the Qur'an into the Arabian setting of the seventh century."[40]

Nach Theodor Nöldeke gab es in koranischer Zeit bereits vereinzelt Aufzeichnungen, aber keine Sammlungen von arabischen Texten. Das blieb dem Koran vorbehalten, wenngleich man sich heute unsicher ist, wie die Überlieferung von der Sammlung umlaufender Koranmanuskripte unter dem Kalifen Uthman um 650 zu bewerten ist. Das arabische Alphabet geht jedenfalls auf einen aramäischen Schrifttyp zurück, der den Bedürfnissen der arabischen Sprache angepasst wurde.[41] Wegen der Uneindeutigkeit der Konsonanten und der fehlenden Vokalzeichen wurde der Koran mit beträchtlichen Varianten auswendig gelernt und rezitiert. Im Laufe der Zeit hatten sich selbstverständlich nicht nur verschiedene Lesetraditionen entwickelt, es gab auch umfangreiche Abhandlungen über abweichende, aber dennoch anerkannte Lesarten.[42] Im Jahre 934 nahm Abu Bakr Ibn Muǧāhid eine Anerkennung von sieben Lesarten vor, die sich allmählich als kanonisch durchgesetzt hatten. Zudem hatte man seit

---

39 Auf die neueren Überlegungen von Christoph Luxenberg will ich mich hier nicht gesondert beziehen. Luxenberg geht regelrecht von einer physisch vorhandenen aramäischen Vorlage des Korans aus. Er leitet das arabische Wort *qur'ān* aus dem Aramäischen ab, das dort für, Lektionar' steht und setzt die Bibel der syrisch-aramäischen Christen mit der Urschrift gleich, auf die der Koran Bezug nimmt – ähnlich wie die Lektionare der christlichen Kirchen sich auf die Bibel beziehen, ohne mit ihr identisch zu sein.

40 M. Mir, *Language*, in: The Blackwell Companion to the Qur'ān, 90; vgl. auch 91–96.

41 Nöldeke nimmt fernerhin an, dass diese Frühform bereits „zur Fixierung der künstlerischen Erzeugnisse von Dichtern, Sängern und Erzählern verwandt wurde." Vgl. Nöldeke, *Geschichte des Qorans*, 11. Bis zur Orthographiereform unter al-Hajjâj bin Yûsuf (reg. 694–714) ist in den frühen Handschriften ein Schreibsystem nachweisbar, das vom heute verwendeten abweicht.

42 Diese Verschiedenheiten haben den Muslimen immer sehr große Mühe bereitet. Vgl. Th. Nöldeke, *Geschichte des Qorans*, 49–55. Vgl. auch R. Bell, M. Watt, *Introduction to the Qur'an*, Edinburgh 1970, 47–50.

dem 8. Jahrhundert damit begonnen, zusätzliche Zeichen in den Text einzufügen, um ihn eindeutiger zu machen.
Daraus ergibt sich natürlich für die kritische Forschung eine Unsicherheit im Blick auf den heute vorliegenden Text. Der Islamwissenschaftler John Wansbrough geht davon aus, dass es eine Sammlung gab, die etwa 150 Jahre lange mündlich überliefert und in dem verschieden geartete Textfragmente im Rahmen eines anonymen Redaktionsgeschehens zu einem heiligen Text zusammenwuchsen.[43] Diese Annahme trägt der Tatsache Rechnung, dass kein vollständiges Koranexemplar aus dem 7. Jahrhundert erhalten ist. Die beiden im Topkapi-Palast und in Taschkent befindlichen Koran-Exemplare sind kein Beleg für die Sammlung unter Uthman. Man hat vielmehr im Jahre 1972 in der Hauptmoschee von Sana'a Fragmente weit älterer Kodizes auf Pergament gefunden, die nicht nur orthographische Abweichungen im Rasm,[44] sondern auch eine andere Anordnung der Suren enthalten, die die Richtigkeit entsprechender Angaben in der Literatur, vor allem im *Kitāb al-Fihrist* des Ibn an-Nadīm (987–988) bestätigen.[45] Das neue Forschungsvorhaben *Corpus Coranicum* der Berlin-Brandenburgischen Akademie der Wissenschaften greift genau dieses Problem auf, indem es sich zwei grundlegenden Desiderata widmet. Das Projekt strebt erstens eine Dokumentation des Korantextes in seiner handschriftlichen und mündlichen Überlieferungsgestalt an und zweitens einen umfassenden Kommentar, der den Text im Rahmen seines historischen Entstehungskontextes auslegt und verstehbar zu machen sucht.[46] Angelika Neuwirth und Michael Marx, die dieses Projekt mit verantworten, teilen die Auffassung Wansbroughts nicht.

---

43 Vgl. J. Wansbrough, *Quranic Studies. Sources and Methods of Scriptural Interpretation*. Oxford 1977, 43–52.

44 *Rasm* nennt man den Korantext ohne diakritische Zeichen. Der *Rasm* kennt nur 18 Buchstaben und keine Vokalzeichen. Erst durch die diakritischen Punkte erhält man die 28 Buchstaben des arabischen Alphabets.

45 Vgl. F. Déroche, *Written Transmission*, in: The Blackwell Companion to the Qur'ān, 172–177. Das ist richtig, aber was wäre mit Platons Schriften, was mit dem Neuen Testament oder gar dem Alten Testament, wenn deren Existenz allein durch materiell vorhandene Textzeugen aus der Zeit ihrer Entstehung beglaubigt werden könnte?

46 Vgl. die folgende Website: http://www.bbaw.de/bbaw/Forschung/ Forschungsprojekte/Coran/de/Ueberblick.

Neuwirth vertritt die Ansicht, dass frühe Koranteile vor der mittelmekkanischen Periode als mündlicher Grundstock angesehen werden können, deren sprachliche Manifestationen die weiteren entstehenden Texte wie ein akustisches Medium begleitet haben, und dementsprechend könne man sich den weiteren Prozess der Verschriftung ebenfalls denken.[47]

> „Je nach Hypothese ergeben sich also zwei ganz verschiedene Textsorten, die auch unterschiedliche Analysetechniken erforderlich machen würden: Ist der Koran im wesentlichen die ‚mitgehörte' Rede des seinen Hörern vortragenden, auf diese Hörer reagierenden und gemeinsam mit diesen Hörern kultisch kommunizierendem Muhammad – oder ist er eine uns erst nach seiner Kanon-Werdung zugänglich werdende Materialmasse dunkel bleibender Herkunft."[48]

Wenn man, wie Wansbrough, einen Verschriftungsprozess von 100-150 Jahren annimmt und ausschließlich die Endgestalt des Textes fokussiert, ergibt sich zwangsläufig, dass man die Auseinandersetzungen Muhammads in Mekka und Medina in den Irak des 2. Jahrhunderts übertragen muss.[49] Unter dieser Prämisse geht die Wahrnehmung innerkoranischer Entwicklungen verloren, die Hinweise für einen Übergang vom Mündlichen zum Schriftlichen geben können.
Ein ähnliches Problem ergibt sich bei Ömer Özsoy. Er stellt – konträr zu Wansbrough – Überarbeitungen des Textes erst gar nicht in Rechnung, sondern sieht die koranischen Offenbarungen als Aktualisierungen des göttlichen Wortes, die von 612–632 darauf zielten, den geschichtlichen Zustand zu verändern. Einen Text als ganzen gibt es für ihn nicht, denn ein *Text* würde bedeuten, dass dem Buch, das entsteht, ein Plan, ein Konzept zugrunde liegt. Er findet aber im Koran lediglich gesammelte Reden, die dialogisch konzipiert sind.[50] Deshalb schlägt er vor, den Ko-

---

47 Vgl. Nöldeke, T., Geschichte des Qorans, 17.

48 A. Neuwirth, *Vom Rezitationstext über die Liturgie zum Kanon: Zur Entstehung und Wiederauflösung der Surenkomposition im Verlauf der Entwicklung des islamischen Kultus*, in: The Qur'an as Text, 72.

49 Vgl. Wansbrough und seine Anhänger versäumten es freilich, das von ihnen vorausgesetzte Redaktionsgeschehen in der Ereignisgeschichte des Nahen Ostens nachzuweisen.

50 Vgl. Ö. Özsoy, *Die Geschichtlichkeit der koranischen Rede*, 82f: „Die Schwächen, die der Koran unter literaturwissenschaftlicher Rücksicht zeigt, belegen nur, dass er historisch betrachtet gar nicht als Text konzipiert wurde."

ran in einzelne Teile, sprich Redeeinheiten, zu zerlegen, um diese dann in ihren jeweiligen historischen Kontexten untersuchen zu können. Seine Darlegungen speisen sich zuweilen aus einem Optimismus, der mich ein wenig an die Suche nach den ipsissimae voces Jesu erinnert. Wie Wansbrough verschenkt er unter dieser Voraussetzung den Blick auf mögliche innerkoranische und transkulturelle Entwicklungen, die Aufschluss über die Genese des Textes geben können.

Es ist aber m. E. unumgänglich, mit einem Kanonisierungsprozess in bezug auf frühere Kanons und Kanonteile zu rechnen. Mit ‚Kanon' meine ich nicht die Endgestalt, sondern einen Wachstumsprozeß, der nach Christoph Dohmens Analysen zum biblischen Kanon beschrieben werden kann als ein

> „«tief im Schrifttum selbst wurzelndes Bewußtsein» der Verbindlichkeit, das von den in der Schrift ablesbaren Prozessen der Fortschreibung und Intertextualität bestätigt wird."[51]

Im Unterschied zur Bibel, hat man es allerdings bezüglich des Korans mit einem gewachsenen Korpus

> „von auch als mündlich komponiert und tradiert vorstellbaren – Vortragstexten [zu tun, C.W.], die der Prüfung scharfer Polemik standgehalten haben und von einer sich erweiternden Gruppe von Hörern als inspiriert, d.h. als Grundlage des Lebensvollzugs rezipiert werden konnten."[52]

Dabei gilt es zu berücksichtigen, dass die vorgetragenen Texte stets in einem Horizont von anderen Texten stehen und sich behaupten müssen, dass es bereits göttliche Botschaften gibt, zu denen man in ein verwandtschaftliches oder auch konkurrierendes Verhältnis tritt und die ihrerseits dadurch geschützt sind, als sie eine Qualität haben, von der gilt, dass man nichts weglässt und nichts hinzufügt.

Über die Verschriftung des Korans nachzudenken heißt mit Jan Assmann, den Übergang von der rituellen zur textuellen Kohärenz einer Gesellschaft zu thematisieren. Angelika Neuwirth untersucht deshalb dezidiert koranische Texte, die ihren kultischen Gebrauch noch zeigen und befragt sie nach den konstituierenden Erinnerungsfiguren.

---

51 C. Dohmen, *Biblischer Kanon, warum und wozu? Eine Kanontheologie*, Freiburg 1992, zitiert bei A. Neuwirth, *Vom Rezitationstext*, 75.

52 A. Neuwirth, *Vom Rezitationstext*, 76.

Während ganz frühe Suren einen kultischen Zusammenhang zu den Riten der Kaaba und ihren Gebetsformen zeigen, verweisen die etwas späteren mekkanischen Suren direkt auf ein Buch. Das ist neu.[53]
Man findet feierliche deiktische Einleitungen: „‚Dies ist die Schrift [...]' (ḏālika l-kitāb)"[54] oder den einfachen Nominalsatz: „‚Es ist die Schrift [...]' (kitābun)"[55]. Worauf man sich hier im Sinne einer Bezeugung beruft, ist allerdings kein konkretes Buch, sondern jenes bereits besprochene himmlische Buch, um das sich im kultischen Vollzug weitere Exzerpte in arabischer Sprache ranken, ergänzt durch Hymnisches und Polemisches.[56] Der Koran bildet sich also nicht an einem konkreten Text bestehend aus hebräischen, aramäischen oder griechischen Lettern, sondern an der Idee einer fernen Schrift, die zunächst die Funktion eines irgendwie noch fremdem Lektionars oder Perikopenbuches hat, aus dem die Einzelvortragstexte und Abschnitte entnommen sind. Das hat beträchtliche Konsequenzen, denn eine Schrift, die allen zugedacht war, die jemals Offenbarungen empfangen haben, wird dadurch, dass sie als im Himmel befindlich vorgestellt wird, zum Medium, sie fungiert als konstituierende Erinnerungsfigur, durch die sich die neue arabische Rede autorisiert.
Insgesamt werden die offenbarten Abschnitte länger, Sätze lassen sich auch schlechter memorieren als die frühen mekkanischen Suren, die sich noch gereimt haben, es bilden sich andere Formen heraus, die zeigen, dass die Texte noch erkennbar für liturgische Zwecke gebraucht werden. Ferner sorgt die Gebetsrichtung nach Jerusalem für einen entsprechend bewussten Traditionszusammenhang. In den medinischen Suren kann man noch einen weiteren Entwicklungsschritt nachvollziehen, denn die Formeln zur Bezeugung der Schrift sucht man hier vergeblich, vielmehr begegnen wir einer ausgedehnten Prophetenrede, während sich die Riten wieder nach Mekka, nach dem dortigen Heiligtum ausrichten.[57]

---

53 Vgl. A. Neuwirth, *Vom Rezitationstext,* 89f.: „Nur drei der insgesamt 22 ‚Geschichtssuren' setzen mit einem Gegenstand ohne direkten Schriftbezug ein. [...] Alle sechs bei diesem Surentypus überhaupt noch begegnenden Belege für einen sureneinleitenden Schwur greifen ... auf Benennungen der göttlichen Offenbarung zurück."

54 A. Neuwirth, *Vom Rezitationstext,* 89f.

55 A. Neuwirth, *Vom Rezitationstext,* 90.

56 Vgl. A. Neuwirth, *Vom Rezitationstext,* 91.

57 Die ablehnende Haltung der Juden zu Muhammads Prophetenanspruch hatte nämlich zu der Behauptung geführt, dass Juden und Christen die ihnen über-

In Medina ging es offensichtlich nicht mehr darum, neue und fremde Worte unter Bezugnahme auf die göttliche Autorität der fernen Schrift zu beglaubigen, sondern darum, das von den Juden und Christen Verdorbene endlich klar und deutlich zu sagen.
Fernerhin geht es ganz pragmatisch um die Durchsetzung von sozialen und politischen Forderungen, wobei allerdings weder die eigene Geschichte narrativ entfaltet wird, noch mythologische Verdichtungen oder Überarbeitungen des Stoffes nachweislich sind. Möglich, das gerade dies von Franz Rosenzweig als Geschichts- und damit Voraussetzungslosigkeit empfunden wurde. Angelika Neuwirth stellt jedenfalls fest:

> „Was im Kultus der beiden älteren Religionen das eigentliche Rückrat bildet, die sich in der Lesung konkret vollziehende Erinnerung an die fundierenden Ereignisse in der eignen Heilsgeschichte [...] fehlt im schließlich fixierten islamischen Kultus gänzlich“[58].

Der islamische Kultus ist bis heute ein sehr schlichter und nicht selten steht die Frage im Raum, warum sich nicht im Zuge der Eroberungen viel reichere Gottesdienstformen entwickelt haben.
Ich denke, dass man der ästhetischen Rezeption des Koran zu wenig Rechnung trägt, wenn man nur ein Fehlen konstatiert. Die Rezeption des Korans als Hörerlebnis liest sich wie eine eigene mit dem Christentum kaum vergleichbare Frömmigkeitsgeschichte - Navid Kermani hat sie in *Gott ist schön* nachgezeichnet. Die islamische Theologie reflektiert dieses Phänomen in der Entfaltung der Lehre vom 'Iğaz, der Unüberbietbarkeit des Korans. Al-Ğurğānī hat im 10. Jahrhundert in seiner Kompositionslehre den Koran als Text speziell als Dichtung behandelt und eine erste umfassende systematische Poetik erarbeitet.
Al-Ğurğānī sucht das Wunder in der sprachlichen Struktur, er untersucht das Gewebe des Textes. Wenn man sein Programm mit einem Teppichknüpfer vergliche, dann reicht es ihm nicht zu wissen, welche Fäden eingewoben sind, er möchte vielmehr dem kunstvollen Knüpfer über die Schulter schauen, quasi den Plan Gottes ergründen. Er möchte

---

mittelte Botschaft verdorben haben, während der Islam den *arabischen Urmonotheismus* erneuert, den Abraham mit der Ka'ba gestiftet habe. Vgl. C. Wenzel, *Abraham-Ibrahim im Koran. Von der Macht der Aneignung und über die Aneignung der Macht*, in: Religious Apologetics und Philosophical Argumentation, Ed. by J. Schwartz and V. Krech, Tübingen 2004, 363–385.

58 A. Neuwirth, *Vom Rezitationstext*, 81f.

wissen, warum Gott so und nicht anders gesprochen hat. Unter der Voraussetzung, avanciert eine solche literarästhetische Analyse quasi zur religiösen Pflicht.
Al-Ǧurǧānī thematisiert dabei aber nicht eine ganze Sure als Einheit, sondern geht satz- und versweise vor.[59] Dem Hören einer Koranrezitation wird ein sehr hohes Maß an Sakralität zugesprochen. Identität vermittelt die Rezitation des Korans, der Glaube, in diesen Momenten der vermittelten Stimme Gottes zu lauschen - insofern wird im Akt des Hörens das himmlische Buch vergegenwärtigt. Vermutlich haben sich deswegen auch keine anderen heilsgeschichtlichen Konzepte hinsichtlich des Kultus herausgebildet - diese Stelle im System war schlichtweg schon besetzt.

4. Fazit

1.) Der Koran ist eine Sammlung aus Vortragstexten. Er ist in seinem Gesamtbestand erzeugt worden durch den Bezug auf das himmlische Buch, aus dem stetig exzerpiert wurde. Diese Exzerpte unterlagen einem komplexen Kanonisierungsprozess, bei dem frühere Offenbarungen die späteren wie ein akustisches Medium begleitet haben. Der Prophet, an dessen Biographie entlang sich der Koran konkretisiert und materialisiert, steht dabei als höchster irdischer Punkt in einem Entsprechungsverhältnis zu Allah und der Mutter des Buches. Die legitimierende Wirkung stellt sich dadurch ein, dass die aufeinander bezogenen privilegierten Punkte im kosmischen wie im politischen Raum, die weltlichen Ordnungsbeziehungen als natürlich erscheinen lassen und diese zugleich durchsetzen.[60]

2.) Das Geschriebene heißt auf Arabisch *mushaf* - Seiten eines Buches oder Codex, man konnte es nicht Qur'an nennen, weil Qur'an eben etwas Mündliches meinte und zum Wesen Gottes gehört.[61] Der Kalif Uth-

---

59 Vgl. N. Kermani, *Gott ist schön*, 253–284.

60 Vgl. P. Bourdieu, *Das religiöse Feld, Texte zur Ökonomie des Heilsgeschehens*, hgg. von S. Egger, Konstanz 2000, 97f.

61 Vgl. Labib as-Said, *Recited Koran*, zitiert bei N. Kermani, *Gott ist schön*, 177: „Warum ihr Beharren darauf, das Wort al-mushaf zu verwenden? Der offensichtliche Grund ist, daß sich im muslimischen Vokabular das Wort Koran nicht auf das geschriebene Wort und nicht einmal auf das Wort, das auf den Lippen eines Menschen zu hören oder in seinem Gedächtnis aufbewahrt ist, bezieht,

man soll, als er Fehler in den ersten Koranmanuskripten entdeckt hat, gesagt haben, dass man die Fehler nicht ändern solle, die Zungen der Rezitatoren werden die Korrekturen schon vornehmen.[62]

3.) Franz Rosenzweigs Argumentation lief darauf hinaus, den Islam als ein Plagiat seiner monotheistischen Vorgänger zu klassifizieren. Wenn es aber so ist, dass mit dem Koran etwas Neues vorliegt, weil mit und durch ihn ein neues Zentrum von Frömmigkeit, Kult und sozialpolitischer Ordnung definiert ist, dann muss man von Originalität sprechen und dann ist der Koran immer mehr als ein Kommentar, dann ist er auch im Sinne eines neuen nachbiblischen kanonisierten Textes zu verstehen, der seinerseits eine Flut von Kommentaren nach sich gezogen hat.

4.) Gleichwohl ist er aber auch ein Kommentar. Mehmet Paçaci, Professor für Koranexegese an der theologischen Fakultät der Universität Ankara sagt unumwunden:

> „Der Koran enthält ja Geschichten, die zu den vorkoranischen Auseinandersetzungen der monotheistischen Tradition gehören. Er setzt voraus, daß seine Adressaten im Hiğaz diese Ereignisse ohnehin kennen, und begnügt sich häufig mit knappen Anspielungen darauf. Beispielsweise ist die Josefserzählung im Koran nur ein Drittel so lang wie im Alten Testament."[63]

Paçaci nennt dieses Rekurrieren auf biblische Texte die Israiliyat oder die Israellogie und bedauert sehr, dass die Koranexegese diese Zusammenhänge oft sehr vernachlässigt hat. Er sagt:

---

sondern auf die ewige Rede Gottes, die über jedem weltlichen Phänomen steht, einschließlich des geschriebenen Textes, und zum Wesen Gottes selbst gehört."

62 Vgl. N. Kermani, 177. Und als man sich zu Beginn des 20. Jahrhunderts in Kairo auf eine Lesart einigen wollte, die sog. Kairiner Fassung, nahm man nicht nur Schriftliches in Augenschein, sondern stützte sich ebenso auf die mündliche Tradition, die über die Lesarten noch im Umlauf waren. Man vertraute also nach wie vor auf die Präzision eines solchen Wissens. Allerdings zeigt sich dennoch auch in der islamischen Kultur und das mag dem Einfluss der Moderne geschuldet sein, eine starke Tendenz hin zur Skriptualisierung, der man z. B. seit 1961 entgegensteuert, indem man CDs produziert hat, die autorisierte Fassungen der Koranrezitation zu Gehör bringen.

63 P. Mehmet, *Sag: Gott ist ein einziger – ahad/ æhâd. Ein exegetischer Versuch zu Sure 112 in der Perspektive der semitischen Religionstheorie*, in: Alter Text – neuer Kontext, 168.

> „Da der Koran jedoch von der semitischen Religionstradition geprägt ist, wird eine der wichtigsten Wege zu einer besseren Koranerklärung sein, das vorkoranische Material dieser Tradition zu Rate zu ziehen."[64]

Recht hat er.

5.) Carsten Colpe hat in seiner Studie über Kanonbildung von Heiligen Schriften und ihre Filiationen gezeigt, dass Analysen religionsgeschichtlicher Phänomene sehr oft Parallelen oder Ähnlichkeiten zwischen Texten zutage fördern, sich aber direkte Abhängigkeiten nicht nachweisen lassen, weil die Wege der Übermittlung zu verschlungen sind. Er hat vorgeschlagen, solche indirekten Wirkungen mit dem Begriff *Anwesenheit* oder *katalysatorische Gegenwart* zu erfassen.[65] Das wäre wie bei einer chemischen Reaktion, die nur dann zustande kommt, wenn ein drittes Element anwesend ist, ohne dass dieses selbst an der Reaktion beteiligt sein muss. Man kann sich m.E. so die Genese des Korans recht gut plausibel machen. Das eine Element wären die arabisch-sprachigen Offenbarungen, das andere der verschriftete Koran. Das himmlische Buch wäre dann eine *Chiffre*, die für die Anwesenheit von Reden und Texten sowohl biblischen Ursprungs als auch arabischer Poesie und deren katalysatorische Gegenwart für die Korangenese steht.

---

64 P. Mehmet, *Sag: Gott ist ein einziger*, 168.

65 Vgl. C. Colpe, *Sakralisierungen von Texten und Filiationen von Kanons*, in: Kanon und Zensur, Archäologie der literarischen Kommunikation II, hgg. vom Aleida und Jan Assmann, München 1987, 81–92.

Commentare über das Reichsstrafgesetzbuch (RStGB). Zur Entstehung einer Gattung[1]

Helmut Pollähne

Der schlechte Kommentar sei – so *Binding* 1881 – „ein Verbrechen wider Praxis wie Wissenschaft, welches wie viele Verbrechen neuerdings epidemisch geworden ist. Es ist höchste Zeit, dass die Urheber desselben endlich einmal an den Pranger gestellt werden und dass Praxis wie Wissenschaft alle schlechten und halbguten Kommentare vornehm ignorieren."[2] Ob viele Verbrechen seinerzeit „epidemisch" geworden waren, sei einmal dahingestellt – warum das aus der Sicht jenes Autors aber jedenfalls für schlechte Kommentare galt, und was einen Kommentar in diesem Sinne „schlecht" machte, soll u.a. Gegenstand dieses Beitrages werden.

Derzeit gibt es zehn mehr oder weniger aktuelle Kommentare zum Strafgesetzbuch (StGB), allein 2009/10 sind sechs Neuauflagen und sogar zwei Neuausgaben erschienen (im Entstehen begriffene InternetKommentare noch gar nicht mitgerechnet), hinzu kommen mehr oder weniger regelmäßig Nachlieferungen zu einem Loseblatt-Kommentar und neue Teilbände zu einem sog. Großkommentar.[3]

---

1 Überarbeiteter Vortrag aus dem Workshop *„Der Kommentar als Medium von Kommunikation über Recht"* am Max-Planck-Institut für europäische Rechtsgeschichte in Frankfurt/ M. am 20. Januar 2006, vgl. dazu auch Th. Henne, *Die Prägung des Juristen durch die Kommentarliteratur*, in: Betrifft JUSTIZ 87 (2006), 352–356.

2 R. Binding, *Strafgesetzgebung, Strafjustiz und Strafrechtswissenschaft in normalem Verhältnis zu einander*, in: Zeitschrift für die gesamte Strafrechtswissenschaft 1 (1881), 4-29 (22 FN 29).

3 Dass zudem der Umfang der Kommentare „explodiere", wurde bereits 1989 kritisiert: F.-C. Schroeder, *Die Last des Kommentators. Zum strafrechtlichen Publikationswesen in der Bundesrepublik Deutschland*, in: Festschrift für Herbert Tröndle, hgg. von H.-H. Jescheck/ T. Vogler, Berlin 1989, 77–88, hier 82.

Seit einigen Jahren existieren zudem zwei speziell für das Studium konzipierte Werke und ein Sammelkommentar für das gesamte Strafrecht. Aus Rechtswissenschaft und -praxis sowie aus der juristischen Ausbildung sind Kommentare also weniger denn je wegzudenken, und das gilt sicher nicht nur für das (materielle) Strafrecht. Spätestens in der Referendarausbildung stellt sich zudem der Eindruck ein, die Gerichte benutzten nicht nur keine Gesetzestexte, sondern stattdessen lieber gleich einen Kommentar, mehr noch: als wären die Kommentare – meistens sind es mittelgroße graue mit Tausenden hauchdünner Seiten – ihre Gesetze. Grund genug also, sich einmal über Entstehung und Funktion dieser Fachliteratur-Gattung Gedanken zu machen; zudem aber auch sich darüber zu wundern, dass solches bisher, jedenfalls innerhalb der Strafrechtswissenschaften, so gut wie nicht stattgefunden hat (s.u.).[4]

1. Strafgesetz-Kommentierungen und Artikel 103 Absatz 2 Grundgesetz

Das Verhältnis der Rechtspraxis zum positiven Recht ist zugleich spannend und gespannt – in diesem Spannungsfeld kommt den Kommentaren eine ganz besondere Rolle zu. Die Bindung der Rechtsprechung „an Gesetz und Recht" gemäß Artikel 20 Absatz 3 des Grundgesetzes (GG) stellt sich praktisch oft als Selbst-Bindung der RechtSprecher an Gesetzes-Kommentare dar.[5] Das war nicht immer so, aber dazu später (s.u. Abschnitt 3.).

Im Strafrecht nehmen die erwähnten Spannungen noch zu, wenn man sich die Bedeutung jenes traditionellen, bereits in § 2 des Reichsstrafgesetzbuches (RStGB) von 1871 enthaltenen, mittlerweile in § 1 des (bundesdeutschen) StGB aufgerückten und nach den Erfahrungen mit dem deutschen Faschismus zum Justizgrundrecht in Artikel 103 Absatz 2 GG erhobenen Prinzips „nulla poena sine lege" klar macht:

---

4 Erst recht hat keine Rezeption der einschlägigen Fachdebatten anderer Disziplinen stattgefunden, vgl. nur H. U. Gumbrecht, *Die Macht der Philologie*, Frankfurt/ M. 2003, 69 ff., sowie B. Gladigow, *Der Kommentar als Hypothek des Textes*, und J. Assmann, *Text und Kommentar. Einführung*, in: Text und Kommentar, hgg. von J. Assmann/ B. Gladigow, München 1995, 9–34 und 35–50.

5 Vgl. zur faktischen Bindungswirkung der Strafgerichte untereinander und der Strafrechtsdogmatik W. Hassemer, *Einführung in die Grundlagen des Strafrechts*, München 1990, 201.

„Eine Tat kann nur bestraft werden, wenn die Strafbarkeit gesetzlich bestimmt war, bevor die Tat begangen wurde." Die Mischung aus Gesetzlichkeitsprinzip und Bestimmtheitsgebot, gekrönt durch das Analogieverbot, setzt einem StGB-Kommentar offenbar verfassungsrechtliche Grenzen – und doch entsteht leicht der Eindruck, eine Tat könne allemal dann bestraft werden, wenn ihre Strafbarkeit ‚kommentarlich' bestimmt war, jedenfalls durch bestimmte Kommentare, nämlich solche der sogenannten „h. M." (der „herrschenden Meinung").[6]

Besonders augenfällig wird dies in Anbetracht des Phänomens, dass Kommentare bisweilen um so länger ausfallen, je kürzer der Gesetzestext ist. Als eindrucksvolles Beispiel mögen die Kommentierungen zu § 185 StGB gelten, der letztlich (in puncto Strafbarkeitsvoraussetzungen) nur aus einem Wort besteht, nämlich „Beleidigung" – die Kommentatoren füllen Seite um Seite ... bei deren Lektüre kann man bisweilen vom ‚Glauben an das Gesetz' abfallen. Oder wie Henne es treffend auf den Punkt bringt:

> „Der Juristenkommentar enthält einen vierfachen Befehl: Erstens: Du sollst nicht selbst auslegen; zweitens: Ich bin der Subtext, nicht eine von Dir festgelegte ‚Gerechtigkeit'; drittens: Wenn Du keine Lösung in mir findest, suche bei mir weiter; viertens: Wenn Du von meiner Lösung abweichen willst, musst Du es mit höheren Autoritäten begründen."[7]

Vor diesem Hintergrund muss es überraschen, dass sich die Strafrechtswissenschaften mit der Rolle ‚ihrer' Kommentare über das StGB, und sei es ‚nur' im Kontext des Artikel 103 Absatz 2 GG, selten bis gar nicht befassen. Der Kommentar ist „ein Medium des juristischen Diskurses, aber kein Objekt".[8] Vielleicht wäre es etwas viel verlangt, dass sich die fraglichen Werke in ihren Kommentierungen zu § 1 des StGB quasi selbst problematisieren, und doch ist die diesbezügliche Enthaltsamkeit der sonst an theoretischen, methodologischen und bisweilen schonungslosen Grundsatzdebatten nicht gerade armen Teildisziplin kaum nachvollziehbar. Es wäre doch eine – nicht nur verfassungsrechtlich – spannende

---

6 Wegweisend dazu U. Wesel, *h M*, ND in: Alternativkommentare. Anspruch und Kritik, hgg. von R. Wassermann, Neuwied/ Darmstadt 1987, 20–34.

7 Henne, *Die Prägung des Juristen*, 353 (zu These 4).

8 Henne, *Die Prägung des Juristen*, 353 (These 2), vgl. auch P. Rieß, *Einige Bemerkungen zum Stellenwert und zur Funktion juristischer Kommentare*, in: Festschrift für Walter Odersky, hgg. von R. Böttcher, Berlin 1996, 81–93, hier 82.

Frage, ob die durch Artikel 5 Absatz 3 GG geschützte Freiheit des strafrechtswissenschaftlichen Kommentators ihre Grenze in Artikel 103 Abs. 2 GG findet[9] und ob es sich dabei ggf. um ein verkapptes limitiertes Kommentierungsverbot handelt.
Die Hieb- und Stichworte, unter denen solche Grundsatzdebatten und Problemanalysen zu führen wären, sind eigentlich schnell gefunden:

- die herrschende Meinung als Meinung der Herrschenden (Verhältnisse) und die Kommentare als Schauplätze des Kampfes um juristische Meinungs(vor)herrschaft;[10]
- selektive Definitionsmacht als Macht strafrechtsdogmatischer Kontrollinstanzen zur Formulierung faktischer Legaldefinitionen;[11]
- Kommentare als – insoweit dem ‚case law' nicht unähnlich – (selektive) Fundstellennachweise mit (akademischen) Servicefunktionen in juristischen Insichgeschäften (da nicht für Laien);[12]
- Strafgesetzlichkeit vs. Strafgesetz-Positivismus im Lichte zunehmenden Kommentar-Positivismus'[13], der das Gesetz zum „nicht mehr gelesenen Subtext" degradiert;[14]

---

9 Vgl. St. Bahlmann, *Rechts- oder kriminalpolitische Argumente innerhalb der Strafgesetzauslegung und -anwendung*, Baden-Baden 1999, 180; vgl. auch R. Christensen/ H. Kudlich, *Theorie richterlichen Begründens*, Berlin 2001, 305 f.

10 Wesel, *h M*; R. Zimmermann, *Die Relevanz der herrschenden Meinung für Anwendung, Fortbildung und wissenschaftliche Erforschung des Rechts*, Berlin 1983; vgl. auch R. Schnur, *Der Begriff der „herrschenden Meinung" in der Rechtsdogmatik*, in: Festschrift für Ernst Forsthoff, Berlin 1967, 43–64, bes. 56–58; H. P. Westermann, *Glanz und Elend der Kommentare*, in: Festschrift für Kurt Rebmann, München 1989, 105 f., und den Hinweis von E. Rabel, *Gesammelte Aufsätze* (Band 1), Tübingen 1965, 295, ein „maßgeblicher Kommentar" könne nicht „die Stätte für umwälzende Theorien" sein.

11 Dazu W. Hassemer, *Strafrechtsdogmatik und Kriminalpolitik*, Reinbek bei Hamburg 1974, 184 ff.; zur Selektionsleistung auch Westermann, *Glanz und Elend*, 115.

12 Rieß, *Stellenwert und Funktion*, 88 f.

13 Rieß, *Stellenwert und Funktion*, 91 ff., vgl. auch W. Naucke, *Die Aushöhlung der strafrechtlichen Gesetzlichkeit durch den relativistischen, politisch aufgeladenen strafrechtlichen Positivismus*, in: ders., *Gesetzlichkeit und Kriminalpolitik*, Frankfurt/ M. 1999, 256–273; sowie J. Feest/ W. Lesting, *Zur Wirksamkeit von Alterna-*

- Erosion der Gewaltenteilung, wenn nicht mehr der demokratische Gesetzgeber die Judikative und Exekutive normativ programmiert (zugegeben ein idealistisches Bild), sondern diese sich selbst durch Bindung an ‚aus den eigenen Reihen' (und ihnen affinen, wenn nicht affirmativen Rechtswissenschaftlern) verfasste Kommentare;[15]
- dogmatische Diskurskontrolle als freiwillige Selbstkontrolle in einem alles andere als herrschaftsfreien Diskurs;[16]
- der Kommentar als normatives Steuerungsmedium qua Strafrechtskartell und Verlagsjurisprudenz[17] und als „Krisenmanager" mit Rechtsfortbildungslizenz.[18]

Wie gesagt: reichlich Stoff für einen Fachdiskurs auf der Metaebene, der jedoch – zumindest in den Strafrechtswissenschaften – so gut wie nicht

---

tivkommentaren, in: Integration von Strafrechts- und Sozialwissenschaften, hgg. von H. Ostendorf, München 1986, 231–250.

14 Henne, *Die Prägung des Juristen,* 352; der Verbindlichkeitsverlust des Gesetzes kann nicht nur auf die Zunahme von Generalklauseln und den Bedeutungszuwachs des Verfassungsrechts zurückgeführt werden (missverständlich Rieß, *Stellenwert und Funktion,* 83, 90).

15 Vgl. auch das Bild von Henne, *Die Prägung des Juristen,* 354, über dem „Richterkönig" stehe der „Kommentarkaiser"; zum Gegensatz „affirmative" vs. „alternative" Kommentierung Rieß, *Stellenwert und Funktion,* 86, sowie Westermann, *Glanz und Elend,* 110.

16 Zur Rolle der Dogmatik u.a. J. Harenburg, *Die Rechtsdogmatik zwischen Wissenschaft und Praxis,* Stuttgart 1986; zur Diskurskontrolle Henne, *Die Prägung des Juristen;* grundlegend: M. Foucault, *Zur Ordnung der Diskurse,* Frankfurt/ M. 1991, vgl. auch Christensen/Kudlich, *Theorie richterlichen Begründens,* 32; Gladigow, *Der Kommentar als Hypothek,* 35 f.

17 W. Naucke, *Versuch über den aktuellen Stil des Rechts,* 1986, ND in: ders., *Gesetzlichkeit und Kriminalpolitik,* Frankfurt/ M. 1999, 196, problematisiert das Durchdringen von Verlagsstrategien und Recht am Beispiel schneller Auflagenfolgen von Kommentaren, vgl. auch Westermann, *Glanz und Elend,* 106, sowie Henne, *Die Prägung des Juristen,* 355, und zur Steuerungsfunktion ebd. 352.

18 Westermann, *Glanz und Elend,* 107 ff., vgl. auch Rieß, *Stellenwert und Funktion,* 93; dabei muss das Gesetz als der „kanonische Text" schlechthin (dazu Assmann, *Text und Kommentar,* 11) gar nicht angetastet werden, während eine schleichende „Kanonisierung" der ‚führenden' Kommentare zu beobachten ist (vgl. Gumbrecht, *Macht der Philologie,* 78).

stattfindet.[19] Die Suche nach Vorläufern, wenn nicht Vorbildern, in der Geschichte der (R)StGB-Kommentare (und der rezensierenden Kommentare über sie) mag den überfälligen Diskurs beflügeln.

2. Kommentare über die Strafgesetzbücher der Einzelstaaten

Die Vorgeschichte des RStGB 1871 ist schnell referiert, und erweist sich im Rückblick doch als beeindruckende rechtspolitische Kodifikationsleistung. Der knappe Rahmen lässt es hier nicht zu, auf die politischen und historischen Rahmenbedingungen der Entstehung des deutschen Reichs einzugehen, ohne die die Rechts- und Justizvereinheitlichung des 19. Jahrhunderts nicht angemessen erfasst und analysiert werden kann.[20] Beschränken wir uns also auf eine kursorische Darstellung jenes Prozesses, der aus den zahlreichen Strafgesetzbüchern der deutschen Einzelstaaten über das Preußische StGB und das StGB des Norddeutschen Bundes schließlich – und am Ende in fast atemberaubendem Tempo – zur Verabschiedung und zum Inkrafttreten des RStGB (1871/1872) führte.

Allein im Norddeutschen Bundesgebiet gab es Mitte des 19. Jahrhunderts acht Strafgesetzbücher: neben dem alles überragenden (s.u.) Preußischen StGB von 1851 und den beständig kleiner werdenden Resten des sog. „Gemeinen Deutschen Strafrechts" ein Sächsisches, ein Hessisches, ein Thüringisches, ein Braunschweigisches, ein Altenburgisches und ein Hamburgisches, allesamt aus den Jahren 1840 bis 1869 und zumeist für mehrere Herzog- und Fürstentümer sowie Freie Städte geltend, insgesamt 22 an der Zahl. Nachdem der Bundeskanzler Bismarck (in seiner Dreifachfunktion zusätzlich als Regierungschef des Norddeutschen Bundes und als Preußischer Ministerpräsident) unter dem 17. Juni 1868 – mit Zustimmung des Reichstages und des Bundesrats – das Ersuchen an den Königlich Preußischen Justizminister gerichtet hatte, „baldthunlichst" den Entwurf eines gemeinsamen Strafrechts vorzubereiten, dauerte es nicht lange bis zu der folgenreichen Grundsatzentscheidung, sich dabei am Preußischen StGB zu orientieren:

---

19 Die sieben Thesen von Henne, *Die Prägung des Juristen*, 353 f., böten eine gute Grundlage.

20 Vgl. nur E. Schmidt, *Einführung in die Geschichte der deutschen Strafrechtspflege*, Göttingen 1965, 343 ff.

„Bestimmend hierfür war die Erwägung, dass der Gesetzgeber sich überhaupt nur in ganz seltenen und Ausnahme-Fällen die Aufgabe wird stellen dürfen, absolut Neues schaffen zu wollen, dass er vielmehr der Regel nach einem Gebote gesunder Gesetzgebungspolitik folgt, wenn er sich die bescheidenere Aufgabe stellt, sein Werk an vorhandenes Gute anzuschließen, dieses auszubauen, zu verbessern, und so dem neu hervorgetretenen Bedürfnisse anzupassen. Insbesondere aber entschied die Rücksicht auf die im eminentesten Sinne practischen Vortheile, welche für die Förderung des unternommenen Gesetzgebungswerkes vom Anschlusse an ein bereits vorhandenes Gesetzbuch zu hoffen stehen.“[21]

Dass dabei die Wahl auf das Preußische StGB fiel, kann kaum wundern in Anbetracht des politischen Übergewichts des größten Einzelstaates im Norddeutschen Bund: „Auch auf diesem Felde sollte Preußen die Früchte seiner Politik ernten.“[22] Von Bedeutung dürfte aber auch gewesen sein, dass es weit über die preußischen Landesgrenzen hinaus Ansehen genoss, auf eine fast zwanzigjährige Anwendungspraxis verweisen konnte und kein anderes Gesetzeswerk auf diesem Wege – und damit kommen bereits die Kommentare in den Blick – „eine gleiche Durcharbeitung, Klärung und Läuterung erfahren“ hatte.[23]
Welchen Beitrag die Kommentatoren jener Zeit mit der „Durcharbeitung, Klärung und Läuterung“ des Preußischen StGB zur Schaffung des Norddeutschen StGB (und in der Folge: des RStGB, s.u. III.) geleistet haben, darüber kann hier zunächst einmal nur spekuliert werden, denn eine diesbezügliche Auswertung der einschlägigen Gesetzgebungsmaterialien war nicht möglich und hätte auch den Rahmen gesprengt (ist aber, soweit ersichtlich, auch von sonst niemandem geleistet worden). Auffällig ist jedenfalls, dass schon bald nach Inkrafttreten des Preußischen StGB im Jahre 1851 gleich mehrere Kommentare erschienen, erwähnt seien nur – ohne Anspruch auf Vollständigkeit – der Kommentar über das StGB von Beseler 1851, die eher als Lehrbuch zu wertenden Glossen von Temme aus dem Jahre 1853 und insb. die Anmerkungen

---

21 R. Höinghaus, *Einleitung* seiner Edition des neuen Strafgesetzbuchs für den Norddeutschen Bund, Berlin 1870, 6.

22 So F. v. Liszt in seinem *Lehrbuch des Deutschen Strafrechts*, 25. Aufl. Berlin und Leipzig 1927, 69, vgl. H. Rüping/ G. Jerouschek, *Grundriß der Strafrechtsgeschichte*, München 2002, 93 f.

23 So noch einmal Höinghaus, *Einleitung*, 7, vgl. auch F. C. Oppenhoff, *Das Strafgesetzbuch für das Deutsche Reich*, 3. Aufl. Berlin 1873, IV.

zum StGB von Oppenhoff 1856, die noch in vier weiteren Auflagen erschienen (und die Grundlage lieferten für einen der führenden Kommentare zum späteren RStGB, s.u. III.), ergänzt durch die kommentierten Materialien von Goldtammer.
Außerhalb des norddeutschen Bundes ist vor allem das bayrische StGB von 1813 zu erwähnen, nicht nur, weil es das erste deutsche StGB war, sondern weil es auch auf weiten Strecken – aus der Feder Feuerbachs – Vorbildfunktion für zahlreiche spätere Kodifikationen erhielt, auch im preußischen Einflussbereich (und übrigens auch in Übersee, aber das nur am Rande). Zum bayrischen StGB gab es lange Zeit nur einen amtlichen, weil allein gestatteten Kommentar, nämlich die „Anmerkungen" von Gönner. Derselbe legte allerdings bereits knapp 10 Jahre später einen umfassenden Reformentwurf vor, dem weitere – auch aus anderer Feder – folgten, und doch dauerte es noch bis 1862, bis ein nunmehr stark an das Preußische StGB angelehntes neues StGB für Bayern in Kraft trat.[24] Auch dieses erfreute sich binnen weniger Jahre mehrerer – nunmehr ohne amtliche Zulassung möglicher[25] – Kommentierungen.

3. Erste Kommentare über das RStGB – die Entstehung einer Gattung

Die Entwicklung des RStGB aus dem StGB des Norddeutschen Bundes ist – wie gesagt – schnell berichtet, weil es nurmehr ein gesetzestechnischer und verfassungsrechtlicher Schachzug ist: noch bevor Letzteres am 1. Januar 1871 in Kraft trat[26] und wenig später aufgrund besonderer Verträge auch in Baden, Hessen, Württemberg und Bayern, war die Reichsgründung bereits in vollem Gange. Gemäß § 2 des Gesetzes vom 16. April 1871 „die Verfassung des Deutschen Reichs betreffend", wurde das nunmehr ohnehin fast gesamtdeutsche StGB kurzerhand zum „Reichsgesetz" erklärt. Durch das „Redaktionsgesetz" vom 15. Mai 1871 trat das RStGB in weiten Teilen des Reichs ebenfalls rückwirkend zum 1. Januar

---

24 Ausführlich dazu A. Koch, *Das Jahrhundert der Strafrechtskodifikationen. Von Feuerbach zum Reichsstrafgesetzbuch*, in: Zeitschrift für die gesamte Strafrechtswissenschaft 122 (2010), 741–756.

25 Vgl. zum Kommentierungsverbot u.a. Rüping, Jerouschek, *Grundriß*, 79; H.-J. Becker, *Kommentier- und Auslegungsverbot*, in: Handwörterbuch zur deutschen Rechtsgeschichte (Band 2), hgg. von A. Erler, Berlin 1978, Sp. 963–974.

26 Bundesgesetzblatt für den Norddeutschen Bund 1870 S. 195, vgl. Schmidt, *Strafrechtspflege*, 344.

1871 in Kraft; mit dem 1. Januar 1872 galt es einheitlich in ganz Deutschland und hatte alle Einzelgesetze endgültig abgelöst.[27] Zumindest rückblickend mag man der von Rubo (s.u.) geäußerten Euphorie zustimmen, nur die „auf das Emsigste" betriebene einheitliche Gesetzgebung habe es vermocht, „den Kitt zu bilden für die damals erwachte politische Einheit in Deutschland".[28] Würden Kommentare auch den „Kitt" bilden für die Einheit der Strafjustiz und insbesondere der Strafrechtswissenschaften?

1.) Die bereits laufenden Arbeiten an – wie es in Band 18 von *Goldtammers Archiv* hieß[29] – „neuesten Erzeugnissen unserer kriminalrechtlichen Literatur", nämlich „kommentatorischen Werken über das Norddeutsche Strafgesetzbuch", u.a. von Oppenhoff, bereits langjährig bewährter Kommentator des Preußischen StGB, auf den noch zurückzukommen sein wird, Rubo und Rüdorff, unter dem preußischen Geheimen Oberjustizrat von Friedberg maßgeblich an der Ausarbeitung des Gesetzes beteiligt, sowie Schwarze, Kirchmann, Blum, Meyer und Kletke, allesamt 1870[30], mündeten ähnlich zwanglos in Kommentare über das RStGB, die binnen kurzem nach dessen Inkrafttreten zahlreich aufgelegt wurden.[31]
Oppenhoff erschien bereits 1871 (und in der Folgezeit nahezu jährlich mit Neuauflagen), Meyer und Rüdorff 1872, v. Schwarze folgte 1876, sodann Rubo und Dalcke 1879 mit einem – wie er selbst es nannte – „Vademecum des Kriminalisten"; neue Standards setzte sodann Olshausen 1880 (s.u. 3.). Bevor näher auf die – insbesondere in der ab 1881 neu erscheinenden *Zeitschrift für die gesamte Strafrechtswissenschaft* (ZStW) gepflegte – Konfrontation zwischen Oppenhoff einerseits und Olshausen an-

27 Dazu v. Liszt, *Lehrbuch*, 71 f.

28 E. T. Rubo, Vorrede zum *Kommentar über das Strafgesetzbuch für das deutsche Reich*, Berlin 1879, ohne Seitenangabe (reprint Frankfurt/ M. 1992), vgl. auch Schmidt, *Strafrechtspflege*, 390.

29 (ohne Autor), *Zur Literatur des Kriminalrechts*, in: Goltdammer's Archiv für Strafrecht 18 1870, 790.

30 Goltdammer's Archiv 18 (1870), 791 f.

31 Ob sie die Bezeichnung „Kommentar" im heutigen Sinne verdienen, oder doch nur „Annotationen" waren (so Henne, *Die Prägung der Juristen*, 353), mag hier dahinstehen.

dererseits eingegangen wird, soll vorab ein kurzer Einblick in das Selbstverständnis des Werks von Rubo geboten werden.

2.) Der Berliner Stadtgerichtsrat Traugott Rubo, der sowohl als Schriftführer der Bundes-Kommission für das Strafgesetzbuch fungierte, wie auch „unter" Friedberg maßgeblich an der Ausformulierung des Norddeutschen StGB beteiligt war, wendet sich einleitend an Friedberg, der nunmehr Staatssekretär im Reichsjustizamt war, mit der Anrede „Excellenz!" und beschreibt reichlich national-pathetisch sein kommentatorisches Credo:
Es sei ihm „vergönnt" gewesen, „an dem großen Werke mitzuarbeiten, das in Gestalt des einheitlichen Strafgesetzbuches dem Deutschen Volke verliehen worden ist". Dies zumal es sich als „ein echt deutschrechtliches" darstelle, denn nur „was Wissenschaft gelehrt und Deutsche Sitte geboten", habe Friedberg – Rubos Ansicht nach der „Schöpfer des Deutschen Strafgesetzbuches" – dem Gesetzbuche zu Grunde gelegt, indem er abwehrte „alles, was an Fremdartigem den Landesgesetzgebungen zu Theil geworden war", und indem er desweiteren bewiesen habe, wie auch „unter dem Griffel des Gesetzgebers die deutsche Sprache in ihrer Reinheit und Schönheit" sich entfalten könne. Letzteres erweist sich auch als weiterer ebenso eindrucksvoller wie beklemmender Beleg für die bisweilen glühende Deutschtümelei jüdischer Mitbürger jener Zeit. Unmittelbar daran anknüpfend, wird Rubo unversehens methodisch-prinzipiell, womit wir beim Thema wären:
Er begrüßt explizit die von Friedberg im Reichstag verkündete ministerielle Botschaft, „dass lediglich aus sich selbst heraus das Gesetzbuch verstanden und erklärt werden dürfe", denn nur auf einem solche Wege habe „eine gesunde Rechtspflege ausschließlich sich zu bewegen", den alle zu beschreiten hätten, „die demjenigen überhaupt Anerkennung zollen, was Rechtens in Deutschland ist". Diesem „Standpunkte der Gesetzesauslegung" fühlt sich auch Rubo mit seinem Kommentar ebenso verpflichtet wie dem Staatssekretär, denn

> „sein Ziel und sein Streben war es, in vollster Reinheit das Reichsrecht zum Ausdruck zu bringen und dabei ein getreuer Dolmetscher dafür zu sein, was die einheitliche Gesetzgebung geschaffen [...]. Nur das bestehende Recht war bei der Gesetzesauslegung ihm maßgebend; die Kriminalpolitik hat er dabei unbeachtet gelassen, weil dieselbe – so segensreich

> und unentbehrlich sie auch für den Gesetzgeber sein mag – in der Hand des Richters einen gefahrvollen Herd der Rechtsbeugung bildet".[32]

So bildet der Kommentar von Rubo, der – obwohl nur einmal erschienen – als *Kommentar über das Strafgesetzbuch für das Deutsche Reich* eher als rechtshistorisch und quellengeschichtlich wertvolle Monographie[33] gelten mag, eine bemerkenswerte Mittelstellung zwischen dem nicht zuletzt von ihm selbst kritisierten „Motiven- und Präjudiciencultus"[34], wie er gerade auch in dem Standardwerk jener Jahre von Oppenhoff verkörpert wurde, und einem sich vom Gesetzgeber emanzipierenden wissenschaftlichen Werk, wie es am ehesten Olshausen repräsentierte. Aus heutiger Sicht bemerkenswert, in welcher Deutlichkeit – bis an den Rand des Ehrenrührigen – in der ZStW, nicht zuletzt durch den Herausgeber v. Liszt höchstpersönlich, hierzu Stellung bezogen wurde.

3.) In einem programmatischen Leitartikel für die neue ZStW lässt sich Binding über das „normale Verhältnis [von] Strafgesetzgebung, Strafjustiz und Strafrechtswissenschaft" aus und bietet in diesem Zusammenhang wohl die ausführlichste Analyse des strafrechtlichen Kommentarwesens, er hätte eher gesagt: Kommentarunwesens jener Zeit. Zunächst feiert er, dass ein zweites Mal in der Geschichte des deutschen Strafrechts „den Zeitläuften bedenklicher Zersplitterung ein Sieg des gemeinen Rechts auf dem Fuße gefolgt" sei,[35] wobei er explizit an die Ereignisse um den Beginn des 16. Jahrhunderts anknüpft: „An den plötzlichen Aufschwung von 1532 aber reiht sich eine absteigende Bewegung von über zweihundertjähriger Dauer, auf deren tiefstem Punkte die deutsche Strafrechtspflege eine fast unglaubliche Verkommenheit aufweist", so die bittere Zwischenbilanz Bindings im Jahre 1881, der freilich an der Strafrechtswissenschaft des 19. Jahrhunderts ebenfalls kaum ein

32 Rubo, *Kommentar,* (ohne Seite); dass er als (Mit-)Autor des Gesetzes den Text („aus sich selbst heraus") selbst zum Maß der Dinge erhebt, um ihn sodann als solchen zu kommentieren, entbehrt einer kritischen Reflexion, vgl. auch Christensen/Kudlich, *Theorie richterlichen Begründens,* 31 ff.

33 Vgl. W. Schubert, *Ernst Traugott Rubo, Kommentar über das Strafgesetzbuch für das Deutsche Reich,* Frankfurt/ M. 1992, 5 f.

34 A. Schoetensack 1907, zit. nach Schubert, *Ernst Traugott Rubo,* 5.

35 Binding, *Strafgesetzgebung,* 4.

gutes Haar lässt, denn auch die Kollegen machten aus der Not eine Tugend:

> „So entwickelten sich aus der Scheu vor dem Gesetz, aus der Mattheit der Ueberlastung, aus dem von der Wissenschaft ungenügend befriedigten Bedürfnisse nach wissenschaftlichem Material, die drei Kulte, welche der heutigen deutschen Strafrechtswissenschaft das charakteristische Gepräge geben: [...] der Kultus des Buchstabens stellt die Form über den Geist, der des Präjudizes den Kassationshof über das Gesetz, der Kultus der Motive die Ansicht ihres Urhebers über den Willen der gesetzgebenden Gewalt. In ihrer Gemeinschaft wirken sie einen Mangel an Geist, Energie und echt praktischem Sinne“.[36]

Und daran trugen für Binding die führenden Kommentare eine besondere Schuld, denn „die Wissenschaft des positiven deutschen Strafrechts [sei] in jener Zeit in Kommentierung der Strafgesetze aufgegangen“ und dabei der Gefahr unterlegen, „das Gesetz mit dem Recht zu verwechseln und statt Jurisprudenz Gesetzeskunde zu bieten“, weshalb sich „die Theoretiker“ nur schwer „zur Abfassung“ solcher Kommentare entschlossen hätten.[37]

Unter den seinerzeit kursierenden Kommentaren machte Binding vier Typen aus: Da gäbe es zunächst einige ältere ausgezeichnete Werke, der Tendenz nach eher „eine Art Handbuch in Kommentarform“, das bedauerlicher Weise für das RStGB aber noch nicht existiere – am ehesten komme dem das erwähnte Werk von Rubo nahe.[38] Sodann gäbe es Gesetzesausgaben mit Anmerkungen des jeweiligen Herausgebers: „Für den zeitarmen und arbeitsunlustigen Praktiker außerordentlich bequem“, hätten sie die erstgenannten weitgehend verdrängt, reichten in ihrer Mehrheit aber an die Werke von Rüdorff und den gleich noch zu würdigenden Kommentar von Olshausen nicht heran. Schließlich gäbe es Kommentatoren, die sich „im Wesentlichen anderen Interpreten unter [ordneten]“, indem die Exegese entweder „aus den Rechtssprüchen des obersten Gerichtshofes [schöpfe] oder aus den sog. Materialien des Gesetzes“.[39] Letztere habe am reinsten und verdienstvollsten noch Gold-

36 Binding, *Strafgesetzgebung*, 17, ihm mit deutlichen Worten folgend C. Hahn, *Strafgesetzbuch für das Deutsche Reich*, 3. Aufl. Breslau 1877, IV.

37 Binding, *Strafgesetzgebung*, 21/22.

38 Binding, *Strafgesetzgebung*, 22 f. FN 31.

39 Binding, *Strafgesetzgebung*, 23.

tammer durchgeführt, wiewohl – so Binding kategorisch – „diese Kommentierung aus den Materialien methodisch unzulässig ist".
Und damit kommt er zu dem „Kommentar aller Kommentare", nämlich dem von Oppenhoff zum Preußischen StGB, der zunächst einmal „gleichfalls nichts Anderes als eine Ausgabe mit Anmerkungen" sei.

> „Er ist es, der den Präjudizienkultus in der Preußischen Kriminal-Praxis groß gezogen hat, dessen Werk heute [und damit meint Binding 1881 die bereits siebte Auflage jenes Kommentars zum StGB, d.V.] dahin wirken möchte, alle deutschen Lande jenem Kulte unterthan zu machen".[40]

So werde er zum

> „Todfeind aller gesunden Praxis: er will ihr den Nerv der Selbständigkeit rauben und die stolze Richterthätigkeit in geisttötende Routine verwandeln. Eine Wissenschaft des Gesetzes ist in solchen Werken verschwunden: die Praxis soll nach ihnen von der Praxis leben: das Vorurteil ist die einzige Quelle des Nachurteils: der ‚Fall' entscheidet den ‚Fall', und gegenüber dem Präjudize verblassen die Regeln des Rechts und die allgemeinen Wahrheiten der Wissenschaft. Tiefer kann die Rechtspflege nicht sinken, als sie thut, wenn sie sich solchen Werken willenlos gefangen giebt"[41] und so fort ...

Vor diesem Hintergrund kann es schließlich nicht wundern, dass Binding – entschieden anders als viele Fachkollegen seiner Zeit, darunter auch Rubo – mutmaßt, mit der „Zentralisation der Strafrechtspraxis in einem obersten Gerichtshofe" durch Beginn der Tätigkeit des Reichsgerichts am 1. Oktober 1879 werde die „Gefährlichkeit" solcher Kommentare „noch unendlich gesteigert".[42]
Das Gegenmodell ist für ihn der wissenschaftliche Kommentar von Justus Olshausen, ebenso für die Schriftleitungs-Kollegen v. Liszt und Lilienthal, die in zahlreichen Rezensionen die Auseinandersetzungen auf die Spitze treiben: Bereits 1882, also knapp zwei Jahre nach Erscheinen des ersten Bandes, spricht v. Liszt von der *„communis opinio"*, es unterliege keinem Zweifel, dass dieses „hochbedeutende Werk" von Olshau-

---

40 Binding, *Strafgesetzgebung*, 23.

41 Binding, *Strafgesetzgebung*, 24.

42 Möglicherweise ahnte er voraus, welche Bedeutung der (nach dem ehemaligen Sitz des Reichsgerichts sowie der Herausgeber und Autoren benannte) „Leipziger Kommentar" zum StGB bis heute erlangen sollte.

sen „alle andern gleichartigen Arbeiten weit hinter sich zurück" lasse,[43] womit wohl eher eine Hoffnung zum Ausdruck gebracht wird:

> „Der Typus der älteren Kommentare aber, wie Oppenhoff ihn darstellt, dürfte mit der Vollendung des Olshausenschen Werkes endlich gründlich überwunden werden, u[nd] z[war] gewiß nicht zum Nachteile der Praxis".[44]

Und doch gehörte wohl einiger Optimismus dazu, an dieser Hoffnung festzuhalten, wobei zum Beleg auf die Äußerung eines mit „Herr S___r" nur mühsam anonymisierten Praktikers im ‚Gerichtssaale' verwiesen wird:

> „Die systematischen Behandlungen, wie die wissenschaftlichen Erörterungen werden in der Praxis nicht beliebt: dies ist für den Praktiker viel zu umständlich und zeitraubend. Vielmehr will er bei dem einzelnen Paragraphen des Gesetzes auch die nötigen Erläuterungen haben, wie sie in der Praxis ihm für seinen Fall, der gerade vorliegt, passen; er will einen Kommentar oder ein Handbuch in der Art haben, wie z. B. das Konversationslexikon".[45]

Für diese Praktiker, so v. Liszt abfällig, sei aber wahrscheinlich noch nicht einmal der Kommentar von Oppenhoff „unwissenschaftlich und konversationslexikonmäßig genug"; ganz so schlimm stand es um die Praxis dann aber wohl doch nicht, denn „ein Blick auf die litterarischen Leistungen der deutschen Jurisprudenz sowie auf die Rechtsprechung der deutschen Gerichtshöfe" beweise zur Evidenz, dass jene Auffassung „wenigstens ein Anachronismus" sei. Der Kommentar von Olshausen – „dieses weitaus besten Werkes seiner Art"[46] – verdiene demgegenüber Präferenz, weil er den Beweis geführt habe, dass „wissenschaftliche Vertiefung den Bedürfnissen der Praxis nicht nur nicht widerstrebt, sondern ihnen einzig entspricht", und weil er die Rechtsprechung

> „mit gewissenhaftem Fleiße berücksichtigt [habe], ohne dem Präjudizienkultus zu verfallen und nach bekannten Mustern den angeblich ausgesprochenen ‚Rechtssatz' einfach den früheren anzureihen".

---

43 F. v. Liszt, *Litteraturbericht*, in: Zeitschrift für die gesamte Strafrechtswissenschaft 2 (1882), 621.

44 v. Liszt, *Litteraturbericht*, 622.

45 Gerichtssaal (Bd. XXXIV, 78), zit. nach v. Liszt, *Litteraturbericht*, 622.

46 K. v. Lilienthal, *Litteraturbericht*, in: Zeitschrift für die gesamte Strafrechtswissenschaft 5 1885, 390.

Möge „der Vorrang dieses Kommentars vor anderen gleichnamigen Unternehmen auch von der deutschen Praxis rasch und freudig anerkannt werden!“[47] und das Buch endlich „die ihm gebührende Beachtung von Seiten der preußischen Praxis finden, und den ‚unvermeidlichen‘ Oppenhoff allmählich verdrängen“.[48]

4.) Schaut man sich die ersten Jahrgänge der amtlichen Sammlung der Entscheidungen des Reichsgerichts in Strafsachen (RGSt) an, waren diese Hoffnungen jener Jahre wohl vergeblich, was nicht unbedingt daran gelegen haben muss, dass der Kommentar von Olshausen, dieser „zweifellos wissenschaftlichste aller vorhandenen Strafgesetzbuchkommentare“ eben deshalb auch „die höchsten Ansprüche an die geistige Mitarbeit“ derjenigen stellte, die ihn mit Erfolg benutzen wollen.[49]
Vielmehr erweist sich die reichsgerichtliche Strafrechtsprechung jener Jahre insgesamt als überaus literatur- und insbesondere auch kommentarresistent: Im gesamten ersten RGSt-Band etwa (aus dem Zeitraum Oktober 1879 bis Juni 1880) mit seinen 208 Entscheidungen auf 452 Seiten, findet sich exakt ein Hinweis auf die beiden Kommentare von Oppenhoff und Meyer, freilich nur um sogleich hinzuzufügen, dass es auf deren Streit nicht ankomme;[50] weitere Stichproben quer durch die 80er und 90er Jahre des 19. Jahrhunderts ergaben ebenfalls weitgehend Fehlanzeige. Eine gründliche empirische Analyse der Rechtsprechung im Hinblick auf die – sicher selektive – Rezeption der Kommentarliteratur bzw. Zitierpraxis in verschiedenen Zeiträumen wäre aufschlussreich, hier kann auf diverse Vorarbeiten (wenn auch nicht im Strafrecht) zurückgegriffen werden.[51]

---

47 F. v. Liszt, *Litteraturbericht,* in: Zeitschrift für die gesamte Strafrechtswissenschaft 3 (1883), 703.

48 F. v. Liszt, *Litteraturbericht,* in: Zeitschrift für die gesamte Strafrechtswissenschaft 5 (1885), 723.

49 K. v. Lilienthal, *Litteraturbericht,* in: Zeitschrift für die gesamte Strafrechtswissenschaft 9 (1889), 663.

50 Amtliche Sammlung der Entscheidungen des Reichsgerichts in Strafsachen (RGSt) 1 (1879/80), 46.

51 Etwa die Studien von H. Kötz, *Die Zitierpraxis der Gerichte,* in: Rabels Zeitschrift für ausländisches und internationales Privatrecht 52 (1988), 644–662, oder von E. Holzleithner und V. Mayer-Schönberger, *Das Zitat als grundloser Grund rech-*

4. Der StGB-Kommentar als Medium von Kommunikation über Strafrecht?

Ob sich die Vorstellung eines „Mediums von Kommunikation über Recht"[52] überhaupt auf die spezielle juristische Fachliteraturgattung ‚Gesetzes-Kommentar' im Allgemeinen und StGB-Kommentar im Besonderen übertragen lässt, sei einmal dahingestellt. Sicherlich war es aber auch gar nicht so gemeint, dass innerhalb der Kommentare kommunikative Auseinandersetzungen über Recht stattfänden – selbst in Großkommentaren mit mehreren Autorinnen und Autoren ist das eher eine seltene Ausnahme.[53] Sähe man den Kommentar hingegen nur als Medium für die literarische Äußerung juristischer Einzelmeinungen, wäre der Begriff Kommunikation erst recht fehl am Platze (und fände allenfalls über Querverweise statt, wenn auch oft reduziert auf „a.A. ..." [anderer Ansicht], oder in Rezensionen).
Bliebe der Kommentar als Medium der Kommunikation zwischen Rechts-Wissenschaft und -Praxis: Die dargelegten Auseinandersetzungen über die Rolle der ersten Kommentare über das RStGB legen eine solche Perspektive nahe und bieten zugleich reichlich Analysekategorien und -material, wo es galt, „die Doktrin und die Rechtsprechung gewissenhaft zu benutzen",[54] denn Aufgabe des Kommentars sei die „Zusammenfassung der Ergebnisse wissenschaftlicher Erörterungen in bestimmt formulierten Sätzen".[55]
Dass Kommentare einen Beitrag zu dem „für die Fortentwicklung eines jeden Rechts unerlässlichen Gespräch zwischen Wissenschaft und Pra-

---

tlicher Legitimität, in: Norm und Entscheidung. Prolegomena zu einer Theorie des Falls, hgg. von B. Feldner und N. Forgó, Wien/New York 1999, 318–347.

52 Vgl. FN 1.

53 Vgl. aber auch die Kritik von H. Sendler, *Die Wahrheit über Loseblatt-Kommentare,* in: Neue Juristische Wochenschrift 50 (1996), 99–100, an einem „dissonanzenreichen ‚Konzert' von Solisten", und von H. Zipf, *Ein repräsentatives Bild des Allgemeinen Teils,* in: Zeitschrift für die gesamte Strafrechtswissenschaft 99 (1987), 5, am „monologischen Charakter" mancher Großkommentare.

54 F. Oppenhoff, H. Delius, *Das Strafgesetzbuch für das Deutsche Reich,* 14. Aufl. Berlin 1901 (Vorrede).

55 F. v. Liszt, *Litteraturbericht,* in: Zeitschrift für die gesamte Strafrechtswissenschaft 4 (1884), 328.

xis" zu leisten haben, wird nach wie vor hochgehalten,[56] wobei die „gemeinsame Basis für einen kritischen Dialog zwischen Strafrechtsprechung und Strafrechtswissenschaft" allerdings in einer der Strafjustiz zugeordneten Selbstbindung der Kommentatoren gesehen wird,[57] soll die Wissenschaft „nicht den Boden unter den Füßen verlieren" und – so fügt Schmidt zu Recht hinzu – „die Praxis nicht zum Handwerksmäßigen herabsinken"[58], zumal allzu praxisaffine und –affirmative Kommentare zu „simplen Kochrezepten für den juristischen Alltag" zu werden drohen.[59]

Im Reden über, genauer: im Skandalisieren von „Motiven- und Präjudicienkulten" gegen Ende des 19. Jahrhunderts wird die Entstehung der Gattung StGB-Kommentar von einer wissenschaftlichen und prinzipiengeleiteten Auseinandersetzung begleitet, die heute so nicht mehr stattfindet.[60] Sie ist noch einmal kurz aufgeflammt mit dem Aufkommen der sog. „Alternativ-Kommentare" in den 1970er Jahren,[61] angetreten um „freien Platz links von der herrschenden Meinung zu besetzen",[62] wobei jener zum StGB noch am wenigsten Aufsehen erregte, zumal er unvollendet blieb und bald in einem „Nomos-Kommentar" aufging, dessen nur noch mit Mühe als ‚alternativ' auszumachendes Selbstverständnis[63] schon kein Anlass mehr war für vergleichbare Grundsatzdebatten.[64]

---

56 So im Vorwort zur Erstauflage des *Systematischen Kommentars zum StGB*, hgg. von H.-J. Rudolphi et al., Frankfurt/ M. 1975, V.

57 Bahlmann, *Rechts- oder kriminalpolitische Argumente*, 180; kritisch dazu Henne, *Die Prägung des Juristen*, 354.

58 Schmidt, *Einführung*, 391.

59 Th. Rasehorn, *Eine Alternative für die Rechtspraxis*, in: Recht und Politik, 16 (1980), 228.

60 Zur legitimierenden Bedeutung der Präjudizien u.a. Holzleithner/ Mayer-Schönberger, *Das Zitat*, 325 ff.

61 Exemplarisch *Alternativkommentare. Anspruch und Kritik*, Neuwied/Darmstadt, hgg. von R. Wassermann 1987, vgl. Rieß, *Stellenwert und Funktion*, 82.

62 G. Lübbe-Wolff, *Rezension* in: Der Staat 1985, 615, vgl. auch Westermann, *Glanz und Elend*, 118, der von „politischen Kampfinstrumenten" spricht.

63 Er verarbeite die Rechtsprechung „kritisch" und verstehe sich als „Diskussionsforum", vgl. *NomosKommentar Strafgesetzbuch Band 1*, hgg. von U. Kindhäuser et al., Baden-Baden [3]2010, 5.

64 Bemerkenswert aber die scharfe Auseinandersetzung kritischer Kriminalsoziologie mit nicht minder kritischer Strafrechtstheorie zwischen H. Hess und S.

Jedoch ist der Motivenkultus zwar einerseits historisch überholt, weil die Gesetzgebungsmaterialien aus der Zeit der Entstehung des Preußischen StGB und jenem des Norddeutschen Bundes (als Vorläufer des RStGB) in der Tat keine Rolle mehr spielen und weil jener ‚Kult' auch methodisch weitgehend überholt ist.[65] Er begegnet uns gleichwohl, wenn Änderungen oder Ergänzungen des StGB zu verzeichnen sind, was in den letzten Jahren immer häufiger, wenn nicht hektischer der Fall ist.[66] Dann feiert der Motivenkultus nicht selten unvermittelt Urständ und geht bisweilen so weit, dass weite Teile der jeweiligen Gesetzesbegründung unmittelbar in die Kommentare übernommen werden (bisweilen noch übertroffen dadurch, dass ministeriale Entwurfsautoren später ihre ‚eigenen' Gesetze kommentieren).[67]

Die Rolle des Kommentars als Medium der Kommunikation über Strafrecht zu thematisieren, erscheint überfällig – die empirischen und theoretischen Grundlagen dafür fehlen aber weitgehend. Eine erste Analyse zur Entstehung einer ‚neuen' Gattung, nämlich der Kommentare über das einheitlich deutsche (R)StGB am Ende des 19. Jahrhunderts, sollte hierfür einen Einstieg bieten.

Scheerer auf der einen und K. Lüderssen auf der anderen Seite, in: Kritische Justiz 30 (1997), 442–458 und 31 (1998), 60–68.

65 Vgl. auch R. Christensen/ H. Kudlich, *Theorie richterlichen Begründens*, Berlin 2001, 26 ff.

66 Vgl. nur H. Pollähne, *Lücken im kriminalpolitischen Diskurs*, in: Kritische Vierteljahresschrift für Gesetzgebung und Rechtswissenschaft 86 (2003), 387–418; und ders., *Endstation Unrechtsstaat? Mit der Sicherungsverwahrung auf Zeitreise*, in: Die globale Transformation menschenrechtlicher Demokratie (Jahrbuch 2008), hgg. vom Komitee für Grundrechte und Demokratie, Münster 2008, 122–141.

67 Rieß, *Stellenwert und Funktion*, 87 f. spricht vom „nicht ganz unproblematischen […] Referentenkommentar".

Vom Verschwinden des Textes in seiner Kommentierung *oder*: Wie der Text in seinem Verschwinden zur Geltung kommt

THOMAS WABEL

I. Kanon, Kommentar und kulturelles Gedächtnis

Die Texte, die gelesen werden, verleihen Aufschluss über das Selbstbild einer Gesellschaft. Mehr noch gilt dies für die Texte, die kommentiert werden. Denn kommentiert werden zumeist solche Texte, die für eine Gesellschaft fundierende Bedeutung erlangen und damit zu der identitätsstiftenden Wirkung des *kollektiven* und *konnektiven Gedächtnisses* dieser Gesellschaft beitragen.[1] Diese Fundierung vollzieht sich *normativ* wie *formativ* – normativ als Kodifizierung von Recht, Brauch und Verhalten, formativ in der Erzeugung des Selbstbildes einer Gruppe oder einer Gesellschaft.[2] Texte, denen eine solchermaßen „gesteigerte Verbindlichkeit" zukommt, zählen zu den *kulturellen Texten* einer Gesellschaft.[3]

---

1 J. Assmann, *Text und Kommentar. Einführung*, in: Text und Kommentar. Archäologie der literarischen Kommunikation IV, hgg. v. J. Assmann/ B. Gladigow, München 1995, 9–33, hier: 10. Während Maurice Halbwachs das *kollektive Gedächtnis* in dem sozialen „Rahmen" verortet, in den Individuen und Gruppen in unterschiedlichen Konstellationen in „Kommunikation und Interaktion" hineingestellt sind (M. Halbwachs, *Das Gedächtnis und seine sozialen Bedingungen* [frz. 1925]. Frankfurt/ M. 1985, 364 – zit. nach J. Assmann, *Das kulturelle Gedächtnis. Schrift, Erinnerung und politische Identität in frühen Hochkulturen*, München (1999) [5]2005, 36), betont das *konnektive Gedächtnis* oder „Bindungsgedächtnis" das menschliche Streben, „dazuzugehören und eine soziale Identität auszubilden" (J. Assmann, *Religion und kulturelles Gedächtnis. Zehn Studien*, München 2000, 17).

2 Assmann, *Text und Kommentar*, 10.

3 Assmann, *Text und Kommentar*, 22. „Kulturelle Texte beanspruchen eine gesamtgesellschaftliche Verbindlichkeit, sie bestimmen Identität und Kohärenz einer Gesellschaft. Sie strukturieren die Sinnwelt, innerhalb derer sie sich verständigt, und [ihr] Bewußtsein von Einheit, Zusammengehörigkeit und Eigenart" (ebd.).

Die Tradierung solch kultureller Texte unterliegt besonderen Bedingungen. Konstitutiv hierfür sind die in einer ‚zerdehnten' Kommunikations-Situation wiederaufgenommene Mitteilung sowie die vorangegangene Speicherung.[4] In der „Institutionalisierungsform der zerdehnten Situation" unterscheiden sich mündliche und schriftliche Überlieferung.[5] In schriftlosen Gesellschaften wird nur das

> „[i]m Gedächtnis bewahrt [...], was sich im Hinblick auf künftige Wiederaufnahmen verwenden lässt. Das *kulturelle Gedächtnis* deckt sich dann weitestgehend mit dem, was innerhalb der Gruppe an Sinn zirkuliert".[6]

Dagegen können in einer Schriftkultur gegenwärtig nicht instrumentalisierbare Elemente des kulturellen Gedächtnisses ins *kulturelle Speichergedächtnis* ausgelagert werden.[7] Diese Speicherung und Auslagerung hat dennoch nicht den Charakter einer Endlagerstätte, sondern eines Reservoirs, aus dem in Vorgängen kulturellen Wandels geschöpft wird. „Einbrüche aus dem Jenseits des jeweils aktualisierten Sinns" führen zu einer Dynamik, der sich der Wandel von Auffassungen verdankt – in Neuerungen ebenso wie in „Repristinationen von Tradition" (24). Es ergibt sich die eigenartige Konstellation, dass die vorgängige *Vertrautheit* mit der christlichen Tradition (die Tatsache, dass entsprechende Inhalte

---

4 Assmann, *Text und Kommentar,* 20–22 unter Verweis auf K. Ehlich, *Text und sprachliches Handeln. Die Entstehung von Texten aus dem Bedürfnis nach Überlieferung,* in: Schrift und Gedächtnis. Archäologie der literarischen Kommunikation I, hgg. v. A. u. J. Assmann/ Chr. Hardmeier, München 1983, 24–43.

5 Assmann, *Text und Kommentar,* 23. Weitere Seitenzahlangaben in diesem Abschnitt ohne Nennung des Titels beziehen sich auf diesen Text.

6 Assmann, *Text und Kommentar,* 23 – Hervorhebung von mir. Die Unterscheidung zwischen *kommunikativem* und *kulturellem Gedächtnis* ist also nicht identisch mit der zwischen mündlicher und schriftlicher Überlieferung. Während das *kommunikative Gedächtnis* mündlich weitergegebener Erinnerungen (A. Assmann, *Erinnerungsräume. Formen und Wandlungen des kulturellen Gedächtnisses, München* 1999, 13) informell verfasst ist und die Wiederaufnahme zu bewahrenden Sinnes in direkter Interaktion mit anderen ermöglicht (Assmann, *Das kulturelle Gedächtnis,* 20), beherbergt das *kulturelle Gedächtnis* „Überlieferungs- und Vergegenwärtigungsform[en] [...] kulturellen Sinnes" in Gestalt von (normativen) Texten und Riten – die aber durchaus auch mündlich tradiert sein können – ebenso wie von Monumenten oder anderen „materiellen Stützen" (Assmann, *Das kulturelle Gedächtnis,* 21; A. Assmann, *Erinnerungsräume,* 13, 20).

7 A. Assmann, *Erinnerungsräume,* 134–137; Assmann, *Religion und kulturelles Gedächtnis,* 38f.

überhaupt im kulturellen Gedächtnis präsent sind), sich häufig nur darin zeigt, dass diese Inhalte *als fremde* (nämlich als Inhalte, die in das kulturelle Speichergedächtnis ausgelagert sind) wieder angeeignet und so aktiviert werden können.

Kulturelle Texte bedürfen der ständigen Reaktivierung und Weitergabe, um ihr Abdriften ins kulturelle Speichergedächtnis zu verhindern. Dies kann in Vorgängen der „akkomodierenden Fortschreibung" geschehen (24), wie sie etwa das deuteronomistische Geschichtswerk oder die Bearbeitungsstufen des Jesajabuches besonders plastisch dokumentieren. Dieses Verfahren kann jedoch nicht mehr angewendet werden, wenn solche fundierenden Texte *kanonische* Geltung erlangt haben. Denn dann ist das Kriterium der Schließung erfüllt: Die *mouvance*, innerhalb derer ein zu überliefernder Text in der Überlieferung verändert wird, ist zum Abschluss gekommen.[8] Der Vorgang der *Kanonisierung* führt dazu, dass fundierende Texte in einer buchstäblich zu überliefernden Form fixiert und nicht mehr verändert werden. Diese Nichtveränderbarkeit wird im Zuge einer Kanonformel nach dem Vorbild des Deuteronomiums[9] festgeschrieben. Ist dies geschehen, dann bedarf es eines anderen Verfahrens, um die fundierenden Texte präsent zu halten – der Kommentierung (28). Der Kommentar ist das Korrelat des kanonisch gewordenen Textes (10).

Die Kommentierung kanonischer Texte gibt Aufschluss über „Formen und Wandlungen des kulturellen Gedächtnisses"[10] in der Gegenwart und über die Zeiten hinweg. Dies soll hier an zwei Vorgängen der Kommentierung verdeutlicht werden, die sich auf fundierende Texte unserer Gesellschaft beziehen[11] und die als Kommentierungen ihrerseits schon klassische, wenn nicht gar kanonische Geltung erlangt haben:[12]

---

8 Assmann, *Text und Kommentar*, 24f unter Verweis auf P. Zumthor, *Introduction à la poésie orale*, Paris 1983.

9 Dtn 4,2. 13,1 – vgl. dazu Assmann, *Text und Kommentar*, 26f.

10 So der Untertitel von A. Assmann, *Erinnerungsräume*.

11 Dem Römerbrief ist darüber hinaus als Bestandteil der Bibel auch kanonische Geltung zuzuschreiben. Für das Grundgesetz gilt dies zumindest insofern, als die Unabänderlichkeitsklausel Art. 79 Abs. 3 (vgl. dazu unten Anm. 67) als funktionales Äquivalent zu einer „Kanonformel" verstanden werden kann.

12 „Klassische" Texte werden ebenso wie „kanonische" Texte ausgelegt, unterscheiden sich Jan Assmann zufolge von diesen aber dadurch, dass sie „zum

der Kommentierung des Römerbriefs des Apostels Paulus durch Martin Luther und den Kommentierungen des Menschenwürdeartikels des deutschen Grundgesetzes in den Jahren 1958 und 2003. Im Mittelpunkt stehen dabei nicht die kommentierten Texte selbst (deren Ausstrahlung in ihrer Wirkungsgeschichte freilich kaum zu überschätzen ist), sondern die ihnen gewidmeten Kommentierungen – und diese wiederum werden überwiegend unter dem Aspekt betrachtet, was sich aus ihnen für den Vorgang des Kommentierens selbst, seine gesellschaftliche Relevanz und sein Beitrag zur Vergegenwärtigung des zugrundeliegenden Texts erkennen lässt.

Hierin liegt auch die Wurzel des dialektischen Titels dieses Beitrags. Denn in der Bemühung um eine verstehende und Verstehen ermöglichende Kommentierung tritt der Kommentar zwischen Leser und Text (11). Dabei kann es zu einem Vorgang kommen, wie ihn Thomas Henne für die juristische Kommentarliteratur beschrieben hat: Aufgrund seiner Bedeutung für die sachgemäße Auslegung des Gesetzestextes tritt der Kommentar an dessen Stelle.

> „Nur Laien zitieren Gesetze, haben den Wunsch nach unvermittelter Aneignung und Nutzung des Gesetzes, suchen im Gesetz nach ‚Gerechtigkeit'. Der Jurist hingegen verweist auf den richtigen, weil herrschenden Kommentar in der aktuellen Auflage".[13]

Die erste Hälfte des Titels hat hier ihren Ursprung: Es kommt zum Verschwinden des Textes in seiner Kommentierung.[14]

Zugleich aber bleibt die Kommentierung auf den, ihr zugrunde liegenden Text ausgerichtet. Dieser wird „zum ordnenden Perspektivpunkt"[15]. Auch dann, wenn der Gesetzestext künftig *expressis verbis* nicht mehr

---

Vorbild variierender Texte" werden (Assmann, *Das kulturelle Gedächtnis,* 102). Für den Römerkommentar Martin Luthers und den Grundgesetzkommentar Günter Dürigs (1958) wird man zumindest sagen können, dass sie für das Genre paradigmatische Bedeutung erlangt haben.

13 Th. Henne, *Die Prägung des Juristen durch die Kommentarliteratur. Zu Form und Methode einer juristischen Diskursmethode,* in: Betrifft Justiz 87 (2006), 352–355, 353.

14 Für die theologische Ausbildung lässt sich ein vergleichbarer Vorgang in dem Vorherrschen von sekundären Referaten zentraler Texte etwa in dogmengeschichtlichen Darstellungen gegenüber den Originaltexten beobachten.

15 Henne, *Prägung des Juristen,* 353.

auftreten wird, hat er *regulative Funktion*[16]. Der – gegenüber dem Kommentartext – explizit zurücktretende Gesetzestext kommt so wieder zur Geltung – daher die zweite Hälfte des Titels.
Dieses Zurücktreten des Textes in seiner Anwendung bei gleichzeitiger fortdauernder Relevanz des Textes ist Indiz für ein tieferliegendes Problem, das in juristischem und theologischem Zusammenhang ebenso auftritt wie in der Beziehung beider aufeinander. Der eigenartigen Struktur dieses Problems, die durch eine Wechselbeziehung von Verschwinden und Zur-Geltung-Kommen gekennzeichnet ist, möchte ich anhand unterschiedlicher Typen nachgehen, in denen sie begegnet – zunächst anhand der Neufassung des paulinischen Rechtfertigungsverständnisses durch Luther in seiner Kommentierung des Römerbriefs 1515/16 (II.) und sodann anhand eines Vergleichs zweier bedeutender Kommentierungen des Menschenwürdeartikels im Grundgesetz (III.). Ein letzter Teil (IV.) thematisiert die Verbindungen zwischen beiden Kommentierungsvorgängen und zeigt auf, wie unter einer bestimmten Perspektive hinter dem *normativen* Text des Grundgesetzes der *formative* Paulus-Text wieder auftaucht.
Luthers Verständnis der paulinischen Rechtfertigungslehre scheint zunächst kein sehr aussichtsreicher Kandidat für eine solche Rekonstruktion des Menschenwürdeartikels aus theologischen Quellen zu sein. Denn zum einen müsste sich – wie Ulrich Barth gezeigt hat – eine geistesgeschichtliche Herleitung des Menschenwürdekonzepts am Begriff der Gottebenbildlichkeit und seiner Übernahme im altkirchlichen Platonismus sowie an der italienischen Renaissancephilosophie orientieren.[17] Versteht man zudem, wie Barth es tut, Luthers Fassung der paulinischen Rechtfertigungslehre als behaftet mit einer rückständigen Anthropologie in Gestalt der augustinischen Erbsündenlehre, so liegt eine Übertragung

16 „Der Kommentar zwingt den Leser in eine zentrierte Rechtslandschaft: Das Gesetz, und nur dessen Wortlaut, wird für wichtig erklärt" (Henne, *Prägung des Juristen*, 353).

17 U. Barth, *Herkunft und Bedeutung des Menschenwürdekonzepts. Der Wandel der Gottebenbildlichkeitsvorstellung* (2001), in: ders., Religion in der Moderne, Tübingen 2003, 345–371.

auf den modernen Menschenwürdebegriff erst recht fern. Wie ich zu zeigen versuche, trägt aber eine rechtfertigungstheologisch gefasste Rekonstruktion des Menschenwürdeartikels gerade zu dessen Vergegenwärtigung im kulturellen Gedächtnis der Gegenwart bei.

II. Neufassung des paulinischen Rechtfertigungsverständnisses durch Luther

Luthers Kommentierung des Römerbriefes ist für die Frage nach den mit einer Kommentierung verbundenen Rezeptionsprozessen deshalb besonders interessant, weil die von Luther entwickelte Lesart die protestantische Theologie über Jahrhunderte hin geprägt hat und teilweise bis heute prägend ist[18]. Forschungsgeschichtlich bedurfte es der Entstehung einer eigens so genannten „New Perspective on Paul", in der seit etwa 25 Jahren die zeitgeschichtlichen, hermeneutischen und theologischen Differenzen zwischen Paulus und Luther diskutiert werden.[19] Teils zustimmend, teils kritisch rezipiert,[20] haben die Ansätze dieser „neuen Paulusperspektive" zumindest herausgearbeitet, dass Paulus selbst und Luthers Lesart von Paulus nicht identisch sind.[21]

Für die hier verfolgten Zwecke sollen an einigen exemplarischen Passagen aus Luthers Kommentierung des Römerbriefs von 1515/16[22] wesent-

18 Vgl. M. Bachmann, *Vorwort*, in: Lutherische und Neue Paulusperspektive. Beiträge zu einem Schlüsselproblem der gegenwärtigen exegetischen Diskussion, hgg. von M. Bachmann, Tübingen (2005), vii–xiii, hier: xi.

19 Zu einem forschungsgeschichtlichen Überblick s. Bachmann, *Vorwort* sowie die in Bachmann, *Lutherische und Neue Paulusperspektive* versammelten Beiträge. – Zur Unterscheidung der Zugänge des Paulus und Luthers s. aber auch schon W. Joest, *Paulus und das lutherische „simul iustus et peccator"*, in: KuD 1 (1955), 269–320.

20 S. zuletzt W. Härle, *Paulus und Luther. Ein kritischer Blick auf die „New Perspective"*, in: ZThK 103 (2006), 362–393.

21 Für eine kurze Zusammenfassung der wesentlichen Unterschiede insbesondere in Bezug auf die Auslegung des Römerbriefs s.u. S. 7f.

22 Für die Streitfrage nach einer Früh- oder Spätdatierung der sogenannten „reformatorischen Entdeckung" Luthers schließe ich mich der von Karl-Heinz zur Mühlen und anderen vertretenen Auffassung an, dass bereits die frühe Römerbriefvorlesung von 1515/16 zentrale Grundbegriffe des Verständnisses von Rechtfertigung enthält, wie Luther es dann in der Auseinandersetzung mit der römisch-katholischen Kirche um 1520 zuspitzen wird. Zur Diskussion s. K.-H.

liche Aspekte seines Verständnisses der paulinischen Rechtfertigungslehre von Paulus' Verwendung von δικαιοσυνη θεου (Gerechtigkeit Gottes) abgehoben werden.[23] Für die Frage nach den Transformationen, denen ein Text in seiner Kommentierung unterworfen ist, nach seinem möglichen Verschwinden und Entstehen, wäre dies zum einen zu ergänzen durch eine Reflexion des paulinischen Umgangs mit den von ihm aufgegriffenen alttestamentlichen Bibelstellen und deren Verständnis von צדקה / δικαιοσυνη (Gerechtigkeit), zum anderen durch eine Diskussion der hermeneutischen Vorannahmen gegenwärtiger Paulus-Kommentierungen, um damit auch deren Zeit und Kontextabhängigkeit zu verdeutlichen. Beides würde den Rahmen dieser Ausführungen bei Weitem sprengen und muss daher unterbleiben. Auch die Ausführungen zu Luther müssen auf eine kurze Erinnerung an zentrale Elemente seiner Rechtfertigungslehre beschränkt bleiben.

1. Luthers Römerbriefvorlesung 1515/16

In der Druckfassung von Luthers Auslegung zu Rö 1,1 bedarf es dreier Druckseiten, bis Luther zur tatsächlichen Auslegung des Textes gelangt.[24] Die ersten Seiten dieser Auslegung können als eine summarische Voranstellung dessen verstanden werden, was Luther – in Anlehnung an die Auslegung Augustins in *De spiritu et littera,* den er sogleich zitiert –

---

zur Mühlen, *Luther II. Theologie,* in: TRE XXI (1991), 531–533; V. Leppin, *Luther,* Darmstadt 2006, 107–117.

23 Angesichts der nahezu uferlosen Diskussion um diesen Zentralbegriff paulinischer Theologie innerhalb des Römerbriefes orientiere ich mich hierbei insbesondere an der von Klaus Haacker in seinem 1999 erschienenen Kommentar entwickelten Lesart (K. Haacker, *Der Brief des Paulus an die Römer* [ThHK 6], Leipzig 1999).

24 „Et ut ad Epistolam veniamus" (M. Luther, *Divi Pauli apostoli ad Romanos epistola* [1515/16], in: WA 56; 157ff, fortan zitiert als „WA 56"). – „Um nun zum Brief zu kommen" (M. Luther, Römerbriefvorlesung 1515/16, in: Martin Luther. Ausgewählte Werke, Erg. Bd. 2, hgg. von H. H. Borcherdt/ G. Merz, [3]1957). Die deutsche Übersetzung der Originalzitate wird im Folgenden, wo nicht anders vermerkt, nach dieser Ausgabe, zitiert als Mü[3], beigegeben.

als Zentralaussage dieses Briefes ansieht. „Summarium huius Epistolae est destruere et evellere et disperdere omnem sapientiam et iustitiam carnis".[25]

Die positive Kernaussage, die der Zerstörung alles Eigenen entspricht, die von außen, von Gott her kommende Gerechtigkeit formuliert Luther etwas später:

> „Deus enim nos non per domesticam, sed per extraneam iustitiam et sapientiam vult salvare, non quae veniat et nascatur ex nobis, sed quae aliunde veniat in nos [...]. Igitur omnino externa et aliena iustitia oportet erudiri".[26]

Damit ist die sog. „reformatorische Entdeckung" angesprochen, die Luther in seinem späteren Selbstzeugnis beschreiben wird. „Gottes eigene Gerechtigkeit" wird dem Menschen kommuniziert, indem sie ihm „als dessen fremde Gerechtigkeit zukommt".[27] Die Gerechtigkeit Gottes wird „die Gerechtigkeit des Menschen [...], aber so, dass sie ihm in dieser Aneignung zugleich prinzipiell fremd bleibt"[28]. Deshalb muss die Rechtfertigung des Menschen durch Gott als imputativer Vorgang verstanden werden: Es ist eine dem Menschen von außen her zukommende Größe, die er zugeeignet bekommt, ohne dass sie ihm wesensmäßig innewohnt.[29]

---

25 WA 56; 157,2f – „Die Summe dieses Briefes ist: zu zerstören, auszurotten und zu vernichten alle Weisheit und Gerechtigkeit des Fleisches" (Mü³, 9).

26 WA 56; 158,10–14 – „Denn Gott will uns nicht durch unsere eigene, sondern durch *eine von außen kommende* Gerechtigkeit und Weisheit selig machen, durch eine Gerechtigkeit, die nicht aus uns kommt und aus uns erwächst, sondern von anderswoher zu uns kommt [...]. So muß man also eine Gerechtigkeit lehren, die ganz und gar von außen kommt und eine fremde Gerechtigkeit ist" (Mü³, 10 – Übersetzung der kursiven Passage abgeändert durch mich).

27 M. Moxter, *Rechtfertigung und Anerkennung. Zur kulturellen Bedeutung der Unterscheidung von Person und Werk*, in: Die Lehre von der Rechtfertigung des Gottlosen im kulturellen Kontext der Gegenwart. Beiträge im Horizont des christlich-jüdischen Gesprächs, hgg. von A. M. Dober/ D. Mensink, Stuttgart 2002, 20–42, hier: 29.

28 Ebd.

29 Um Gottes Gerechtigkeit als eine dem Menschen fremde Gerechtigkeit herauszustellen und den Anschein eines wesensmäßigen Innewohnens zu vermeiden, ist die spätere Auseinandersetzung Melanchthons und Calvins mit Osiander und seinem Begriff der *iustitia essentialis* so entscheidend für die Fassung des reformatorischen Grundgedankens. Vgl. B. L. McCormack, *Protestant Identity as a*

Das Sich-entäußern und Hinter-sich-lassen alles Eigenen unterstreicht Luther durch alttestamentliche Stellen, die er daraufhin auslegt, das Eigene aufzugeben.[30] Wo Luther dieses Sich-entäußern vertieft, ist noch die mystische Tradition erkennbar, in der er steht:

> „Christus vult omnem affectum nostrum ita esse exutum, ut [...] nec de ipsa externa, quae ex Christo in nobis est, iustitia, gloriari coram hominibus [...]. [I]n istis omnibus [...] oportet se habere in humilitate [...] et nudam misericordiam Dei expectare eum pro iusto et sapiente reputantis".[31]

Für diese Erwartung des reinen Erbarmens Gottes verweist Luther auf Rö 9,16 – woraus bereits die unterschiedliche Gesamtintention von Text und Kommentar zu erkennen ist: Paulus ringt an dieser Stelle darum, ob auch die Juden, die Christus ablehnen, des in Christus eröffneten Heils teilhaftig werden können und verweist am Beispiel von Jakob und Esau (Mal 1,2.3 – Rö 9,13), Moses Wunsch, die Herrlichkeit Gottes zu sehen (Ex 33,19 – Rö 9,15) und der Verstockung des Pharaos (Ex 9,16 – Rö 9,17) auf den Vorsatz oder Ratschluss (πϱοθεσις) Gottes. Luther deutet die Passage ebenfalls auf die reine Erwartung des göttlichen Erbarmens – aber im Kontext der Werkgerechtigkeit.

Damit ist die Dynamik vorgezeichnet, in der der Vorgang der Rechtfertigung verläuft. Schon in der summarischen Voranstellung sind zentrale Bestandteile einer Bewegung angesprochen, die in einzelnen Auslegungen noch schärfer erkennbar wird:

(1) Der imputative Charakter der Rechtfertigung durch Gott, aufgrund dessen es eben eine *fremde Gerechtigkeit* ist, mit der der Mensch begabt wird, ist eingebunden in eine scheinbare *Symmetrie* der Anerken-

---

Theological Problem, in: Reshaping Protestantism in a Global Context, hgg. von V. Küster, Berlin 2009, 177–194, hier 189f.

30 Hierzu zählen Ps 45 („Vergiss deines Volkes und deines Vaterhauses"), Gn 12,1 zu Abrahams Auszug auf Gottes Geheiß sowie der Exodus des Volkes Israel.

31 WA 56; 159,4–7. 12–14. 23f – „Christus will, *daß all unser [eigener] Affekt so hinweggegangen ist*, daß wir [...] uns auch der Gerechtigkeit, die von außen, von Christus her in uns ist, nicht vor Menschen rühmen. [...] In dem allen muß man sich in der Demut halten und auf das nackte Erbarmen Gottes warten, der einen als gerecht und weise ansieht" (Mü^3, 11f – Übersetzung der kursiven Passage abgeändert durch mich).

nungsverhältnisse. Die Aufnahme von Ps 51,6b durch Paulus in Rö 3,4 interpretiert Luther so, dass der Glaube eine geradezu Gott konstitutierende Funktion erhält:

> „‚iustificari Deum in sermonibus' est ipsum iustum et verum fieri in sermonibus suis […]. Hoc autem fit credendo et […] pro veris ac iustis tenendo. […] Ex quo patet, quod ista iustificatio ac iudicatio Dei est extrinseca deo et verbo eius scil. in hominibus".[32]

Luther geht von einer wechselseitigen Anerkennung des Menschen durch Gott und Gottes durch den Menschen aus,[33] die sich freilich *am Ort des Menschen* vollzieht und insofern nicht symmetrisch, sondern asymmetrisch ist, als sie diesen dem Urteil Gottes aussetzt:

> „Huic autem iustificationi […] resistit superbia cordis humani per incredulitatem. […] Ideo […] non reputat veros [sermones Dei], quia suum sensum, cui illi contrarii sunt, reputat verum. […] Ex quo opatet, quod ista iustificatio ac iudicatio Dei est extrinseca Deo et verbo eius scil. in hominibus".[34]

---

32 WA 56; 226,4f. 12–14 – „‚Gott wird gerechtfertigt in seinen Worten', das bedeutet, daß er selbst gerecht und wahr wird in seinen Worten […]. Das geschieht aber dadurch, daß man ihnen glaubt, […] sie für wahr und gerecht hält. […] Daraus wird deutlich, daß die Rechtfertigung und Verurteilung Gottes außerhalb von Gott und seinem Wort, nämlich bei den Menschen geschieht" (Mü³, 96). In der späteren Gal-Vorlesung wird Luther formulieren: „fides […] ut ita dicam est creatrix divinitatis, non in substantia Dei, sed in nobis" (M. Luther, *In epistolam … ad Galatas Commentarius* [1531/1535], in: WA 40/I; 15 - 40/II; 184, hier 40/I; 360,24f, fortan zitiert als „WA 40/I"). – „Der Glaube […,] dass ich so sage, ist der Schöpfer Gottes, nicht im Wesen Gottes, sondern in uns" (eigene Übersetzung).

33 „Gott recht geben heißt: deum iustificare. […] Es handelt sich also bei dem, was wir die reformatorische Lehre von der Rechtfertigung nennen, nicht nur um die Rechtfertigung des Menschen vor Gott, sondern zugleich und unumgänglich um die Rechtfertigung Gottes im Menschen" (H.-J. Iwand, *Glaubensgerechtigkeit nach Luthers Lehre,* in: Theologische Existenz heute 75 (1941), 11 – zit. nach Moxter, *Rechtfertigung und Anerkennung,* 27).

34 WA 56; 226,6–14 – „Dieser Rechtfertigung [sc. Gott in seinen Worten recht zu geben] aber widersetzt sich […] der Hochmut des menschlichen Herzens durch den Unglauben. […] Er hält [die Worte] […] darum nicht für wahr, weil er seinen eigenen Sinn, dem diese Worte stracks zuwiderlaufen, als wahr gelten läßt. […] Daraus wird deutlich, dass die Rechtfertigung und Verurteilung Gottes außerhalb von Gott und seinem Wort, nämlich bei den Menschen geschieht" (Mü³, 96).

Die Anerkennung (oder auch Nichtanerkennung) Gottes durch den Menschen erzeugt also *eo ipso* eine „eigentümliche prinzipielle *Asymmetrie*. Anerkennung Gottes ist Negation von Selbstbehauptung".[35] Luther führt dies aus, indem er den von Paulus in Rö 3,4 nicht zitierten Halbvers Ps 51,6a ergänzt und auslegt:

> „‚tibi peccavi' i.e. cedo iustitiam meam et sensum meum, qui resistit et damnat tuos sermones, et fateor me peccatorem et iniustum et mendacem ut tui sermones [...] tales fiant in nobis, quales sunt in seipsis".[36]

(2) Der Glaubende wird genau dadurch in die Bewegung der Rechtfertigung durch Gott einbezogen, dass er sich als Sünder erkennt[37] und nichts von sich, alles aber von Gott erhofft...

(3) ... – und kraft des Glaubens auch erhält:

> „Per hoc autem ‚iustificari deum' nos iustificamur. Et iustificatio illa Dei passiva, qua a nobis iustificatur, est ipsa iustificatio nostri active [sic] a Deo. Qui illam fidem, quae suos sermones iustificat, reputat iustitiam" [folgt Verweis auf Rö 4,5; 1,17].[38]

Die *mortificatio veteris hominis* schlägt um in die *consolatio* durch Gott[39]. Gott rechnet diesen Glauben, durch den ihn der Mensch für gerecht hält, diesem Menschen zur Gerechtigkeit an.

Beide Vorgänge der Rechtfertigung werden füreinander durchsichtig und bleiben dabei strikt aneinander gebunden. In der Anerkennung Got-

---

35 Moxter, *Rechtfertigung und Anerkennung,* 28 – Hervorhebung von mir.

36 WA 56; 226,17–20 – „‚an dir habe ich gesündigt', d.h. ich gebe meine Gerechtigkeit und meinen Sinn preis, der deinen Worten widersteht und sie verdammt, und ich bekenne es, dass ich ein Sünder bin, ungerecht und lügenhaft, auf dass deine Worte [...] so bei uns werden, wie sie an sich selbst sind" (Mü[3]; 96).

37 So wie umgekehrt die Sünde gerade darin besteht, die eigene Sünde *nicht* zu erkennen (s. G. Pfleiderer, *„Die eigentliche Sünde ist allen Menschen unbekannt". Überlegungen zum Verhältnis von Sünde und Sündenerkenntnis,* in: NZSTh 43 (2001), 330–349).

38 WA 226,23–25; 227,2–5 – „Durch dieses ‚Gerechtfertigtwerden Gottes' aber werden wir gerechtfertigt und jene passive Rechtfertigung Gottes, durch die er von uns gerechtfertigt wird, ist unsere eigene Rechtfertigung, die Gott handelnd an uns vollzieht. Denn er erkennt jenen Glauben, welcher seine Worte rechtfertigt, als Gerechtigkeit an" (Mü[3], 97).

39 Dies macht auch die besondere Dynamik von Gesetz und Evangelium als zweier Handlungsweisen Gottes mit den Menschen bei Luther aus.

tes im Glauben (*iustificatio passiva*) bekennt der Mensch, angewiesen zu sein auf die Anerkennung durch Gott in dessen Gnadengeschenk der Rechtfertigung (*iustificatio activa*). Nicht ein ,Wesensbegriff von Gerechtigkeit' ist es, den Luther voraussetzt; Rechtfertigung ist vielmehr ein ,imputativer Akt' und gebunden an Anerkennungsverhältnisse. Daher ist Rechtfertigung, wie insbesondere Melanchthon herausgestellt hat, notwendig forensisch zu verstehen. Dass der Akt der Rechtfertigung an den Glauben des Menschen gebunden ist, impliziert eine scheinbare Symmetrie der Anerkennungsverhältnisse, hinter der sich aber eine grundlegende Asymmetrie im Gottesverhältnis zeigt: Dass dem Menschen die Gerechtigkeit Gottes als fremde Gerechtigkeit (*aliena iustitia*) zugeeignet wird, ermöglicht ihm, sich auf eine Weise von anderswoher zu verstehen, die ihn frei macht von Versuchen der Selbstbehauptung. Hier haben Luthers *extra nos*-Formulierungen ihren systematischen Ort.[40] In diesem Sinne ist die forensische Rechtfertigung zugleich effektive Rechtfertigung – nicht im Sinne einer Wesensverwandlung des Menschen, sondern insofern, als der Mensch nicht bei sich verbleibt, sondern sich selbst heilvoll entzogen wird.[41]

2. Erinnerung an das paulinische Anliegen

Es ist nicht immer leicht, gegen die enorme Suggestivkraft von Luthers Pauluslektüre andere Fassungen des paulinischen Anliegens zur Geltung zu bringen und von Luthers Intention auch da zu unterscheiden, wo beide fast ununterscheidbar zusammen liegen. Zentral sind aber folgende hier nur knapp zu referierende Beobachtungen:

40 „Theologia nostra certa est, quia ponit nos extra nos" (WA 40/I; 589,8) – „Unsere Theologie ist gewiss, weil sie uns außerhalb unserer selbst stellt" (eigene Übersetzung). Vgl. K.-H. zur Mühlen, *Nos extra nos. Luthers Theologie zwischen Mystik und Scholastik*, Tübingen 1972.

41 Vgl. E. Maurer, *Selbstvergessenheit*, in: Rechtfertigung und Erfahrung (FS G. Sauter), hgg. von M. Beintker u.a., Gütersloh 1995, 168–184. Moxter erwägt für den gleichen Vorgang ein spezifisch modifiziertes Verständnis des Begriffs „Selbstentfremdung" (*Rechtfertigung und Anerkennung*).

a) Gesetzeswerke

In der Lesart der *New Perspective* steht für Paulus nicht die kritische, von Luther überaus sensibel und zugleich in äußerster Radikalität nachvollzogene Auseinandersetzung mit der Werkgerechtigkeit im Mittelpunkt, sondern die Einbeziehung der Heiden in die den Juden geltende Verheißung. Dies wird etwa im unmittelbaren Zusammenhang des *locus classicus* für das lutherische Verständnis der Rechtfertigungslehre (Rö 3,28) deutlich:

Die Feststellung, dass der Mensch aus Glauben ohne Werke des Gesetzes (πιστει [...] χωρις εργων νομου) gerechtfertigt werde, mündet in die rhethorische Frage: „η Ιουδαιων ο θεος μονον; ουχι και εθνων; ναι και εθνων".[42] Χωρις εργων νομου (ohne Werke des Gesetzes) meint damit nicht die Werkgerechtigkeit, sondern die „spezifischen Merkmale des Lebens nach der Torah".[43] Dass das Gesetz des Glaubens (νομος πιστεως) an die Stelle des Gesetzes der Werke (νομος των εργων) tritt, bedeutet also weder eine Durchbrechung der Verheißung Gottes an sein Volk noch eine Bestätigung dieses Heilswegs in seiner Partikularität, sondern vielmehr eine Ausweitung des Heilsangebots Gottes, der aus den Juden ebenso beruft wie aus den Nichtjuden (εθνη – Rö 9,24).

b)Universalität der Sünde als Universalisierung der Verheißung

Zwar haben die Juden als ‚Gottes erwähltes Volk' einen Vorzug (oder: Überschuss – περισσον Rö 3,1) gegenüber den Nichtjuden, dieser begründet aber keine Vorrangstellung (προεχομεθα; ου παντως Rö 3,9) und keinen Ausschließlichkeitsanspruch (93) im Gottesverhältnis durch das Gesetz. Vielmehr gilt: „alle haben gesündigt und [...] werden umsonst gerechtfertigt durch [...] die Erlösung in Christus Jesus" (Rö 3,23f); Gott hat „alle zusammen in den Ungehorsam eingeschlossen, damit er sich aller erbarmt" (Rö 9,32).

c) Gerechtigkeit Gottes / eigene Gerechtigkeit

Sofern Juden (Rö 2,17-29) wie Nichtjuden (Rö 1,18-32. 2,14-16) unter die Sünde beschlossen sind, erweist „unsere Ungerechtigkeit Gottes Gerech-

42 „Oder ist Gott der Gott der Juden allein? Nicht auch der Völker? Ja, auch der Völker" (Rö 3,29).

43 Haacker, *Römer,* 94. Weitere Seitenzahlnennungen ohne Angabe des Titels in diesem Abschnitt beziehen sich hierauf.

tigkeit" (Rö 3,5). Einem Vorschlag Klaus Haackers zufolge ist also δικαιοσυνη θεου (Gerechtigkeit Gottes) nicht identisch mit der Rechtfertigung des Sünders (wie es sich bei Luthers Gleichsetzung mit der *iustitia activa* ergäbe), sondern als aus dem hebräischen צדקה (*zedaqah* – Gerechtigkeit) übernommener *terminus technicus* zu verstehen, der die rettende Machtausübung Gottes bezeichnet (42. 206).
Weil die Leidenschaft der Juden für Gott nicht mit der richtigen Erkenntnis verbunden ist (Rö 10,2), hofft und betet Paulus für ihre Rettung (Rö 10,1). Wie verhalten sich nun Gottes Gerechtigkeit zu der „eigenen Gerechtigkeit" (Rö 10,3) der Juden, die Luther als Werk- (und damit Selbst-) gerechtigkeit des Menschen universalisiert? Worin besteht die Aufrechterhaltung der eigenen Gerechtigkeit gegen die Gerechtigkeit Gottes?[44] Zwei mögliche Lesarten lassen sich unterscheiden.

(1) Nach der einen Lesart meint „eigene Gerechtigkeit" nicht (wie bei Luther) die Werkgerechtigkeit, sondern die spezifische Gerechtigkeit des Judentums im Unterschied zur Gerechtigkeit aus Glauben für alle Völker[45]. Nach dieser Lesart besteht also die eigene Gerechtigkeit darin, gegen die Ausweitung von Gottes Heilshandeln auf der Partikularität der eigenen Verheißung zu beharren. Dagegen spricht allerdings, dass im engeren Kontext θεου (Gottes) im Gegensatz zu ιδιαν (eigene) steht (205).

(2) Klaus Haacker schlägt deshalb in Parallele zu Phil 3,9 vor, von einer „Relativierung der eigenen ‚Gerechtigkeit'" angesichts der rettenden Machtausübung Gottes zu sprechen.[46] Auf die „eigene Gerechtigkeit" zu vertrauen, stellte dann das Beharren auf eigenen moralischen Qualitäten dar – im Falle der Juden den Gehorsam gegenüber dem Gesetz, im Falle der Nichtjuden die – bei den Römern hoch in Geltung stehende – bürgerliche Rechtschaffenheit (205. 42). Damit würde sich freilich diese Lesart der lutherischen Ablehnung jeder vom Menschen zu erbringenden Leistung annähern.[47] Entscheidend ist hier aber die unter-

---

44 την ιδιαν δικαιοσυνην ζητουντες στησαι, τη δικαιοσυνη του θεου ουχ υπεταγησαν – Rö 10,3).

45 R. Liebers, *Das Gesetz als Evangelium. Untersuchungen zur Gesetzeskritik des Paulus*. Zürich 1989, 55 – zit. nach Haacker, *Römer*, 204f.

46 Ebd.

47 Auch in der Ablehnung des „Rühmens" liegen Paulus und Luther nahe beiei-

schiedliche Stoßrichtung der kritischen Aussagen. Das pharisäische Gerechtigkeitsstreben im Leben nach der Thora wird nicht (wie bei Luther und noch bei Bultmann) als Vermessenheit abqualifiziert, sondern wird hier thematisiert innerhalb einer Reflexion des Verhältnisses von Juden und Nichtjuden.

d) Gesetz

Ähnlich verhält es sich mit der Rolle des Gesetzes. Während Luther es in dialektische Opposition zum Evangelium bringt und der *usus theologicus* des Gesetzes, seine den Sünder überführende Wirkung, die Dynamik von *mortificatio* und *consolatio* in Gang setzt, beschreibt Paulus die heilvolle Wirkung des Gesetzes in der Ausweitung seiner Geltung. Die Thora erfüllt so eine Brückenfunktion[48] für die theologische Argumentation hinsichtlich der Einbeziehung der Heidenchristen: An Stelle des Gesetzes der Werke (νομος των εργων) tritt das Gesetz des Glaubens (νομος πιστεως, Rö 3,27); das von der Sünde missbrauchte (Rö 7,8) Gesetz der Sünde und des Todes (νομος της αμαρτιας και του θανατου) wird abgelöst durch das Gesetz des Geistes des Lebens in Christus Jesus (νομος του πνευματος της ζωης εν Χριστω Ιησου, Rö 8,2). Die vieldiskutierte Passage vom „Ende des Gesetzes" (τελος νομου) durch Christus (Rö 10,4) lässt sich dann in Analogie zu Rö 3,31 als eine hermeneutische Anweisung zum Verständnis des Gesetzes auffassen: Die Israeloffenbarung bezieht nun auch die Heiden ein.[49]

nander. Wenn das Gesetz des Glaubens (νομος πιστεως) jedes Rühmen ausschließt (Rö 3,27), lässt sich das Rühmen verstehen als „ein fehlgeleitetes jüdisches Selbstbewußtsein, das sich auf die Erwählung versteift, die eigene Untreue und Gottes Gericht dagegen ausblendet" (Haacker, *Römer* 94). Versteht man diesen Selbstruhm als Anspruchsdenken gegenüber Gott und damit als Pervertierung des Verhältnisses von Schöpfer und Geschöpf (Härle, *Paulus und Luther,* 392), so liegt die Parallelisierung zur lutherischen Werkgerechtigkeit nahe.

48 V. Stolle, *Nomos zwischen Torah und Lex. Der paulinische Gesetzesbegriff und seine Interpretation durch Luther in der zweiten Disputation gegen die Antinomer vom 12. Januar 1538,* in: Bachmann, Lutherische und Neue Paulusperspektive, 41–67, hier: 63.

49 Haacker, *Römer* 209; Stolle, *Nomos,* 62.

3. Zusammenfassung

In einer fruchtbaren Vereinseitigung paulinischer Grundeinsichten radikalisiert Luther die δικαιοσυνη θεου (Gerechtigkeit Gottes) im Sinne der *iustificatio activa* durch Gott. Damit verschiebt sich die für die Abfassungssituation des Römerbriefs grundlegende Problematik der Einbeziehung von Nichtjuden in das mit der Erwählung des jüdischen Volkes verbundene Heil, die Paulus unter anderem im Rahmen der Universalisierung der Sünde (Rö 1,18 – 2,29) und der Ausweitung der Verheißung (Rö 3 + 4) thematisiert. Die paulinischen Theologumena, die aus der konkreten Abfassungssituation des Briefes resultieren, überführt Luther in anderer historischer Situation in eine grundlegende Reflexion existenzialer Dialektik des Menschen vor Gott.[50] Gerade die Universalität menschlichen Verstricktseins in Selbstbehauptungsversuche, in die Luther die Universalisierung des Zugangs zu Gott im Glauben bei Paulus überführt, verleiht seiner (Luthers) Lesart eine solche Suggestivkraft.[51]
Wir begegnen hier also einem weiteren Fall von „Verschwinden des Textes in seiner Kommentierung": Geht die Sensibilität für die Andersartigkeit des Paulus gegenüber Luthers Kommentierung verloren, dann wird die paulinische Theologie fast unmerklich von ihrer Wirkungsgeschichte überformt. Ein Reiz der sogenannten „neuen Paulusperspektive" liegt zumindest darin, für diese ‚Andersheit' des zugrundeliegenden Textes gegenüber seiner Kommentierung zu sensibilisieren. In dieser kritischen Selbstreflexion der Rezeptionsgeschichte zeichnet sich aber zugleich ein „Entstehen des Textes in seinem Verschwinden" ab: Nicht trotz, sondern wegen Luthers Kommentierung kann man vom Römerbrief als von einem formativ fundierenden Text für das abendländische Christentum (insbesondere protestantischer Konfession) sprechen. Auch Vereinseitigungen, womöglich Verzerrungen in der Rezeptions- und Auslegungsgeschichte eines fundierenden Textes prägen das kulturelle Gedächtnis einer Gesellschaft. Der Text entzieht sich aber seiner Aneig-

---

50 In der berühmten Formel vom Christen als *simul iustus et peccator* (WA 56; 272) gewinnt diese Dialektik begriffliche Prägnanz. Zur Abhebung dieser Interpretationslinie Luthers von der ihr zugrundeliegenden Passage Rö 7,7–25 vgl. Joest, *Paulus und das lutherische simul.*

51 Die Wirkungsgeschichte Luthers als Vorläufer neuzeitlicher Subjektivität (Kant, Hegel) oder sogar als Gewährsmann anthropozentrischer Religionskritik (Feuerbach) legt hiervon beredtes Zeugnis ab.

nung und seiner potentiellen Vereinnahmung, sofern er *in* seiner Rezeption *gegenüber* dieser Rezeption seine Eigenständigkeit und Widerständigkeit bewahrt. Er kommt dann zum Vorschein, *entsteht* also, gerade indem er sich entzieht und insofern *verschwindet*. Es spricht manches dafür, das Theologumenon der Selbstauslegungskraft der Schrift im Sinne dieser Selbstdurchsetzung des Textes zu verstehen.

III. Kommentierungen des Menschenwürdeartikels im Grundgesetz

Ein anderer Typ eines dialektischen Wechselverhältnisses von Entstehen und Verschwinden im gegenseitigen Bezug von Text und Kommentar soll anhand zweier bedeutender Kommentierungen des Menschenwürdeartikels im Grundgesetz der Bundesrepublik Deutschland geschildert werden: die mittlerweile schon klassische Kommentierung durch Günter Dürig aus dem Jahr 1958, die deutlich den Geist einer inneren Neuausrichtung in der Nachkriegszeit erkennen lässt und die vor wenigen Jahren erfolgte Neubearbeitung dieser Kommentierung durch Matthias Herdegen.

Für die Frage nach Art und Funktion der Kommentierung im Kontext des kollektiven Gedächtnisses einer Gesellschaft ist die Kommentierung des Menschenwürdeartikels im Grundgesetz in formaler wie in inhaltlicher Hinsicht aufschlussreich. Der Grundgesetzkommentar von Maunz-Dürig[52] hat – wie Gesetzessammlungen auch, aber anders als theologische Kommentarwerke – die Form einer Loseblattsammlung. Neubearbeitungen ergehen als Einzellieferungen an die Subskribenten mit der Aufforderung, die entsprechenden Seiten der alten Kommentierung auszusortieren und durch die Neulieferung zu ersetzen. Hier wird die Aufgabe juristischer Kommentare erkennbar, das zur Anwendung der Ge-

52 Th. Maunz/ G. Dürig/ R. Herzog u.a., *Grundgesetz Kommentar*, München 1994. Der „Maunz-Dürig" ist ein Standardkommentar zum Grundgesetz, der schon durch sein bloßes Bestehen die These Thomas Hennes bestätigt, dass „in der Rechtspraxis [...] der Name des realen Kommentators hinter dem Abstraktum des Kommentarnamens" (Henne, *Prägung des Juristen* 353) – der sich freilich aus dem oder den Namen bedeutender Kommentatoren ergibt – verschwindet: „Es steht im Maunz-Dürig". Was im Kommentar steht, hat offenbar einen anderen Status als der einer „bloßen" Beteiligung des Kommentators am wissenschaftlichen Diskurs: Der Kommentar gewinnt autoritativen Status. Kommentare „stellen [...] die letzte Instanz dar; niemand kommentiert sie, niemand schreibt – anders als bei Aufsätzen – einen Gegenartikel" (ebd.).

setze nötige Wissen unter Einbeziehung der ergangenen Rechtsprechung stets auf dem neuesten Stand zu halten, der dem Gesetzesanwender im beruflichen Alltag unmittelbar verfügbar sein soll. Dem Kommentar kommt eben auch die Leistung zu, „das für eine Anwendungswissenschaft unverzichtbare Vergessen zu organisieren".[53] In der Terminologie Aleida Assmanns: Die alte Kommentierung wird (wenn nicht in den Papierkorb, so doch) ins kulturelle Speichergedächtnis ausgelagert.[54] Anders verhält es sich jedoch mit der Kommentierung des Menschenwürdeartikels durch Günter Dürig. Dieser ist nun als Sonderdruck des Verlags der Aufstellung des Maunz-Dürig in den juristischen Bibliotheken beigegeben. Hier wird deutlich, welche Bedeutung gerade diesem Kommentarwerk zukommt: Der Kommentar tritt auch in seiner historischen Bedingtheit als ein Text mit eigenem Stellenwert neben den ihm zugrundeliegenden Text des Grundgesetzes. Diese Bedeutung liegt auch in inhaltlichen Aspekten begründet, die mit dem Menschenwürdeartikel verbunden sind.

Das Konzept der Menschenwürde ist zwar fundamental für die deutsche Rechtsordnung, seine Begründung ist aber zugleich auf eigentümliche Weise prekär. Die staatliche Garantie der Menschenwürde ist auslegungsbedürftig.[55] Ihre inhaltliche Füllung ist umstritten. Weil sie ursprünglich als ein „evidentes, nicht weiter begründungspflichtiges Regu-

---

53 Henne, *Prägung des Juristen,* 353 unter Verweis auf *Kulturelles Vergessen. Medien – Rituale – Orte,* hgg. von G. Butzer u.a., Göttingen 2004; M. Stolleis, *Vom Verschwinden verbrauchten Rechts,* in: Summa (FS Dieter Simon), hgg. von R. M. Kiesow u.a., Frankfurt/ M. 2005, 539ff.

54 In der juristischen Kommentierung wird also die normative Geltung des kommentierten Textes auf andere Weise deutlich als in der theologischen, philosophischen oder literaturwissenschaftlichen Kommentierungspraxis. Die Geltung des Textes erweist sich nicht in der Abfolge jeweils vorläufiger und dem Reichtum des Textes stets unangemessener Kommentierungen sowie deren gegenseitiger Korrektur, sondern in dem Versuch, eine für die jeweilige Gegenwart gültige Kommentierung zu erstellen, die in Gestalt der Loseblattlieferung dann ihre Vorläufer zum Verschwinden bringt, bevor sie ihrerseits einmal aussortiert und dem rechtshistorischen Speichergedächtnis überantwortet werden wird.

55 Christian Starck spricht von einer situationsabhängigen, „nicht zu vermeidende[n] Relativität der Würdegarantie" in Grenz- und Sonderfällen, der aber mit einer starren Kasuistik nicht beizukommen sei. „Es kann nur an den Sinn der Würdegarantie erinnert werden" (*Das Bonner Grundgesetz. Kommentar Bd. 1,* hgg. von H. v. Mangoldt/ F. Klein/ Chr. Starck, München ^{3}1985, 41 Rn. 20).

lierungsprinzip" verstanden wurde, ist ihrer Anführung im Grundgesetz auch keine weltanschauliche Unterfütterung beigegeben.[56]

In der Konsequenz ergibt sich eine paradoxe Situation: Die Zuerkennung von Menschenwürde gewinnt Universalität durch die weltanschauliche *Neutralität* des Staates und als *Formalprinzip*. Materialiter bleibt auf der Ebene der Rechtssetzung dabei aber eine *Leerstelle* – der Staat kann die weltanschaulichen Begründungen nicht liefern, aus denen sich der Begriff der Menschenwürde ableiten lässt[57]. Die Menschenwürdekonzeption ist daher auf weltanschauliche *Begründungsmodelle* angewiesen, um ethische Orientierung nachvollziehbar und damit durchsetzungsfähig zu machen. Die Kommentierung des Grundgesetzes durch Günter Dürig lässt erkennen, dass er diese systematisch bedingte Leerstelle zu füllen versucht.

1. Günter Dürigs Kommentierung von Art. 1 Abs. 1 GG (1958)

Die 1958 vorgenommene Kommentierung von Art. 1 Abs. 1 durch Günter Dürig war außerordentlich einflussreich – was sich schon allein daran zeigt, dass bis 2003 keine Neukommentierung vorgenommen wurde. Dies unterbleibt aus dem Bewusstsein heraus, dass Dürigs Kommentierung „gewissermaßen das ideelle und normative Grundgerüst" darstellt, „auf dem sich der Kommentar insgesamt entfaltete"; sie war eine „Arbeit am Fundament des Fundaments", der neuen Ordnung eines Zusammenlebens im Deutschland der Nachkriegszeit.[58]

---

56 R. Anselm, *Die Würde des gerechtfertigten Menschen. Zur Hermeneutik des Menschenwürdearguments aus der Perspektive der evangelischen Ethik*, in: ZEE 43/1999, 123–136, 123; vgl. Starck in Mangoldt/ Klein/ Starck, *Bonner Grundgesetz*, 25 Rn. 1.

57 Vgl. M. Moxter, *Unterwegs zum Recht. Eine Vorerinnerung an die Horizonte des Würdebegriffs*, in: Menschenwürde in der säkularen Verfassungsordnung. Rechtswissenschaftliche und theologische Perspektiven, hgg. von P. Bahr/ H. M. Heinig, Tübingen 2006, 73–91, hier: 89.

58 E. W. Böckenförde, *Die Würde des Menschen war unantastbar. Abschied von den Verfassungsvätern. Die Neukommentierung von Artikel 1 des Grundgesetzes markiert einen Epochenbruch*, in: FAZ 3.9.2003, 33. 35, 33.

Dürig sieht in der Menschenwürde die „Basis für ein ganzes Wertsystem" und erkennt ihr damit den „Charakter eines obersten Konstitutionsprinzips allen objektiven Rechts" zu.[59] Für Dürig beinhaltet

> „[d]ie *normative* Aussage des objektiven Verfassungsrechts, dass die Würde des Menschen unantastbar ist, [...] eine Wertaussage, der ihrerseits [...] eine Aussage über eine *Seins*gegebenheit zugrundeliegt".[60]

Diese ontologische Grundaussage enthält eine materiale Anthropologie:[61]

> „Jeder Mensch ist Mensch kraft seines *Geistes*, der ihn abhebt von der unpersönlichen Natur und ihn *aus eigener Entscheidung* dazu befähigt, *seiner selbst bewußt* zu werden, sich *selbst zu bestimmen* und sich und die Umwelt zu *gestalten*".[62]

‚Würde' wird hier als intrinsischer, „allgemein menschliche[r] *Eigenwert*" verstanden;[63] es bedarf *keiner äußeren Instanz*, die dem einzelnen Menschen diesen Wert erst zuspricht.[64] Das Grundgesetz ist daher wie jede Verfassung in „objektiven Werten" begründet.[65] Das Zusammenspiel von Art. 1 Abs. 1 GG (Menschenwürde) mit Art. 19 Abs. 2 (Wesensgehaltssperre für Grundrechtseinschränkungen)[66] und Art. 79 Abs. 3 (Absicherung der Menschenwürdegarantie gegenüber verfassungsändernden Mehrheiten)[67] macht die dort bezeichneten *„Formalbegriffe* [...] *werterfüllt*

59 Dürig in: Maunz/ Dürig/ Herzog, *Kommentar* 6. Vgl. G. Dürig, *Der Grundrechtssatz von der Menschenwürde* (1956), in: ders., Gesammelte Schriften 1952–1983, Schriften zum öffentlichen Recht 463. Berlin 1984, 127–166, hier: 129. Die Menschenwürde fungiert als „vorpositives Fundament, [als] eine Art naturrechtliche[r] Anker" der Verfassung (Böckenförde, *Würde des Menschen,* 33).

60 Dürig in: Maunz/ Dürig/ Herzog, *Kommentar,* 11.

61 „Art. 1 I [...] entwirft die Grundvorstellung von diesem Menschen, um dessen willen der Staat da ist" (Dürig, *Grundrechtssatz* 133 – vgl. Dürig in: Maunz/ Dürig/ Herzog, *Kommentar,* 10).

62 Dürig in: Maunz/ Dürig/ Herzog, *Kommentar,* 11.

63 Dürig in: Maunz/ Dürig/ Herzog, *Kommentar,* 11f – Hervorhebung von mir.

64 Vgl. W. Vögele, *Menschenwürde zwischen Recht und Theologie. Begründungen von Menschenrechten in der Perspektive öffentlicher Theologie,* Gütersloh 2000, 325.

65 Dürig, *Grundrechtssatz* 127. Das „Recht hat ontologische Voraussetzungen, und Menschenwürde bringt sie auf den Begriff" (Vögele, *Menschenwürde,* 326).

66 „In keinem Falle darf ein Grundrecht in seinem Wesensgehalt angetastet werden" (Art. 19 Abs. 2 GG).

67 „Eine Änderung dieses Grundgesetzes, durch welche [...] die in den Artikeln 1

und eröffnet so überhaupt erst die Möglichkeit, dem positivrechtlichen Gebot [dieser Artikel] sinnvoll zu genügen"[68]. Zusammen bilden die drei Artikel ein „unantastbares Wertsystem".[69]

Obwohl die Würdeklausel im Grundgesetz nicht auf bestimmte religiöse und weltanschauliche Grundlagen Bezug nimmt, steht für Dürig außer Frage, dass hier keine andere Begründungsinstanz vorstellbar ist als der „christliche Persönlichkeitsbegriff", der ihm zufolge „bewußt oder unbewußt [...] in das GG rezipiert wurde".[70] Dies ist nach Dürig auch vermittelbar für außerchristliche Begründungsmodelle:

> „Insbesondere wird im Grundgesetz keine Diskrepanz zwischen ‚christlichem' und ‚profanem' Naturrecht erkennbar. Niemals ist es jedoch unjuristisch, wenn man zur Interpretation des von der Verfassung rezipierten, ihr vorausliegenden Rechts spezifisch christliche Lehren verwendet. [...] Die christliche Naturrechtsauffassung umspannt stets auch die gültige profane Lehre, selbst wenn es letztere ad hoc nicht wahrhaben will. [...] Sollte irgendwo das profane Naturrecht zu Abweichungen vom christlichen führen, so ist im Zweifel nichts anderes als die Überprüfung auf historische Abfälschungen nötig, um wieder auf die gemeinsame christliche Wurzel zu stoßen".[71]

Dürig versteht die Menschenwürde nicht selbst als ein Grundrecht, sondern als allen Grundrechten (Teilrechtssätze) vorausliegende und sie begründende Wertentscheidung (Obersatz). Damit ist die Menschenwürde jeglicher Abwägung mit anderen Rechtsansprüchen entzogen. Die Menschenwürde ist kein bloß subjektives Recht, das dann in Interessen- und Abwägungskonflikt mit anderen subjektiven Rechten eintreten müsste.[72] Erst im Rahmen der Grundrechte, die aus der Menschenwürde abgleitet

---

und 20 [Rechtsstaatlichkeit, Widerstandsrecht] niedergelegten Grundsätze berührt werden, ist unzulässig" (Art. 79 Abs. 3).

68 Dürig in: Maunz/ Dürig/ Herzog, *Kommentar,* 10.

69 Dürig in: Maunz/ Dürig/ Herzog, *Kommentar,* 8.

70 Zit. nach Vögele, *Menschenwürde,* 325.

71 Dürig in: Maunz/ Dürig/ Herzog, *Kommentar,* 9 FN 2.

72 Subjektive Rechte werden aber über Teilhabe an den aus der Menschenwürdegarantie *abgeleiteten* Freiheits- und Gleichheitsrechten mitgeteilt und weisen daher mittelbar auf die Menschenwürde zurück. Die Menschenwürde als *„oberste[s] Konstitutionsprinzip[]* allen objektiven Rechts" realisiert sich so „schrittweise zugunsten des einzelnen Rechtsträgers" (Dürig in: Maunz/ Dürig/ Herzog, *Kommentar* 6).

verstanden werden (Herdegen 12 Rn. 19) und die Menschenwürde als ein „unveräußerliches und unverletzliches Prinzip [...] in einer konkreten Ordnung gegenseitiger menschlicher Rücksichtnahme verdeutlich[en] und aus[]präg[en]", findet ein „schonende[r] Ausgleich gegenläufiger Rechte" statt.[73]
Auch wenn die Interpretation der Menschenwürde als objektiver Wert in Dürigs Kommentierung nicht ohne Widerspruch blieb,[74] war mit einer solchen objektivrechtlichen Verankerung ein Fundament geschaffen, auf dem der von den Verfassungsvätern gewünschte „Damm für alle Zukunft" angesichts der Erfahrungen des Dritten Reiches errichtet werden konnte.[75] Dass diese Kommentierung ein Rechtsgefüge, das eben aus diesen vergangenen Erfahrungen heraus nicht auf weltanschauliche Grundlagen rekurrierte, sondern im Zusammenspiel von Art. 1 Abs. 1, Art. 19 Abs. 2 und Art. 79 Abs. 3 eine formale Absicherung der Menschenwürdegarantie vornahm, weltanschaulich objektivierend interpretierte und damit vereindeutigte, wurde offensichtlich in Kauf genommen.

2. Die Neukommentierung durch Matthias Herdegen (2003)

Anders als die objektivrechtliche Argumentation Dürigs sieht Matthias Herdegen in seiner Neukommentierung von Art. 1 Abs. 1 GG die Wirkung der Menschenwürdegarantie in ihrer subjektiv-rechtlichen Dimension durch ihre wechselseitige Konstituierung mit den Grundrechten gegeben:

> „Die im Parlamentarischen Rat herrschende Vorstellung, das Grundgesetz übernehme mit der Menschenwürdeklausel ‚deklaratorisch' einen Staat und Verfassung vorgeordneten Anspruch ins positive Recht, hat noch beachtliche Suggestivkraft. [...] Für die staatsrechtliche Betrachtung sind jedoch allein die (unantastbare) Verankerung im Verfassungstext und die Exegese der Menschenwürde als *Begriff des positiven Rechts* maßgebend".[76]

---

73 P. Kirchhof, *Genforschung und die Freiheit der Wissenschaft*, in: O. Höffe/ L. Honnefelder/ J. Isensee/ P. Kirchhof, Gentechnik und Menschenwürde an den Grenzen von Ethik und Recht, Köln 2002, 9–35, hier: 20.

74 Zur Diskussion s. Vögele, *Menschenwürde*, 334.

75 Böckenförde, *Würde des Menschen*, 35.

76 Herdegen in: Maunz/ Dürig/ Herzog, *Kommentar*, 11. Alle nachfolgend in diesem Abschnitt genannten Angaben zu Seitenzahl und Randnotiz beziehen sich

Damit wird Art. 1 Abs. 1 nicht mehr (wie bei Dürig) als unauflösliche Verknüpfung eines vorpositiven sittlichen Werts mit dem positiven Recht verstanden. Ein objektiver Wertgehalt erscheint dieser subjektivrechtlichen Fundierung gegenüber als abgeleitet (18 Rn. 27). Materiale Füllungen des Menschenwürdebegriffs haben sich als unzureichend erwiesen.[77] Auch dann, wenn sie von christlich-abendländischem Gedankengut her entwickelt werden, kann ihnen keine Verbindlichkeit im Sinne einer objektivrechtlichen Dimension zukommen.

> „Der kulturgeschichtlichen Entwicklung ist es eigen, dass die Anschauungen vom Inhalt des Würdeanspruches und würdeverletzender Zumutungen sich wandeln. [...] In diesem Sinne erweist sich der Gehalt der Menschenwürde als *entwicklungsoffen*" (23).

Mit der Mehrheitsmeinung versteht Herdegen die Menschenwürde zudem selbst als Grundrecht (16 Rn. 26), dessen Interpretation nicht direkt auf den Menschenwürdeartikel zurückführt. „[D]ie *Ableitung von Grundrechten* aus der Menschenwürde" ist problematisch.

> „Dynamische Grundrechtsexegese und die Änderung von Grundrechtsgarantien müssen keineswegs in dem Menschenwürdegedanken angelegt sein" (12).

Schon in der Vergangenheit habe sich diese Konzeption einer direkten Ableitung aus der Menschenwürde „überhaupt nur mit der zunehmenden Konsolidierung durch die Rechtsprechung des *Bundesverfassungsgerichts* als operabel" erwiesen.[78] Neuartige gesellschaftliche wie wissenschaftliche Gegebenheiten machen Herdegen zufolge einen anderen Ansatz nötig, was sich in der „tiefen Verunsicherung" der Gesetzgebung hinsichtlich der Verwendung embryonaler Stammzellen zeige (13).

---

hierauf. Die Hervorhebungen in dem genannten Grundgesetz-Kommentar sind im Original im Fettdruck.

77 Es geht „um eine Dimension des Würdeschutzes, zu welcher der Diskurs über Gottebenbildlichkeit, den Beginn der Beseeltheit menschlichen Lebens, sittliche Autonomie und Selbstzweckhaftigkeit der individuellen Existenz in der Geistesgeschichte der letzten zweieinhalb Jahrtausende ebensowenig einen verlässlichen Zugang bietet wie das schwach konturierte Menschenbild des Grundgesetzes" (Herdegen in: Maunz/ Dürig/ Herzog, *Kommentar,* 23).

78 Herdegen in: Maunz/ Dürig/ Herzog, *Kommentar,* 13. „Der absolute Vorrang des Würdeanspruchs gegenüber kollidierenden Grundrechtsbelangen lässt sich schon bei Randzonen der Würdegarantie wie dem postmortalen Würdeschutz nicht mehr durchhalten" (ebd.).

Nötig ist

> „eine *wechselseitige Zuordnung* der Gehalte von Menschenwürdegarantie und ‚nachfolgenden' Grundrechten auf *systematischer Grundlage.* [...] Die einzelnen Grundrechte wirken als konstituierende Elemente eines einheitlichen [...] Freiheits- und Gerechtigkeitsprofils verfaßter Herrschaft zurück auf das Verständnis der Menschenwürde" (ebd.).

3. Die Kontroverse um Herdegens Neukommentierung

An Herdegens Kommentierung hat sich eine Kontroverse entzündet, die über die innerjuristische Fachdiskussion hinaus Eingang in die breite Öffentlichkeit gefunden hat. Unter der drastischen Überschrift *Die Würde des Menschen war antastbar* beklagt der frühere Bundesverfassungsrichter Ernst-Wolfgang Böckenförde die Neukommentierung Matthias Herdegens als einen „Epochenbruch", der mit der für die junge Bundesrepublik wegweisenden Kommentierung Dürigs nichts mehr zu tun habe und empfiehlt daher, dessen Namen künftig „aus dem Titel des Gesamtkommentars herauszunehmen".[79] Die „fundamentale Norm des Grundgesetzes" verliert laut Böckenförde ihre „tragende[] Achse", wenn in der Neukommentierung die Menschenwürde „abgeschnitten" wird „von der Verknüpfung mit dem vorgelagerten geistig-ethischen Inhalt, der dem Parlamentarischen Rat präsent und für Dürig so wichtig war" und dieser materiale Gehalt somit nur noch einen „‚geistes-geschichtlichen Hintergrund' [...] ohne normative Relevanz" darstellt (33). Die Bestimmung der Menschenwürde wird so von ihrer metapositiven Verankerung abgelöst und „anheimgegeben [...] der Gesellschaft der Verfassungsinterpreten, für die kein verbindlicher Kanon der Interpretationswege existiert" (35). In die gleiche Richtung geht Böckenfördes Kritik daran, dass die Grundrechte nicht mehr unmittelbar aus dem Menschenwürdegedanken abgeleitet werden sollen. Dies öffnet ihm zufolge „das Tor zu Abwägung und flexibler Handhabung", weil ein subjektiv-rechtlicher Würdeanspruch mit anderen Ansprüchen konfligieren kann (33). Eine Schlüsselfunktion nimmt dabei seines Erachtens Herdegens Formulierung ein, „Art und

---

79 Böckenförde, *Würde des Menschen,* 35 – weitere Seitenzahlen ohne Nennung des Titels in diesem Abschnitt verweisen hierauf. Die Verve, mit der Böckenförde dies vorträgt, deutet darauf hin, dass für Böckenförde mit diesem Verschwinden des Namens des *Kommentators* zugleich das Verschwinden einer ganzen Bedeutungsdimension des kommentierten *Textes* markiert wäre.

Maß des Würdeschutzes" seien „trotz des kategorialen Würdeanspruchs aller Menschen [...] für Differenzierungen durchaus offen, die den konkreten Umständen Rechnung tragen".[80] Denn – durchaus folgerichtig innerhalb seines eigenen Ansatzes – empfiehlt Herdegen für Grenzfragen wie vorgeburtlichen oder postmortalen Würdeschutzes eine „prozeßhafte[] Betrachtung des Würdeschutzes mit entwicklungsabhängiger Intensität eines bestehenden Achtungs- oder Schutzanspruches", die sich in der „Abschichtung von *Würdekern* und *weiterem Schutzbereich*" konkretisieren könne[81]. In einer solchen „gleitende[n] Skala variierender Disponibilität" erkennt Böckenförde einen Dammbruch der „notwendig auch zur Relativierung der Unabdingbarkeit der Menschenwürde selbst" führe (33).

Herdegens Kommentierung stellt laut Böckenförde eine wirkliche *Umschreibung* dar. Mit dem

> „Wechsel im Verständnis der Menschenwürdegarantie vom tragenden Fundament der neu errichteten staatlichen Ordnung [...] zu einer Verfassungsnorm auf gleicher Ebene neben anderen, die rein staatsrechtlich, das heißt aus sich heraus positiv rechtlich zu interpretieren ist",

ist eine „Veränderung der Argumentationsebene und des grundsätzlichen Ansatzpunktes" vollzogen (35). Damit „wird der Rückgriff auf die geistigen und geschichtlichen Grundlagen d[]es [...] bewußt als vorpositiv geprägt [...] übernommen[en]" Begriffs der Menschenwürde „entbehrlich" (ebd.) – mit anderen Worten: der zu Grunde liegende Text – der Menschenwürdeartikel mit seinen Implikationen – verschwindet angesichts seiner Kommentierung. Voraussetzungen wie Konsequenzen dieses Vorgangs sind durchaus drastisch. Böckenförde versteht die Neukommentierung (und die damit verbundene Neuinterpretation) als Hinweis darauf, dass das Bewusstsein für die Notwendigkeit, Entgleisungen wie die im Dritten Reich zu verhindern, nicht mehr präsent ist (ebd.). An der Neukommentierung und ihrer Aufnahme in den Standardkommentar zum Grundgesetz ist mithin ein Wandel im kollektiven Gedächtnis abzulesen.

80 Herdegen in: Maunz/ Dürig/ Herzog, *Kommentar*, 26.

81 Ebd.

4. Metakritik

Böckenfördes Kritik trägt die Züge eines Untergangsszenarios. Insbesondere die rein innersystematische Absicherung und der „entwicklungsoffene", auf künftige verfassungsrechtliche Interpretationen angewiesene Status des Menschenwürdekonzepts in Herdegens Kommentierung tragen zu dieser tiefen Skepsis bei. Doch welche andere Absicherung als die der Interpretation der durch die Verfassung gegebenen (und in der Verfassung innersystematisch abgestützten) Grundlagen könnte es geben? Dass „kein verbindlicher Kanon der Interpretationswege existiert", wie Böckenförde selbst zugibt,[82] kennzeichnet die Rechtswissenschaft als eine Kunstlehre im Schleiermacherschen Sinne.[83] Die Absicherung der Menschenwürde als eines objektiven Werts bei Dürig macht hier keine Ausnahme. Auch die Anerkennung eines solchen objektiven Wertes ist an interpretative Akte religiöser und weltanschaulicher Kommunikation gebunden.

Ohne hier zu erörtern, ob aus dieser positiven Verankerung tatsächlich eine quantifizierende Differenzierung zwischen „Würdekern" und „weiterem Schutzbereich", wie Herdegen sie vornimmt, zwingend folgen muss, sei kurz zu Böckenfördes Vorwurf Stellung genommen, mit dem Verlust des Charakters der Menschenwürde als einer „objektivrechtlichen Fundamentalnorm" sei „in der Folge das Tor zu Abwägung und flexibler Handhabung" offen.[84]

Für Böckenförde ist die bloße Möglichkeit der Abwägung etwa beim vorgeburtlichen Würdeschutz ein Dammbruch hinsichtlich der unbedingten Gültigkeit der Men-

---

82 Böckenförde, *Würde des Menschen*, 35.

83 Den Begriff der Kunstregeln entwickelt Schleiermacher im Zusammenhang der Interpretation biblischer Texte. Eine solche *Kunstlehre* ist gleichbedeutend mit einer *Hermeneutik* im allgemeinen Sinne – einer Hermeneutik also, die nicht „nur auf größere Werke oder schwierige Einzelheiten" beschränkt ist (F. D. E. Schleiermacher, *Kurze Darstellung des theologischen Studiums zum Behuf einleitender Vorlesungen* [^{2}1830], hgg. von H. Scholz ^{3}1910, Darmstadt 1993, 53 [§ 132]). Sie ist dadurch gekennzeichnet, dass wir uns in Ausübung der betreffenden Tätigkeit wohl „allgemeiner Regeln bewußt sind", dass aber „deren Anwendung im einzelnen nicht wieder auf Regeln gebracht werden kann" (ebd. – vgl. Schleiermacher, *Hermeneutik und Kritik mit besonderer Beziehung auf das Neue Testament* [1838], hgg. von M. Frank, Frankfurt/ M. [1977] ^{5}1993, 81: „Eine solche Konstruktion [eines endlichen Bestimmten aus dem unendlichen Unbestimmten] kann nicht durch Regeln gegeben werden, welche die Sicherheit ihrer Anwendung in sich trügen").

84 Böckenförde, *Würde des Menschen*, 33.

schenwürde. Doch einen Dammbruch stellt dieses Argument nur dann dar, wenn es ontologisierend missverstanden wird als für sich bestehende unterschiedliche Wert- und Würdehaltigkeiten des werdenden Menschen. Eine solche Vorstellung lehnt Herdegen zusammen mit der aristotelisch-thomistischen Vorstellung einer sukzessiven Beseelung des Embryos jedoch ab. Stattdessen ist seine Konzeption offen für eine interpretative Einbettung des Lebens- und Würdeschutzes in Gestalt einer sich intensivierenden Bezugnahme auf das werdende Kind. Das Natalitätsargument („Der Mensch wird geboren"[85]) zeigt die dem zu Grunde liegende Intuition: Der sukzessive Eintritt in die menschliche Gemeinschaft macht es sinnvoll, von einem gestuften Schutz – und damit verbunden von einer Differenzierung zwischen Lebensschutz und Schutz der Würde – zu sprechen.[86]

Der bewusste Verzicht auf eine explizite weltanschauliche Unterfütterung des Menschenwürdeartikels kann auch so gelesen werden, dass er in diesem Verzicht der Menschenwürdeartikel gerade zur Geltung kommt. Denn dessen normative Wirkung gründet auf seiner innersystematischen Abstützung mit Art. 19 Ans. 2 und Art. 79 Abs. 3 sowie auf seiner Konkretisierung in den „nachfolgenden Grundrechten".[87]
Auch in einem Verständnis des Grundgesetzes als positives Recht setzt sich der fundamentale Charakter des Menschenwürdeartikels durch, gerade indem in der Rechtsprechung nicht beständig auf ihn rekurriert werden muss, sondern seine Geltung sich in einem komplizierten Übersetzungsprozess jeweils herstellt.[88]

---

85 Vgl. V. Gerhardt, *Der Mensch wird geboren. Kleine Apologie der Humanität*, München 2001.

86 Dies habe ich näher zu entfalten versucht in Th. Wabel, *Intuition und Interpretation. Zu Grundlagen der Konsensfindung in ethisch relevanten Fragen des Zellkerntransfers (SCNT)*, in: Therapeutisches Klonen als Herausforderung für die Statusbestimmung des menschlichen Embryos, hgg. von P. Dabrock/ J. Ried, Paderborn 2005, 331–356, bes. 346f. 353f. – vgl. auch J. Fischer, *Medizin- und bioethische Perspektiven. Beiträge zur Urteilsbildung im Bereich von Medizin und Biologie.* Zürich 2002, 121.

87 Diese Verhältnisbestimmung von Würdebegriff und Grundrechten „füllt weder die Semantik des Würdebegriffs noch deduziert sie Einzelbestimmungen aus ihm. Aber sie sichert notwendige Bedingungen, ohne die sich die Leerstelle im Recht nicht behaupten könnte, und die zugleich die subjektiv-rechtliche Einklagbarkeit sicherstellen" (Moxter, *Unterwegs zum Recht,* 90 – vgl. U. Haltern, *Unsere protestantische Menschenwürde,* in: Bahr/ Heinig, Menschenwürde 93–124, 116 unter Verweis auf die Rechtsprechung des Bundesverfassungsgerichts [BVerfGE 93, 266 (293)]).

88 R. Anselm, *Relative Absolutheit. Zum Verständnis und Gebrauch des Menschenwür-*

Das Bild vom Verschwinden und Zur-Geltung-Kommen verhilft zum Verständnis dessen, wie der Menschenwürdeartikel seine rechtssystematische wie innergesellschaftliche Bedeutung erlangt. Im *Verschwinden* des Textes – der Bestreitung einer objektivrechtlichen Fundamentalnorm unter Rekurs auf das christliche Menschenbild – bringt sich dieser Text gerade zur *Geltung* – eben weil auf eine materiale Fundierung verzichtet wird, die vor dem Hintergrund unterschiedlicher weltanschaulicher Überzeugungen doch nur anfechtbar sein müsste. Zugleich eröffnet dieser Verzicht aber diejenigen Imaginationsräume, innerhalb derer das Konzept der Menschenwürde seine kulturelle Prägekraft entfaltet.[89] Die Entstehungs- und Interpretationsgeschichte bilden den Horizont dieses Konzepts und stellen somit ein „Widerlager gegen eine bloße Beliebigkeit des Menschenwürdearguments“ dar.[90]

Es ist diese Widerständigkeit des Textes in seinem Gebrauch, die seiner Ableitung aus vermeintlich universalen Prinzipien ebenso entgegensteht wie seinem Abgleiten in bloße Beliebigkeit. Es ist ebenfalls diese Widerständigkeit, aufgrund derer sich das Rechtsempfinden und die Imaginationen über die Grundlagen des Gemeinwesens gegen die Abwägbarkeit der Menschenwürde sperren[91] – auch dann, wenn die Menschenwürde innersystematisch begründet wird und nicht als objektivrechtliche Fundamentalnorm.

Die skizzierte Kontroverse zeigt mit ihren Konsequenzen die Grenzen des expliziten Rekurses auf die Menschenwürde auf. Offenbar ist das Unbehagen, das uns angesichts möglicher Abwägungen hinsichtlich des Lebensschutzes Ungeborener „beschleicht“, auf einer grundlegenderen Ebene angesiedelt, als sie mit dem Begriff der Menschenwürde ihre

---

dearguments in den Konfliktlagen am Lebensbeginn aus der Perspektive der evangelischen Ethik, in: Bahr/ Heinig, *Menschenwürde*, 179–196, hier: 185.

89 P. Bahr/ H.M. Heinig, *Einführung*, in: Bahr/ Heinig, *Menschenwürde*, 1–4, hier 2.

90 Anselm, *Relative Absolutheit*, 189.

91 „Ein abwägbarer Art. 1 GG entläßt den Rest Heiligkeit aus unserem konstituierenden Text und nähert unsere politische Gemeinschaft dem Markt an. [...] Erst mit dieser Auseinandersetzung um die Menschenwürde sind wir wirklich säkularisiert. Es gibt nichts Heiliges mehr. Das Unaussprechbare wird aussprechbar [...]. Die Menschenwürde ist lediglich eine Chiffre für unsere größten Hoffnungen und Sorgen im Hinblick auf das Politische“ (Haltern, *Unsere protestantische Menschenwürde*, 123f).

Ausprägung findet. Zugleich aber lässt diese Kontroverse erkennen, wie die Menschenwürde in ihrem vermeintlichen Verschwinden zur Geltung kommen kann: Trifft es zu, die Menschenwürde wie Theodor Heuss als „nichtinterpretierte These" zu bezeichnen[92], so ist damit zugleich ausgesagt, dass diese These interpretierbar ist und der Interpretation bedarf. Wie dies geschehen kann, ist nun abschließend zu zeigen.

IV. Rückübersetzung?

1. Formalrechtliche Verankerung

Wie die Ausführungen zu den gegenläufigen Kommentierungen des Menschenwürdeartikels im Grundgesetz erkennen lassen, treffen in der Diskussion um den Menschenwürdebegriff mit dessen juristischer Absicherung und seiner gesellschaftlichen Plausibilisierung zwei unterschiedliche Diskurse aufeinander. Diese sind voneinander zu unterscheiden, aber wiederum aufeinander zu beziehen, um den Menschenwürdebegriff einsichtig und durchsetzbar zu machen – in der Assmannschen Terminologie: ihn im kulturellen Gedächtnis lebendig zu halten.
Herdegens Kommentierung zufolge ist *juristisch gesehen* „die Menschenwürdegarantie [...] aus sich heraus positiv rechtlich zu interpretieren".[93] Menschenwürde lässt sich dennoch nicht durch Wesensbestimmungen einholen, sondern ist eine Zuschreibungsgröße, gebunden an Anerkennungsverhältnisse. Dennoch geht die Anerkennung der Menschenwürde nicht darin auf, dass (etwa per Konsens oder per Gutwilligkeit) eine symmetrische Anerkennung vollzogen wird – als könnte sich eine Gesellschaft prinzipiell darauf einigen, dass diese Anerkennung auch wieder entzogen werden könnte. Dies verhindern GG Art. 19 Abs. 2 (Wesensgehaltssperre für Grundrechteinschränkungen) und mit GG Art. 79 Abs. 3 (Absicherung der Menschenwürdegarantie gegenüber verfassungsändernden Mehrheiten), die den Menschenwürdeartikel rechtssystematisch abstützen. Menschenwürde lässt sich – das zeigt Dürigs Kommentierung – auf der Ebene der Gesetzgebung nicht aus Eigenschaften des Menschen erklären und nicht begrifflich herleiten, ohne eine Me-

92 JöR n.F. 1/1951, 49, zit. nach Herdegen in: Maunz/ Dürig/ Herzog, *Kommentar,* 19 Rn. 30.

93 Böckenförde, *Würde des Menschen,* 35; vgl. Herdegen in: Maunz/ Dürig/ Herzog, *Kommentar* 11 Rn. 17.

taphysik vorauszusetzen oder dem Staat eine entsprechende Deutungshoheit in weltanschaulichen Fragen zuzubilligen – die ja durch den Grundsatz weltanschaulicher Neutralität des Staates gerade ausgeschlossen werden soll. Die konsequente Ablehnung einer inhaltlichen Füllung des Menschenwürdebegriffs bei Herdegen lässt sich als Ausdruck einer Asymmetrie im Selbstverständnis des Menschen verstehen. Das Menschenwürdekonzept widersetzt sich einer eindeutigen inhaltlichen Füllung und markiert damit eine Grenze des Zugriffs juristischer Kommentierung[94]. Dies ist insofern konsequent, als darin der Grundsatz zum Ausdruck kommt, dass „[d]er freiheitliche, säkularisierte Staat [...] von Voraussetzungen [lebt], die er selbst nicht garantieren kann".[95]
Auf der Ebene der *gesellschaftlichen Willensbildung* dagegen fließen in die Auslegung des auf diese Weise formal festgeschriebenen Status der Menschenwürde weltanschauliche Hintergründe ein. Die Leerstelle, die sich in der Konstruktion des Grundgesetzes und in der Verfassungsrechtsprechung auftut, ist geradezu Bedingung dafür, dass diese Grundlage der Rechtsstaatlichkeit nachvollziehbar und rekonstruierbar sein muss unabhängig von der weltanschaulichen Herkunft jede potentiellen Staatsbürgers.

> „Für eine konstruktive Inanspruchnahme der Kategorie der Menschenwürde ist es notwendig, sie auf der Grundlage des jeweils zu Grunde gelegten Bezugssystems *auszulegen*",[96]

wobei in einer pluralen Gesellschaft von einer Vielzahl unterschiedlich verfasster solcher Bezugssysteme auszugehen ist.
Hier erhalten nun die unterschiedlichen Rekonstruktionen des Menschenwürdekonzepts innerhalb der religiösen Traditionen – und damit auch die paulinische Rechtfertigungslehre in ihrer lutherischen Fassung – ihren Stellenwert. Der Mensch ist dadurch bestimmt, dass er gerade nicht aus sich heraus bestimmt werden kann: *homo definiri nequit.*
Religiöse Traditionen gewinnen ihre Stärke im innergesellschaftlichen Diskurs insofern, als sie einer solchen Öffnung eines Begriffes vom Men-

---

94 „Die [...] politische Gemeinschaft kann ihr geheimes transzendentes Zentrum nicht mehr thematisieren" (Haltern, *Unsere protestantische Menschenwürde* 116).

95 E. W. Böckenförde, *Die Entstehung des Staates als Vorgang der Säkularisation*, in: ders., Recht, Staat, Freiheit. Studien zur Rechtsphilosophie, Staatstheorie und Verfassungsgeschichte, Frankfurt/ M. 1991, 92–114, hier: 112.

96 Anselm, *Würde des gerechtfertigten Menschen*, 124.

schen zuarbeiten. Nicht aufgrund neuerlicher Wesenszuschreibungen – etwa weil er ein *animal religiosum* wäre – ist der Mensch nicht bestimmbar, sondern aufgrund einer Asymmetrie in seiner Bestimmung, die sich in Luthers Verständnis von Rechtfertigung ebenso gezeigt hat wie angesichts der betrachteten Grundgesetz–Kommentierungen. Keine Anthropologie, die den Menschen in dem aufgehen lässt, was er selbst an sich darstellt, ist imstande, aus dieser Definition eine umfassende Wesensbestimmung abzuleiten. Jede solche Anthropologie steht also in der Gefahr, den Menschen zum Objekt zu machen.
Innerhalb der protestantischen Tradition wird der Charakter der Menschenwürde als einer Zuschreibungsgröße erkennbar, wenn der Menschenwürdebegriff über den lutherischen Grundbegriff der *iustitia aliena* rekonstruiert wird, die dem gerechtfertigten Menschen durch Gottes Zurechnung (*imputatio*) zukommt. Religionstheoretisch lässt sich dies so formulieren: In Vorgängen religiöser Kommunikation erfährt sich der Mensch als bestimmt durch eine Instanz, die an menschliche Handlungen und Deuteleistungen (Kommunikationsvorgänge) gebunden ist, in diesen aber nicht aufgehen kann, ohne dass Menschsein unzulässig reduziert würde. Über einen – hier strikt formal hergeleiteten[97] – Gottesbegriff wird in die relationale Bestimmung des Menschen eine Bezugsgröße eingebaut, die eines der Relata außerhalb menschlicher Zugriffsmöglichkeiten verortet. Damit scheint im Gesetzestext die Kategorie des Heiligen auf,[98] ohne dass sie explizit thematisiert würde – denn das könnte nur im Rückgriff auf religiöse Traditionen geschehen. „Die Menschenwürdedogmatik sorgt dafür, dass eine Grenze zwischen Transzendenz und Immanenz in den Text selbst eingezogen wird".[99]
Die Systematik des bundesdeutschen Grundgesetzes verrät eine Intuition über ebendiesen Zusammenhang. Man könnte also von einer rechtssystematischen Stabilisierung der prekären Auszeichnung der Menschenwürde innerhalb der Systematik des Grundgesetzes sprechen. Mit

97 Dies setzt eine formale Definition von Religion voraus, wie sie Niklas Luhmann vorführt (*Die Religion der Gesellschaft*, hgg. v. A. Kieserling, Frankfurt/ M. 2000, 77).

98 ‚Heilig' wird hier verstanden im Sinne einer Asymmetrie binärer Codierungen: Die Abgrenzung heiliger Zeiten und Orte beansprucht selbst, eine heilige Ordnung zu sein (vgl. Luhmann, *Religion der Gesellschaft*, 200).

99 Haltern, *Unsere protestantische Menschenwürde*, 117.

dieser Stabilisierung dessen, was nicht direkt formuliert werden kann, gelingt „der Spagat zwischen der Verankerung des Heiligen einerseits und der Schließung und Positivierung des Rechtssystems andererseits".[100] Stabilität wird durch Beweglichkeit und Labilisierung erzeugt, indem der Begriff der Menschenwürde für mehrere – ja sogar miteinander konkurrierende – Begründungen offen gehalten wird. Die rein innersystematische Verankerung des Würdebegriffs im Grundgesetz bewahrt dessen eigentümlichen Charakter gerade deshalb, weil „die Unbedingtheit der obersten Norm an ihre inhaltliche Unbestimmtheit" gebunden bleibt.[101] „Es gibt eine unmediatisierte Erfahrung des Heiligen nur im und durch den Text"[102] – woraus folgt, dass dieses Heilige wiederum nur indirekt, in der Kommentierung des Textes, formulierbar ist.

---

100 Ebd. Haltern versteht dies als eine der Erfahrung des Dritten Reichs geschuldete Invisibilisierung des Volkssouveräns im Verfassungstext (ebd. 113). Was ich als durch die Begründungsoffenheit der Menschenwürde konstituierte „Leerstelle" verstehe, wird bei Haltern zu einem unbetretbaren „Arkanum des Politischen" (ebd.), in dem verdeckt bleibt, dass auch das Recht sich der Macht des Souveräns verdankt, die staatliche Ordnung also auf ein Außerordentliches verweist (vgl. B. Waldenfels, *Schattenrisse der Moral*, Frankfurt/ M. 2006, 133–135). Fluchtpunkt von Halterns Interpretation ist die leibliche Verfasstheit des Menschen und deren Bedrohung in dem „potentiell unendlichen" körperlichen Schmerz (Haltern, *Unsere protestantische Menschenwürde*, 123) als dem Ort, an dem beides ineinandergreift: die Gewalt, die „vom Volke ausgeht" (GG Art. 20,2) und deren Selbstbegrenzung gegenüber Leib, Leben und Würde des Anderen. Eben dies kommt – so der hier vorgetragene Gedanke – darin zum Ausdruck, dass die Bestimmung des Menschen dem Zugriff des Menschen entzogen ist. Dass die inhaltliche Füllung dieses Grundsatzes nur in je partikularen Reformulierungen religiöser Traditionen zugänglich ist, wird darin erkennbar, dass in der „Unantastbarkeit" die Sphäre eines sakralen Tabus aufscheint (vgl. FN. 118).

101 Moxter, *Unterwegs zum Recht*, 89.

102 Haltern, *Unsere protestantische Menschenwürde*, 117.

2. Christliche Anthropologie als Begründungsmodell

Mit der Figur des *homo definiri nequit* lässt sich die beiderseitige Nichtzuständigkeit innerstaatlicher und christlich–religiöser Wesensbestimmung des Menschen beschreiben. Weil „sich das Sein der Person nicht durch diese selbst konstituiert", kann weder die Begründung der staatlichen Menschenwürdegarantie noch auch deren christliche Plausibilisierung „auf eine positive Lehre der menschlichen Person hinaus[laufen]".[103] Für den Bereich staatlich garantierter Rechtsordnung mag dies unter Hinweis auf die weltanschauliche Neutralität des Staates zunächst einmal einsichtig sein. Doch könnte die so entstehende „Leerstelle [...], für die sich weder im Recht noch in der Gesellschaft letztgültige Explikationen finden lassen",[104] nicht durch eine christliche Lehre vom Menschen gefüllt werden?

Für den Geltungsbereich christlichen Argumentierens wäre dies freilich möglich. Doch auch innerhalb der Argumentation mit christlichen Sprachformen besteht die Pointe des christlichen Begriffs vom Menschen gerade darin, auf Letztbegründungen wie auf eindeutige ontologische Statuszuschreibungen zu verzichten. Nicht nur ist – negativ formuliert – die direkte Zuordnung der christlichen Auffassung vom Menschen und seiner Stellung in der Welt zum Konzept der Menschenwürde über Analogien oder funktionale Entsprechungen hinaus theologisch problematisch.[105]

In dem Verzicht auf Letztbegründungen liegt auch gerade – positiv formuliert – die Bedeutung protestantischer Kirche und Theologie für die Plausibilisierung des Menschenwürdekonzepts.

> „Als Instanz, die an die Unverfügbarkeit des Menschen für den Menschen erinnert, weist [die Kirche] die Logik der Subsumtion überhaupt ab. [...] Nicht klar angeben zu können, ab wann der Mensch Mensch ist, ist nicht ein Defizit des Würdebegriffs, sondern gerade dessen Pointe".[106]

Binnentheologisch kommt dies in der Positionierung des Menschen *extra se* zum Ausdruck, die ein Grundbegriff lutherischer Anthropologie ist. Der Mensch, sofern er sich im Gegenüber zu Gott versteht, sieht sich in-

---

103 Moxter, *Rechtfertigung und Anerkennung*, 38.

104 Ebd.

105 W. Huber, *Menschenrechte/Menschenwürde*, in: TRE XXII (1992), 577–602, 591f.

106 Moxter, *Rechtfertigung und Anerkennung*, 39.

sofern als außerhalb seiner gegründet, als er in keiner Bestimmung aufgeht, die aus menschlicher Sicht über ihn getroffen werden kann. Diese Grundeinsicht reformatorischer Theologie kann nun auch zur Plausibilisierung des Menschenwürdebegriffs herangezogen werden:

> „Nur solange nicht gefragt wird, was den Menschen zum Menschen macht, kommt ihm eine Würde unveräußerlich zu. Wie die Menschenrechte wesentlich Abwehrrechte sind, so ist der sie symbolisierende Begriff der Würde ein Begriff der Abwehr von Definierbarkeit".[107]

Die Abwehr von Definierbarkeit impliziert rechtstheoretisch die *Begründungsoffenheit* der Menschenwürde, mit anderen Worten die Tatsache, dass dieser Begriff offen für die Rekonstruktion seines Gehalts aus unterschiedlichen weltanschaulichen Perspektiven ist.[108] Was Herdegen als den „entwicklungsoffenen" Charakter des Menschenwürdebegriffs kennzeichnet,[109] lässt sich somit durch deren „Begründungsoffenheit" ergänzen und profilieren. Die innerhalb dieser Begründungsoffenheit ermöglichte Rekonstruktion des Menschenwürdegedankens innerhalb der christlichen Theologie verankert den Begriff des Menschen außerhalb desselben und hält diesen Begriff so in präziser Unbestimmbarkeit.[110]

3. Partikularität und Universalität

In der Verzahnung theologischer Argumentation mit der Diskussion des Menschenwürdebegriffs lässt sich eine weitere Konstellation von ‚Verschwinden des Textes hinter seiner Kommentierung' beobachten. Denn

---

107 Ebd.

108 Zum Begriff der Begründungsoffenheit vgl. Huber, *Menschenrechte/Menschenwürde,* 581; Vögele, *Menschenwürde,* 487ff; Th. Wabel, *Zur Einführung. Die Begründungsoffenheit der Menschenwürde in der aktuellen bioethischen Diskussion,* in: Grenzen der Verfügbarkeit. Menschenwürde und Embryonenschutz im Gespräch zwischen Theologie und Rechtswissenschaft, hgg. von Th. Wabel, Berlin 2004, 6–20, bes. 9–11.

109 Herdegen in: Maunz/ Dürig/ Herzog, *Kommentar,* 23 Rn. 37.

110 Formuliert im Anschluss an Jüngels Rede von der „präzisen Verborgenheit" Gottes: E. Jüngel, *Quae supra nos, nihil ad nos. Eine Kurzformel der Lehre vom verborgenen Gott – im Anschluß an Luther interpretiert* (1972), in: ders., Entsprechungen. Gott – Wahrheit – Mensch. Theologische Erörterungen, München 1980, 202–251, bes. 239.

in der alltäglichen Bezugnahme ist ‚Menschenwürde' ein keiner Explikation bedürftiger Großbegriff, dessen Gehalt außer Zweifel zu stehen scheint. Diese scheinbare Eindeutigkeit steht aber im umgekehrten Verhältnis zur begrifflichen Klarheit des Konzepts.[111]
Der Versuch, den universal zustimmungsfähigen Begriff inhaltlich zu füllen, erweist die Bedingtheit und die Begrenztheit dieser Füllungen.[112] In dem Scheitern eindeutiger Begründungsstrategien und der Beschränkung auf die rechtssystematische Abstützung von Art. 1 Abs. 1 GG mit Art. 19 Abs. 2 und Art. 79 Abs. 3 erschließt sich die eigentümliche Offenheit, in der der Menschenwürdeartikel hinsichtlich seiner weltanschaulichen Füllung gehalten ist. Zugleich damit eröffnen sich die Horizonte und Erwartungen, die sich mit diesem Konzept in seiner Rezeptionsgeschichte verbinden und „die über den engen Rahmen einer Begriffs- oder Verfassungsgeschichte hinausschießen".[113] Die Pointe des christlichen Begriffs vom Menschen – dass der Mensch in keiner Begriffsbestimmung

111 „[T]he use of Human Dignity is inflationary and [...] the notion as such is anything but distinct" (M. Hailer / D. Ritschl, *The General Notion of Human Dignity and The Specific Arguments in Medical Ethics*, in: Sanctity of Life and Human Dignity, hgg. von K. Bayertz, Kluwer 1996, 91–106, bes. 91. 93f).

112 Exemplarisch zeigt dies Reiner Anselm anhand der Herleitung der Menschenwürde aus dem Begriff der Gottebenbildlichkeit auf. Sofern diese als „grundsätzliche Heiligkeit jedweden menschlichen Lebens aufgrund seiner Bestimmung als Geschöpf Gottes" verstanden wird (R. Anselm, *Rechtfertigung und Menschenwürde*, in: Menschenbild und Menschenwürde, hgg. von E. Herms, Gütersloh 2001, 471–481, hier: 474), knüpft dieses Verständnis zumindest implizit an eine Interpretationstradition über die Sonderstellung des Menschen an und steht damit in der „Gefahr, das Bewußtsein für die Unvollkommenheit und die Angewiesenheit auf das gnädige Handeln Gottes zu verdrängen" (ebd.). Ein Verständnis von Gottebenbildlichkeit ist dann problematisch, wenn es innerhalb einer „im Grunde optimistische[n] Anthropologie" entwickelt wird, die – im Gefolge der säkularisierten Varianten dieses Konzepts in der italienischen Renaissance – den Menschen über seine Sprachbegabung oder Vernunftbegabung (Aristoteles), aber auch über seine Fähigkeit zur Selbstbestimmung (Kant) und seine Weltoffenheit (Gehlen, Plessner) charakterisiert. In einer solchen Herleitung „versagt das Kriterium der Menschenwürde [...] genau in den Fällen, in denen es eigentlich am meisten seine Orientierungskraft entfalten sollte" (Anselm, *Rechtfertigung und Menschenwürde* 476) – in Fällen nämlich, in denen sich diese Sonderstellung des Menschen aufgrund seiner biologischen Ausstattung *nicht* realisiert.

113 Moxter, *Unterwegs zum Recht*, 73.

aufgeht –, kommt so gerade dadurch zur Geltung, dass der Gesetzestext und seine Kommentierung auf solche Begriffsbestimmungen verzichten. Mit diesem Verzicht kommt zunächst auch die christliche Rechtfertigungslehre zum Verschwinden.

Auslegungsgeschichtlich lässt sich das so verständlich machen, dass der Text (jeder Text) reicher ist als das, was sich in einer bestimmten Kommentierung als sein gegenwärtig geltendes Verständnis zeigt – wie auch umgekehrt die Auslegung (jede Auslegung) Aspekte entfaltet, die im Text bestenfalls implizit angelegt sind. Im Falle des Grundgesetzes erhellt dies auch aus seiner Entstehungsgeschichte. Ein christlicher Begriff vom Menschen stand auf Herrenchiemsee gewiss im Hintergrund der Überlegungen. Auch wenn er letztlich im Text des GG nicht expliziert werden sollte, ist die Auslegung, wie sich zeigt, doch darauf zurückgekommen[114] – und das zu recht. Gerade weil auf ihn nicht explizit rekurriert wird, scheint in der Kommentierung des Grundgesetzes der christliche Begriff vom Menschen als dessen Horizont auf.

Inwiefern lässt sich aber aufgrund dieses Befundes auch der zweite Teil der eingangs formulierten These erhärten, dass *der Text in seinem Verschwinden zur Geltung kommt?* Kann das Verschwinden des Textes in und hinter seiner Kommentierung auch dazu beitragen, dass der Text eine Geltung erlangt, die er zuvor nicht hatte?
Hier ist es – in scheinbar paradoxer Weise – wichtig, dass der Text überhaupt zunächst einmal zum Verschwinden kommt. Denn diesem Verschwinden des Textes in seinem alltäglichen Gebrauch korreliert sein Charakter als fundierender Text. Fundierende Texte wie Art. 1 Abs. 1 GG sind in ihrer Herleitung (manchmal auch in ihrem Wortlaut) häufig weitgehend abgesunken ins kulturelle Speichergedächtnis. Ihre Unvertrautheit und relative Fremdheit macht ihren spezifischen Charakter aus, begründet die eigentümliche Ehrfurcht, die bei besonderen Anlässen, zu denen auf den Menschenwürdeartikel rekurriert wird, zu feierlichem Kopfnicken seitens der dunkel gekleideten Festgesellschaft führt. In dem Maße, in dem die Grenze zum kulturellen Speichergedächtnis verschiebbar ist, ist sie produktiv[115] – es wird möglich, das dort Bewahrte

114 Sogar die Rechtsprechung des Verfassungsgerichts rekurrierte zunächst auf die „Schöpfungsordnung", in der der Mensch „einen eigenen, selbständigen Wert besitzt" (BVerfGE 2,1 (12); 39,1 (67) – zitiert nach Haltern, *Unsere protestantische Menschenwürde,* 117), bevor sie später von einem so ausdrücklichen religiösen Verweis abrückte.

115 A. Assmann, *Erinnerungsräume,* 135.

für die Deutung kollektiver Erinnerung nutzbar zu machen. Die Kommentierung fundierender Texte und die Auseinandersetzung mit diesen Kommentierungen kann dazu beitragen, dass dies gelingt.
Dies gilt nun auch für die Rolle, die die protestantische Rechtfertigungslehre (und hinter ihr die paulinische Anthropologie und Ekklesiologie) in der Plausibilisierung des Menschenwürdeartikels einnehmen können. Michael Moxter schlägt hierzu vor, den Grundsatz des *homo definiri nequit* als eine „allgemeine Regel" zu lesen, die von „positiven Ausführungen religiöser Lehren" frei ist (wenngleich sie an diese anschließt) und der zufolge

> „[d]er oberste Begriff der Verfassung [...] unbestimmt gehalten werden und dennoch (beziehungsweise gerade so) eine kritische Funktion für alle anderen Bestimmungen erhalten"

soll.[116] Die „elementare Zumutung, die der Rechtfertigungsglaube an das Recht formuliert",[117] besteht eben darin, die in der weltanschaulichen Neutralität des Staates begründete Leerstelle, in die der Menschenwürdebegriff eintritt, auch in religiöser Hinsicht offen zu halten. Die Begründungsoffenheit des Menschenwürdebegriffs bedeutet gerade keinen Verzicht auf Begründung, sondern dokumentiert vielmehr die Vielfalt der Weisen, wie die Unverfügbarkeit menschlichen Lebens zum Ausdruck gebracht werden kann.[118]

Angesichts der „offene[n], relative[n] Universalität" des solchermaßen Begründeten[119] ist dabei ein Nebeneinander partikularer Begründungen nicht nur möglich,[120] sondern geradezu geboten. Zugleich aber ist jede

---

116 Moxter, *Rechtfertigung und Anerkennung,* 39. Moxter nimmt hier auf die Figur der Begründungsoffenheit nicht explizit Bezug, doch die Argumentationsstruktur weist unverkennbar in diese Richtung.

117 Moxter, *Rechtfertigung und Anerkennung,* 39.

118 In diese Richtung weist auch der bedenkenswerte Hinweis Ulrich Barths, dass hinter der „präzis angebbare[n] verfassungstheoretische[n] Bedeutung" des Terminus der „Unantastbarkeit" der Menschenwürde „Konnotationen [...] der Sphäre sakraler Tabuisierung" erkennbar sind (Barth, *Herkunft und Bedeutung,* 367). Der Theoriestatus des Menschenwürdekonzepts greift aus auf die Sphäre dessen, was menschlichen Zugriff übersteigt (vgl. oben zu FN 97).

119 Huber, *Menschenrechte/Menschenwürde,* 599.

120 F. W. Graf, *Mehr als eine Idee,* in: Evangelische Kommentare 29 (1996), 636–639, bes. 636.

im Rahmen einer solchen Begründung herangezogene (religiöse) Tradition auf Plausibilisierung im innergesellschaftlichen Diskurs angewiesen. Jede dieser Traditionen muss das für sie Zentrale in ihrer Sprache formulieren und zugleich in dieser je eigenen Sprache andere Zugänge wiederzugeben versuchen.[121] In den so geforderten Vorgängen der Verständigung und der „Übersetzung zwischen partikularer Tradition und allgemeinmenschlichem Bewußtsein"[122] wird ein Raum umgrenzt, der nicht in allgemeinen Begriffen zu beschreiben ist, ohne in die Sprache einer dieser Traditionen einzutreten. Unter Bedingungen des Pluralismus vollzieht sich Kommentierung mithin in jeweils partikularen Kontexten. An die Stelle einer *allgemeinverbindlichen* Auslegung und Kommentierung tritt deren Einbettung in den pragmatischen Kontext der Trägergruppen, an die die Gestalten des kollektiven Gedächtnisses als *„identitätskonkrete"* gebunden sind.[123] Die partikularitätsübergreifende Plausibilisierung der Menschenwürde kann sich nicht auf eindeutige inhaltliche Herleitungen zurückziehen, sondern gelingt nur in der wechselseitigen Reformulierung unterschiedlicher partikularer Traditionen.

V. Zusammenfassung: Zur Geltung kommen im Verschwinden

Die vorangehenden Ausführungen haben unterschiedliche Konstellationen eines Problems skizziert, die ihre gemeinsame Struktur in der Wechselbeziehung von Verschwinden und Zur-Geltung-Kommen finden:

(1) Auf der pragmatischen Ebene des Erstellens und des Gebrauchs von Kommentierungen in juristischer und theologischer Auslegungspraxis tritt der Kommentar vielfach an die Stelle des zugrundeliegenden Textes. Insofern verschwindet dieser Text weitgehend in seinem praktischen Gebrauch. Gleichzeitig bleibt der Kommentar stets auf den Text bezogen, zitiert ihn bisweilen auch ausdrücklich und bringt den Text insofern zur Geltung, als dieser seine Wirkung in seiner Kommentierung entfaltet.

(2) Die Wechselbeziehung von Entstehen und Verschwinden verdichtet sich zu einer Doppelbewegung von Bezugnahme und Entzug, wenn Auslegung und Kommentierung dazu beitragen, dass ein kanoni-

---

121 Vögele, *Menschenwürde*, 462, 470.

122 Moxter, *Unterwegs zum Recht*, 91.

123 Assmann, *Das kulturelle Gedächtnis*, 38–40.

scher Text als solcher im kulturellen Gedächtnis einer Gesellschaft lebendig bleibt. Dies zeigt sich am Beispiel von Luthers Paulusauslegung und deren Rezeptionsgeschichte: Der Text kommt zur Geltung, indem er sich seiner Aneignung gegenüber als widerständig erweist und sich der Vereinnahmung entzieht – in dieser Widerständigkeit aber seine Aneignung erst ermöglicht. In einer phänomenologisch präzise beschreibbaren Weise ist somit jede Kommentierung dem Text gegenüber unangemessen, bleibt aber zugleich die einzige Möglichkeit, sich dem Gehalt des Textes anzunähern: Der Anspruch des auszulegenden Textes geht über die Antwort in dessen Kommentierung stets hinaus.[124] Der Text widersetzt sich der Erhebung eines eindeutig feststellbaren „tatsächlichen" Textsinns ebenso, wie er das Bemühen um eine solche Erhebung vorantreibt.

(3) Innerhalb der verfassungsrechtlichen Systematik des deutschen Grundgesetzes findet der Menschenwürdeartikel seine Konkretisierung in den Grundrechten und ist durch die Wesensgehaltssperre sowie die Absicherung gegenüber verfassungsändernden Mehrheiten innersystematisch abgesichert. In der Praxis der Rechtsprechung kommt der Menschenwürdeartikel so gerade dadurch zur Geltung, dass auf ihn nicht beständig rekurriert wird. Seine Kraft entfaltet Art. 1,1 in seinen Übersetzungen in die Grundrechte und in die Rechtsprechung – die insofern auch als eine Kommentierung zu verstehen ist, als sie wiederum Eingang findet in die Neukommentierungen des Grundgesetzes. Diese Übersetzungen bringen den Menschenwürdeartikel zum Verschwinden und schaffen so zugleich die situationsspezifische Prägnanz, die dem Art. 1,1 für sich genommen nicht eignet.

(4) Schließlich sind der theologische und der juristische Typus von Verschwinden und Zur-Geltung-Kommen zwar voneinander unterschieden, zugleich aber aufeinander bezogen. In dem Verzicht darauf, auf ein bestimmtes (und sei es das christliche) Menschenbild zu rekurrieren, bringt das Grundgesetz die Nichtdefinierbarkeit des Menschen zum Ausdruck. Der Verzicht auf eine explizite Festlegung lässt eine Leerstel-

---

124 Vgl. B. Waldenfels, *Antwortregister*, Frankfurt/ M. 1994, 188ff. Die beobachtete Dialektik von Verschwinden und Entstehen des Textes in der Kommentierung erweist sich insofern als Spezialfall des phänomenologischen Grundmoments von Sich-entziehen in der Bezogenheit (vgl. B. Waldenfels, *Grundmotive einer Phänomenologie des Fremden*, Frankfurt/ M. 2006, 30).

le. Die Nichtdefinierbarkeit des Menschen – zugleich ein Ziel jeder rechtsverbindlichen Kommentierung – kommt als ein Grundliegen christlicher Anthropologie mit dem Verschwinden dieser Anthropologie in Gesetzestext und Kommentar erst recht zur Geltung.

Autorenverzeichnis

JOHANNA BRANKAER, geboren 1977, Studium der Klassischen Philologie, Philosophie, Orientalistik und Theologie; Promotion 2004 an der Freien Universität Brüssel im Fach Philosophie mit der Studie „Die Rezeption der Philosophie in Ägypten in der Spätantike"; Tätigkeiten an der Université Catholique de Louvain, der Humboldt Universität zu Berlin und der Universität Jena; zur Zeit im Rahmen eines von der DFG geförderten Projektes („Lexikon gnostischer Mythologoumena") an der Universität Münster tätig.

KARIN METZLER, Studium der Klassischen Philologie (Griechisch) und Germanistik sowie pädagogische Ausbildung für den Schuldienst, in erster Linie als Editorin auf dem Gebiet der Patristik und Byzantinistik tätig. 1985–94 Mitarbeiterin an der Athanasius-Edition der Rheinisch-Westfälischen Akademie der Wissenschaften (Bochum), 1995–99 Assistentin am Byzantinisch-Neugriechischen Seminar der Freien Universität Berlin, 2004 Habilitation in Byzantinistik; seit 2001 in verschiedenen Forschungsprojekten der DFG tätig: Edition der Fragmente der Genesiskommentierung des Origenes und des Genesiskommentars aus der sog. Oktateuchkatene des Prokop von Gaza.

HELMUT POLLÄHNE, geboren 1959; 1979-1986 Studium der Rechtswissenschaften in Bielefeld; 1985-1991 wiss. Mitarbeiter in Bielefeld und Frankfurt am Main; 1991-2000 Akademischer Rat am Oberstufenkolleg des Landes NRW in Bielefeld; 2001-2008 wissenschaftlicher Assistent am Bremer Institut für Kriminalpolitik; seit 2008 Privatdozent an der Universität und Rechtsanwalt in Bremen; seit 2009 auch wissenschaftlicher Leiter des Hamburger Instituts für Konfliktforschung.

THOMAS WABEL, geboren 1966, Studium der evangelischen Theologie, Philosophie und Volkswirtschaftslehre in Heidelberg, Bonn, Oxford (GB) und Harvard (Cambridge, Mass.); 1996 Promotion mit einer Arbeit zu Wittgensteins Sprachphilosophie und Luthers Schriftverständnis; 1996-2002 Vikariat und Gemeindepfarramt in der Evangelischen Kirche von Hessen und Nassau (EKHN); 2002-2008 wissenschaftlicher Assistent für

Systematische Theologie an der Humboldt-Universität zu Berlin; 2008 Fellow am Swedish Collegium for Advanced Studies in Uppsala (S); 2009 Habilitation zur Ekklesiologie in kulturtheoretischer Perspektive; seit 2009 Privatdozent an der Humboldt-Universität zu Berlin und Pfarrer der EKHN.

MICHAEL WEICHENHAN, geboren 1965, Studium der evangelischen Theologie, der Klassischen Philologie (Latinistik), Philosophie und der Geschichte der exakten Wissenschaften in Berlin, Naumburg und Hamburg; 2003 Promotion an der Technischen Universität Berlin mit einer Arbeit zur Geschichte der aristotelischen Kosmologie; 2005–2009 wissenschaftlicher Mitarbeiter für Philosophie an der theologischen Fakultät, seit 2010 am Sonderforschungsbereich 644 „Transformationen der Antike" der Humboldt Universität zu Berlin.

CATHERINA WENZEL, geboren 1963; 1982-88 Studium der Ev. Theologie in Berlin (HU); Promotion 1997 über Leben und Werk Liselotte Richters (1906-1968), Aufenthalt in Iran (1998-2001); Postdoktorandenstipendium am Graduiertenkolleg der Universität Bamberg 'Anthropologische Grundlagen und Entwicklungen in Christentum und Islam'; 1993-1998 und 2002-2009 wissenschaftliche Mitarbeiterin am Lehrstuhl für Religions- und Missionswissenschaft sowie Ökumenik an der Theologischen Fakultät der Humboldt Universität zu Berlin; 2008-2010 in Potsdam am Institut für Religionswissenschaft und am Institut für LER; 2010/11 Vertretungsprofessorin für Religionswissenschaft mit dem Schwerpunkt Geschichte und Theologien des Christentums an der Universität Bremen; 2011 Habilitation über Dantes Muhammad in der Göttlichen Komödie.

FLORIAN WÖLLER, geboren 1982; 2001-07 Studium der Ev. Theologie und Philosophie in Münster, Rom und Berlin; seit 2008 Arbeit am Dissertationsprojekt zu Petrus Aureoli (gest. 1322); 2008/09 wissenschaftlicher Mitarbeiter am NFS Bildkritik/eikones, Basel; seit 2010 wissenschaftlicher Assistent für Kirchen- und Theologiegeschichte, Universität Basel.

Apeliotes. Studien zur Kulturgeschichte und Theologie

Herausgegeben von Rainer Kampling

Band 1 Rainer Kampling (Hrsg.): Eine seltsame Gefährtin. Katzen, Religion, Theologie und Theologen. 2007.

Band 2 Rainer Kampling: Erbauung. Vom Wort reden. 2007.

Band 3 Matthias Vollmer: *Fortuna Diagrammatica*. Das Rad der Fortuna als bildhafte Verschlüsselung der Schrift *De Consolatione Philosophiae* des Boethius. 2009.

Band 4 Rainer Kampling / Anja Middelbeck-Varwick (Hrsg.): Alter – Blicke auf das Bevorstehende. 2009.

Band 5 Rainer Kampling (Hrsg.): „Wie schön sind deine Zelte, Jakob, deine Wohnungen, Israel!". Beiträge zur Geschichte jüdisch-europäischer Kultur. 2009.

Band 6 Anja Middelbeck-Varwick / Markus Thurau (Hrsg.): Mystikerinnen der Neuzeit und Gegenwart. 2009.

Band 7 Karin Gludovatz / Anja Middelbeck-Varwick (Hrsg.): Gender im Blick. Geschlechterforschung in den Geschichts- und Kulturwissenschaften. 2010.

Band 8 Monika Schärtl: „Nicht das ganze Volk will, dass er sterbe." Die Pilatusakten als historische Quelle der Spätantike. Analyse und Interpretation. 2011.

Band 9 Anja Middelbeck-Varwick (Hrsg.): „So lauert die Sünde vor der Tür" (Gen 4,17). Nachdenken über das Phänomen der Fehlbarkeit. 2011.

Band 10 Thomas Wabel / Michael Weichenhan (Hrsg.): Kommentare. Interdisziplinäre Perspektiven auf eine wissenschaftliche Praxis. 2011.

www.peterlang.de

Peter Lang · Internationaler Verlag der Wissenschaften

Matthias Vollmer

Fortuna Diagrammatica

Das Rad der Fortuna als bildhafte Verschlüsselung der Schrift *De Consolatione Philosophiae des Boethius*

Frankfurt am Main, Berlin, Bern, Bruxelles, New York, Oxford, Wien, 2009.
339 S., 32 teilw. farb. Abb.
Apeliotes. Studien zur Kulturgeschichte und Theologie.
Herausgegeben von Rainer Kampling. Bd. 3
ISBN 978-3-631-57949-7 · br. € 51.50*

Ausgehend von der Schrift des Boethius *De Consolatione Philosophiae* wird das mittelalterliche Rad der Fortuna als ein komplexes, textsubstituierendes Zeichen mit memorialer Funktion verstanden. Das Bild des Glücksrades konnte in diagrammatischer Komplexität einem Text zur Seite gestellt werden und so die Funktion eines Kommentares übernehmen. Die Untersuchung zeigt, wie das Radschema in seiner weiteren Entwicklung von einem Element des kollektiven monastischen Gedächtnisses zu einem gruppenübergreifenden Bild der kulturellen Erinnerung wurde, so daß es in seiner eindringlichen Repräsentation von jedem Betrachter unmittelbar als ein Zeichen des vergänglichen Glückes verstanden werden konnte.

Aus dem Inhalt: Boethius · Schrift und Bild im Mittelalter · Text und Bild, Bild und Text · Gedächtnis · Fortunaräder

Frankfurt am Main · Berlin · Bern · Bruxelles · New York · Oxford · Wien
Auslieferung: Verlag Peter Lang AG
Moosstr. 1, CH-2542 Pieterlen
Telefax 0041(0)32/3761727

*inklusive der in Deutschland gültigen Mehrwertsteuer
Preisänderungen vorbehalten

Homepage http://www.peterlang.de

FSC
www.fsc.org
MIX
Papier | Fördert gute Waldnutzung
FSC® C083411

Kolibri 360 GmbH
Ferdinand-Jühlke-Straße 7
99095 Erfurt, Deutschland
produktsicherheit@kolibri360.de